国家社科基金
后期资助项目

功能语言学视野下的现代汉语传信范畴研究

Evidentiality in Mandarin Chinese
A Functional Approach

乐耀 著

图书在版编目(CIP)数据

功能语言学视野下的现代汉语传信范畴研究 / 乐耀著 . —北京：北京大学出版社，2020.9
ISBN 978-7-301-31438-8

Ⅰ.①功… Ⅱ.①乐… Ⅲ.①现代汉语 – 语法 – 研究 Ⅳ.① H146

中国版本图书馆 CIP 数据核字 (2020) 第 120920 号

书　　　名	功能语言学视野下的现代汉语传信范畴研究 GONGNENG YUYANXUE SHIYE XIA DE XIANDAI HANYU CHUANXIN FANCHOU YANJIU
著作责任者	乐　耀　著
责任编辑	崔　蕊
标准书号	ISBN 978-7-301-31438-8
出版发行	北京大学出版社
地　　　址	北京市海淀区成府路 205 号　100871
网　　　址	http://www.pup.cn　新浪微博：@北京大学出版社
电子信箱	zpup@pup.cn
电　　　话	邮购部 010–62752015　发行部 010–62750672　编辑部 010–62754144
印　刷　者	北京溢漾印刷有限公司
经　销　者	新华书店
	720 毫米 ×1020 毫米　16 开本　15.75 印张　274 千字 2020 年 9 月第 1 版　2020 年 9 月第 1 次印刷
定　　　价	59.00 元

未经许可，不得以任何方式复制或抄袭本书之部分或全部内容。
版权所有，侵权必究
举报电话：010-62752024　电子信箱：fd@pup.pku.edu.cn
图书如有印装质量问题，请与出版部联系，电话：010-62756370

国家社科基金后期资助项目
出版说明

　　后期资助项目是国家社科基金设立的一类重要项目,旨在鼓励广大社科研究者潜心治学,支持基础研究多出优秀成果。它是经过严格评审,从接近完成的科研成果中遴选立项的。为扩大后期资助项目的影响,更好地推动学术发展,促进成果转化,全国哲学社会科学工作办公室按照"统一设计、统一标识、统一版式、形成系列"的总体要求,组织出版国家社科基金后期资助项目成果。

全国哲学社会科学工作办公室

序一

乐耀的这本《功能语言学视野下的现代汉语传信范畴研究》,是在他的博士论文《汉语的传信范畴及其与相关语言范畴的互动研究》的基础上精修扩充而成的。作为乐耀的博士导师,读着这本书即将付梓的电子版,很是高兴。

我觉得这本书有如下几个突出的特点:

1. 语料的选择和使用切合书题所言明的"功能语言学视野"——语料的选择涵盖了交际输出方和输入方互动的几种重要的类型(较长的口语即时独白、双人或多人随意的即时对话、电话交谈的双人对话、剧本台词中的口语对话等);语料的提取非常注意研究例句要有足够的长度,要保证能够恢复例句所涉及的交际各方彼此之间互动的真实场景,一般都是多句的句群。

2. 除利用各种检索工具之外,还亲自切分、转写和标注了同一宿舍几人随意聊天的真实语料。这一工作需要付出大量的时间和精力,但我一直认为,只有经过真实语料浸泡的研究者,才会对所做研究的语料有真正的体悟。

3. 截至成书时,本书对国内外语言学界有关传信范畴的已有研究的介绍相当全面。通过作者的梳理,我们可以了解汉语之外的一些传信范畴已经语法化的语言,它们是如何用句子动词的形态变化来表达传信范畴的,这对于确定传信范畴范畴义的核心部分十分重要;还可以了解到,传信范畴的范畴义其实在语用而非语法或语义(句子真值)的层次上:在有的语言中传信范畴已经语法化而同时跨着语法语用两个层次,在另一些语言中传信范畴尚未语法化,其范畴义用特定词汇或一些凝固组合来表达。汉语属于后一种语言。做出这些介绍,需要有相当好的专业英语基础。本书相比于博士论文又补充介绍了许多国外的最新研究,这次一并印行出来,无疑为国内其他学者的研究提供了方便。

我对本书中有关汉语研究的内容最感兴趣的部分是:(1)对传信范畴的核心意义(信息来源或获取方式)和延伸意义(可信度)的论证,有说服力地证明了"传信"与"可信度"是两个独立的范畴,只是两者相关的程度十分高。(2)关于"据说"和"听说"差异的考察。一般讨论汉语的传信语都会提到"据说"和"听说",很多研究到此为止,词典对这两个词的解释也几乎全同。本书用整整一章的篇幅讨论两词的差异,语料是取自大量真实语料库的相当长的多句语段,得到的结果真实可靠,但又是母语者仅凭语感是无论如何也说不清楚的,这令我惊讶和赞叹。这一细致的研究对于汉语二语教学无疑会有直接的应用价值。(3)对于传信范畴的表达形式与情态范畴表达形式(比如"应该")、时体范畴表达形式(比如句末"了")、人称的搭配限制的考察,展示了传信范畴形式与意义的相对独立性和与以上范畴的协动关联。

我觉得本书也有一些读来不够畅快的地方,不是指语言表达的问题(乐耀的语言表达足够好,经常帮我改正我的那些疙里疙瘩的表述),而是:(1)讨论的问题很多,每个问题也几乎都有具体研究的实例和一个看上去成系统的表格,好像是广度深度齐具,但给我的感觉还是缺乏整体性、系统性。比如共时传信语只考察了"据说""听说",历时形成过程的只考察了"人说""说什么"。在我看来,"人说""说什么"这一部分的创新性不是很大,还不如重点放在共时传信语的研究上。(2)有些讨论有些舍近求远,比如传信范畴与人称、与时体范畴的关系,作者是从表达形式入手,列出结构主义研究通常使用的能说与不能说的纵横对比表,然后费很大篇幅说明那些带星号的句子为什么不能说。而我觉得,传信范畴是语用范畴,从范畴义出发就可以直截了当地说明哪些形式不能说(或使用受限),哪些形式能说(或经常使用),比如传信是信息来源或获取方式,所谓"信息"就是对已成事实的陈述,最常用的时体就是句末的"了";再比如不同类型传信语和不同人称的配合使用限制,也是由传信范畴本身的核心范畴义决定的。也即这几点的讨论,从范畴定义出发进行说明,再列表给出形式,才更加简明和畅快。对传信跟情态的关系,倒是需要从形式出发来讨论意义,因为同一个情态词常常表达多种情态,到底用的是哪个义项,要结合传信语来确定。(3)传信属于语用范畴,这一重要定义在书中出现得太晚。等等。

传信范畴是在语言学半个多世纪以来新的发展趋向带来的新的热点,这就是,在结构主义兴起进而把"语言"从"言语"中提取出来,把语用排除到语言学研究范围之外长达百年之后,现在的语言学有了不少新的研究手段,特别是信息化的大数据研究的手段,研究与说话场景相关的句子语义(真值)和语用(交际目的、交际各方的立场、交际合作原则)等都重新进入了语言学的研究范围。乐耀的这一研究跟上了这一新的潮流,今后的拓展值得期待。

王洪君

2020 年 9 月

序二

乐耀基于他2011年的北大博士论文而扩展撰写的专著《功能语言学视野下的现代汉语传信范畴研究》在北京大学出版社出版,实在是可喜可贺。我曾经部分参与指导作为这部著作前身的博士论文的研究,对作者的写作过程以及本书的内容都比较了解,认为本书视野开阔,材料翔实,对现代汉语传信范畴的语法和语用功能的研究都多有独到见解,因此一直在期待着本书的出版。

《功能语言学视野下的现代汉语传信范畴研究》(以下简称《传信范畴研究》)专注于语言的认识(epistemic)范畴中有关信息的来源和获取方式的表达。认识范畴是现当代功能语言学中的一个重要研究领域,其研究视点和观念几十年来呈现出从聚焦狭义认识范畴到广义认识范畴的转变过程。早期的研究主要偏重于这方面有丰富形态表达范畴的语言[例如北加州的印第安语Patwin,Wintu等,参看Chafe and Nichols (1986)所收论文][1],后来扩大到对有一般形态表达的语言(如英语),甚至缺乏形态表达的语言(如汉语)的研究。另外一个研究发展路径是从静态的形态学、词法、句法的研究到交际社会互动的研究(例如Fox 2001,Heritage 2012等)[2]。乐耀的研究具备功能语言学的宏观视野,又立足于汉语这样的形态缺乏的语言,可以说是和国际语言学研究的发展方向密切接轨的。

《传信范畴研究》的第一个显著特点是理论起点较高。从博士论文研究、海外访学到参加工作后的后续研究,乐耀一直密切关注国内外传信及认识范畴方面的研究,在这个过程中掌握了大量的文献。这一点在第2、第3和第11章都能充分表现出来。更重要的是,乐耀也努力通过基于汉语的研究尝试在语言学理论上做出自己的贡献。例如在系统地梳理了各家之言之后,他

---

[1] Chafe, Wallace and Johanna Nichols (eds.). 1986. *Evidentiality: The Linguistic Coding of Epistemology*. Norwood, New Jersey: Ablex Publishing Corporation.

[2] Fox, Barbara A. 2001. Evidentiality: Authority, responsibility, and entitlement in English conversation. *Journal of Linguistic Anthropology* 11(2): 167—192.
Heritage, John. 2012. Epistemics in action: Action formation and territories of knowledge. *Research on Language and Social Interaction* 45(1): 1—29.

对传信的核心义和引申义做出了区分,提出作为一个范畴,传信的核心意义是表达所言信息的来源和获取方式,而一般所强调的"可靠度"只是传信范畴暗含的引申义。这种区分是一个很有理论意义的尝试。

《传信范畴研究》的第二个比较显著的特点是以开放的态度考察汉语传信范畴中各种类型的表达手段及其相互关系。乐耀特别提出两个范畴来统括它们:(1)"传信语",即具体词汇手段,主要包括与"说"有关的四种传信语串、认识情态词以及引语标记语等;(2)"传信策略",包括人称、体貌、情态甚至话题等。本书还特别注重这些传信范畴之间的相互关联,而不是把它们当作孤立的方面来对待。在同一部著述中能够把传信的多种手段和范畴(策略)统一考察,这对于开阔我们的语言学研究的一般思路也是很有启发意义的。

本书另一个值得称道的地方是利用大量的自然口语和书面语(语料库)及统计材料来研究传信的实际运用,而不是仅凭语感来做理论上的推论。多种类型的篇章语料的引入带来了两个值得关注的良好效应。第一是语体的视角。书中不少地方借助于语体的观念发现了一些值得深入思考的现象。例如第5章(5.3.2;5.4.1)有关"听说"(以及"据说")的口语性动因的讨论,第9章(9.3)关于引导句在不同语体中以及由其句法位置的差异所带来的传信程度差异的讨论尤有价值,方法上更具创新性。第二,关注互动性较强的口语材料更是给传信研究带来了令人瞩目的突破。这一点主要体现在第10章关于传信与会话中其他因素的关系的讨论,亦即传信、话题和话主三方面的互动。乐耀提出:"传信范畴乃至其他语言范畴意义的表达,不只在于当前说话人,不只在于对方听话人,也不只在于说出来的话语中,而在于整个交际过程中。"(176页)这种严格基于交际互动过程的观念及解释各种不同类型的范畴(如说话角色－人称、传信－语用范畴和话题组织－话语活动)之间关系的能力,代表了今后一个特别值得注意的研究方向,自然也是和国际上方兴未艾的互动语言学的思路高度一致的。

最后想强调的一点是,除了对语料的大量占有及系统利用统计数据之外,本书还体现了乐耀对研究方法的其他方面的重视。这方面例证很多。例如前面提到的对范畴和"可靠度"的区别,对传信语(专职、典型传信语)与策略(兼职、非典型传信语)的区别等。作者还提出了可信度的意义的具体句法判断标准(例如可否有谓语功能、否定可能等)。这些都有利于增强本书的说服力。

如前所述,本书整体上呈现出一种广阔的研究视野。乐耀的基础训练是汉语描写与功能语言学,但是对语言类型学、历史语言学以及新近引入的会话分析、互动语言学等都广为涉猎。乐耀善于把这些知识和研究方法与汉语语言学的研究有机结合起来,把研究的视野提高到了新的高度。我个人认为,这类研究成果对于提高国内的语言学研究尤其有桥梁式的促进作用。我们常常在学界看到的情况是对一般语言学理论的抽象介绍甚至生搬硬套,较少有能够把理论吃透并在汉语材料的基础上有所创新,本书及乐耀这些年的研究可以说已经在这一点上得到了突破,因而实属难能可贵。

认识乐耀是从他在华中师大读书期间开始的,后来又有机会在北大和加州大学洛杉矶分校和他进一步接触,一直很钦佩他超出常人的锲而不舍的钻研精神。因此他这些年来能够不断做出扎实的研究成果对我来说是毫不奇怪的,相信(注:这里的传信度为最高!)今后还会不断有更多值得关注的成果问世。

陶红印
2020年7月于洛杉矶疫情期间

内容提要

本研究在功能语言学的视野下考察传信范畴在现代汉语中的表现形式,以及它在语言使用中和相关语言范畴的互动关联。

首先在评介国内外传信范畴领域已有研究的基础上(第2—3章),提出本研究对传信范畴核心义和引申义的界定,认为该范畴的核心意义是表达所言信息的来源和获取方式,而"可靠度"只是传信范畴暗含的引申义。判定传信语的标准除了意义标准外,还有两条句法标准:传信语不是主要谓语成分;它不能被否定或强调。然后较为全面地勾勒出汉语传信范畴系统的概貌,区分了专职传信语和兼职传信语(也叫传信策略)(第4章)。

汉语的传信范畴还不是语法范畴,专职传信语大多是词汇化而来,而兼职传信语多是借用其他的语言范畴。接下来的章节以此为线索,选取了具有代表性的专职传信语和兼职传信语来讨论汉语传信语的使用差异、演变形成方式,以及传信范畴与人称、体貌和情态等语言范畴的互动关联等问题。

第5章考察"据说"和"听说"这组具有相同传信意义的不同成员在语言使用中呈现出的差异。第6章论证了"人说"和"说什么"这两个相同类型传信语的不同演变形成方式。

汉语传信语的使用一方面会受到其他语言范畴的限制,另一方面有些传信策略又需要借助其他语言范畴的配合来表达传信意义,这是汉语传信范畴的重要特点之一。因此,第7—9章主要讨论汉语中具有代表性的传信策略以及它们与相关语言范畴的互动关联。其中,第7章主要考察人称范畴对传信语使用的限制,从信息知晓的角度对人称和传信范畴在话语互动中的不同表现给予解释。第8章以认识情态词"应该"为例,从句法和语义角度论证了汉语的认识情态词是用来表达传信意义的一种策略;另外,着重讨论了认识情态词"应该"需要配合体貌和人称等相关语言范畴来表达传信意义。第9章从引语的整体观出发,分别考察其组成部分引导句和引用句在语言使用中是如何表达传信功能的。

第10章尝试从互动语言学视角来研究传信范畴和会话话题生成之间的关系。传信范畴的使用在汉语会话话题生成的每个阶段、每个言者话轮中都有分布,它是会话话题生成的一种策略。传信范畴所体现的交际功能在不同的会话序列结构位置上也各不相同。

第11章是一个综述性的理论反思,主要从传信范畴的分类维度、传信范畴和认识情态范畴及意外范畴的关联、传信范畴的指示特性以及互动交际视角下的传信研究几个重要方面来探讨该范畴的研究方法问题,并对相关问题的研究进行反思。

最后第12章对整个研究的主要结论进行了总结,同时还提出汉语传信范畴值得进一步深入思考和探讨的问题。

目 录

第 1 章 绪论 ……………………………………………………… 1
1.1 研究对象和目标 …………………………………………… 1
1.2 研究框架和内容 …………………………………………… 3
1.3 研究范式、意义及重点和难点 …………………………… 6
   1.3.1 研究范式和理论背景 ………………………………… 6
   1.3.2 研究的意义和价值 …………………………………… 6
   1.3.3 研究的重点和难点 …………………………………… 7
1.4 本研究的语料来源 ………………………………………… 7

第 2 章 国外传信范畴研究综述 ……………………………… 9
2.1 引言 ………………………………………………………… 9
2.2 传信范畴的认识历程 ……………………………………… 9
   2.2.1 传信范畴研究的萌芽(20 世纪以前) ……………… 9
   2.2.2 传信范畴研究的形成(20 世纪初期) ……………… 11
   2.2.3 传信范畴研究的确立(20 世纪中期) ……………… 13
   2.2.4 传信范畴研究的发展(20 世纪 80 年代以后) …… 14
2.3 传信范畴与相关语言范畴的关联 ………………………… 16
   2.3.1 传信范畴的意义及其界定 …………………………… 16
   2.3.2 传信与情态和语气 …………………………………… 17
2.4 传信范畴的多视角研究 …………………………………… 20
   2.4.1 传信范畴与其他语言范畴的互动研究 ……………… 20
   2.4.2 传信范畴多学科多研究范式的立体研究 …………… 24
2.5 对国外传信范畴研究的一点思考 ………………………… 30
   2.5.1 从语言学史角度看语言范畴研究的趋向 …………… 30
   2.5.2 国外传信范畴研究呈现的特点及其不足 …………… 31

第 3 章 国内传信范畴研究现状 ……………………………… 33
3.1 引言 ………………………………………………………… 33

3.2 汉语传信范畴研究现状 …………………………………… 33
  3.2.1 马建忠《马氏文通》中的"决辞"和"疑辞"(1898) ……… 33
  3.2.2 吕叔湘《中国文法要略》中的"传信"和"传疑"(1942) …… 35
  3.2.3 高名凯《汉语语法论》中的"确定"和"疑惑"命题(1948) …… 36
  3.2.4 国外传信范畴研究的引进和运用(1990年后) …… 38
3.3 汉语传信范畴研究的特点及发展方向 ………………… 44
  3.3.1 汉语传信范畴研究的特点 …………………………… 45
  3.3.2 汉语传信范畴研究的发展方向 ……………………… 47

第4章 现代汉语传信范畴的性质和概貌 ……………… 49
4.1 对传信范畴的认识 ……………………………………… 49
  4.1.1 传信范畴的含义 ……………………………………… 49
  4.1.2 传信范畴的性质 ……………………………………… 50
4.2 汉语传信范畴概貌研究述评 …………………………… 52
  4.2.1 胡壮麟(1994a;1995)和朱永生(2006) …………… 52
  4.2.2 张伯江(1997)和陈颖(2009) ……………………… 54
4.3 现代汉语传信范畴概貌的勾勒 ………………………… 55
  4.3.1 本研究对汉语传信范畴的界定 ……………………… 55
  4.3.2 现代汉语传信范畴概貌 ……………………………… 59
4.4 小结 ……………………………………………………… 64

第5章 现代汉语传信语"据说"和"听说"的使用差异 …… 65
5.1 引言 ……………………………………………………… 65
5.2 传信语"据说"和"听说"的已有研究 …………………… 66
5.3 传信语"据说"和"听说"在语料中的使用情况 ………… 67
  5.3.1 语料来源 …………………………………………… 67
  5.3.2 "据说"和"听说"在口语和书面语中的使用情况 …… 67
  5.3.3 "据说"和"听说"前带主语情况考察 ………………… 69
  5.3.4 "据说"和"听说"邻接成分的句法表现 ……………… 70
5.4 传信语"据说"和"听说"的差异及成因 ………………… 74
  5.4.1 篇章语体 …………………………………………… 74
  5.4.2 句法表现 …………………………………………… 75
  5.4.3 语义韵律 …………………………………………… 78
  5.4.4 传信功能 …………………………………………… 79

		5.4.5 小结 ………………………………………………………	80
5.5	余论	………………………………………………………………	81

第 6 章　汉语口语中传信语"人说"和"说什么"的由来 …… 82
6.1　引言 ……………………………………………………………… 82
6.2　北京口语中传信标记词"人说"的由来 ……………………… 84
　　6.2.1　由引导句到传信标记词:词汇化 ……………………… 84
　　6.2.2　由言说行为到信息获取方式:语法化伴随主观化 …… 86
　　6.2.3　由复合句到带有传信标记词的单句:去从属化 ……… 88
　　6.2.4　其他语言的例证及小结 ………………………………… 90
6.3　汉语口语中传信标记词"说什么"的由来 …………………… 92
　　6.3.1　言说动词"说"的多功能性 …………………………… 92
　　6.3.2　与"说"相关的结构:"说什么"的传信功能 ………… 95
　　6.3.3　其他语言的例证及小结 ………………………………… 101
6.4　结语 ……………………………………………………………… 105

第 7 章　从信息知晓看人称与汉语传信范畴在话语中的互动 ……… 106
7.1　引言 ……………………………………………………………… 106
　　7.1.1　现象观察 ………………………………………………… 106
　　7.1.2　研究设想 ………………………………………………… 106
7.2　不同人称与传信语在话语中的使用情况考察 ………………… 107
　　7.2.1　人称的使用情况 ………………………………………… 107
　　7.2.2　传信语的使用情况 ……………………………………… 108
7.3　信息知晓度与传信范畴在话语中的互动关系 ………………… 112
　　7.3.1　信息传递者/接收者和信息知晓者的关系 …………… 112
　　7.3.2　对不同人称主语句中传信语使用差异的解释 ………… 113
7.4　余论 ……………………………………………………………… 117

第 8 章　汉语认识情态词"应该"用于表达传信意义 ……………… 119
8.1　引言 ……………………………………………………………… 119
　　8.1.1　现象观察 ………………………………………………… 119
　　8.1.2　问题提出 ………………………………………………… 121
8.2　汉语可以借助认识情态来表达传信意义 ……………………… 121
　　8.2.1　传信范畴与认识情态含义的异同 ……………………… 121

        8.2.2　用于表达传信意义的情态范畴类型的鉴别 ……………… 123
    8.3　体貌标记"了"在传信表达中的作用 …………………………… 132
        8.3.1　体貌范畴和传信范畴关联研究的回顾 …………………… 133
        8.3.2　从"了"和"应该"的搭配看体貌标记对传信表达的作用 … 134
        8.3.3　小结 …………………………………………………… 137
    8.4　人称对传信语使用的限制 ……………………………………… 138
        8.4.1　人称和信息知晓 ………………………………………… 138
        8.4.2　第一人称句中非亲历类传信语的使用与事件的非意愿性
             ………………………………………………………… 139
        8.4.3　小结 …………………………………………………… 141
    8.5　结论 …………………………………………………………… 141

第9章　汉语引语的传信功能及相关问题 ……………………………… 143
    9.1　引言 …………………………………………………………… 143
    9.2　引语的组成结构 ………………………………………………… 145
    9.3　引导句用以传信：以谓语部分含有"说"的引导句为例 ………… 146
        9.3.1　位置分布与信息来源的重要性 …………………………… 147
        9.3.2　信源指称与信息来源的明确度 …………………………… 150
        9.3.3　言说情状与对信息的主观态度 …………………………… 152
        9.3.4　小结 …………………………………………………… 152
    9.4　引用句用以传信 ………………………………………………… 152
        9.4.1　汉语直接引语和间接引语的差异 ………………………… 153
        9.4.2　从语用功能的差异看引用句的传信功能 ………………… 154
        9.4.3　小结 …………………………………………………… 157
    9.5　结语 …………………………………………………………… 158
        9.5.1　回答：引语如何传信 ……………………………………… 158
        9.5.2　研究启示 ………………………………………………… 158

第10章　传信范畴作为汉语会话话题生成的一种策略 ……………… 159
    10.1　引言 …………………………………………………………… 159
    10.2　会话话题生成的阶段和汉语的传信范畴 ……………………… 161
        10.2.1　会话话题及其生成阶段 ………………………………… 161
        10.2.2　汉语传信范畴及其类型 ………………………………… 166
    10.3　传信范畴在汉语会话话题生成中的作用 ……………………… 168

    10.3.1　传信范畴在会话话题的预备阶段 …………………… 168
    10.3.2　传信范畴在会话话题的引入阶段 …………………… 171
    10.3.3　传信范畴在会话话题的延续阶段 …………………… 173
10.4　汉语会话中传信范畴和话题生成互动研究的启示 ………… 175
    10.4.1　传信的表达和话题的生成都是动态交际活动 ……… 175
    10.4.2　传信、话题和话主在言语交际中的互动关系 ……… 175
10.5　小结 …………………………………………………………… 176

第 11 章　传信范畴研究的理论思考 …………………………… 178
11.1　引言 …………………………………………………………… 178
11.2　传信范畴的分类维度 ………………………………………… 178
11.3　传信范畴和认识情态范畴 …………………………………… 181
11.4　传信范畴和意外范畴 ………………………………………… 189
11.5　传信范畴是一种指示范畴 …………………………………… 195
11.6　互动交际中的传信范畴研究 ………………………………… 197
11.7　小结:研究方法的讨论和反思 ……………………………… 200

第 12 章　研究启示和结语 ………………………………………… 204

参考文献 ……………………………………………………………… 208
后　记 ………………………………………………………………… 225
补　记 ………………………………………………………………… 229

图目录

图 1-1 本研究整体框架结构 …………………………… 4
图 2-1 Palmer(1986)的认识情态模型 …………………… 18
图 2-2 Palmer(2001)的命题情态模型 …………………… 18
图 3-1 "正反""虚实"与情态范畴的关联 ………………… 36
图 4-1 言语交际中传信范畴意义表达的交互图 …………… 52
图 4-2 Chafe(1986)的知识/认识类型模型 ………………… 53
图 6-1 由"人(家)说"为主句的复合句到简单句的重新分析 …… 89
图 6-2 传信标记词"人说"的演变 ………………………… 90
图 6-3 传信标记词"说什么"的演变 ……………………… 101
图 7-1 信息传递者/接收者和信息知晓者/未知者的关系 …… 112
图 8-1 认识情态词和传信范畴的否定域 …………………… 127
图 8-2 认识情态词和传信范畴的强调域 …………………… 130
图 10-1 汉语传信范畴的分类 ……………………………… 167
图 10-2 话主与传信范畴和会话话题的互动关系 …………… 176
图 11-1 传信范畴等级序列 ………………………………… 181
图 11-2 传信范畴、认识情态和可靠性的关系[修改自 Cornillie et al. (2015:7)] …………………………………………… 189
图 11-3 指示和传信的关系 ………………………………… 197
图 12-1 传信范畴连续统 …………………………………… 206

表目录

表号	标题	页码
表 4-1	陈颖(2009)关于现代汉语传信范畴的分类体系总结	55
表 4-2	现代汉语传信范畴概貌	63
表 5-1	汉语口语中传信语"据说"和"听说"的使用数量	67
表 5-2	汉语不同类型书面语中传信语"据说"和"听说"的使用情况	68
表 5-3	传信语"听说"前带主语情况	69
表 5-4	传信语"据说"和"听说"邻接成分的类型	70
表 5-5	传信语"据说"和"听说"后接"了/过"的数量	72
表 5-6	传信语"据说"和"听说"偏爱的邻接句法结构使用情况	73
表 5-7	传信语"据说"和"听说"的使用差异	81
表 6-1	Rwanda 语、西班牙语/葡萄牙语、Jacaltec 语和汉语的合成类传信标记的形成对比	104
表 6-2	"说""什么"和"说什么"的多功能性特点	105
表 7-1	第二、三人称所在的句子与第一人称的关联数量	108
表 7-2	不同人称主语句中传信语的使用频率	109
表 7-3	各类传信语在不同人称主语句中的使用频率	109
表 7-4	不同人称主语句中不同类型传信语的使用频率	112
表 8-1	例句解读分析	119
表 8-2	认识情态和传信范畴在句法表现上的相似之处	130
表 8-3	非意愿性事件链分析	140
表 9-1	引语中含有"说"的引导句在新闻和小说类语料中的使用情况	147
表 9-2	"说"类引导句在新闻和小说类语料中的位置分布	148
表 9-3	"说"类引导句在新闻和小说类语料中的信源指称明确度	151
表 9-4	直接引语和间接引语在句法表现、语用特点和传信功能方面的差异	157
表 11-1	传信类型的分类[根据 Plungian(2001:353)的表 1 和表 2 修改]	179
表 11-2	传信范畴的多维度分类	180

第 1 章　绪论

1.1　研究对象和目标

本研究关注的是一类语言范畴——传信范畴（evidentiality），主要看它在现代汉语中的表现形式，以及它在语言使用中和相关语言范畴的互动关联。传信范畴反映了说话人对所言信息现实依据的关心，比如信息的来源和信息的获取方式，有时也会暗含说话人对所言信息可靠性的确认程度。例如下面五例 Wintu 语的例子：

(1) ḱupa-**be·** 'he is chopping wood (if I see or have seen him)': VISUAL
　　（我亲眼看见他在伐木）（视觉感知）

(2) ḱupa-**nᵗʰe·** 'he is chopping wood (if I hear him or if a chip flies off and hits me)': NON-VISUAL SENSORY
　　（我听见他在伐木，或者有木屑飞起来砸到我使我知道他在伐木）（非视觉感知）

(3) ḱupa-**re·** 'he is chopping wood (I have gone to his cabin, find him absent and his axe is gone)': INFERRED
　　（我推测他在伐木，因为我去了他屋里，他和他的斧子都不在）（推断）

(4) ḱupa-**ʔel·** 'he is chopping wood (if I know that he has a job chopping wood every day at this hour, that he is a dependable employee, and, perhaps, that he is not in his cabin)': ASSUMED (EXPERIENTIAL)
　　（根据我的经验我认为他正在伐木，因为他现在不在屋里，而我知道他每天这个时间都在伐木，并且他是个可靠、守时的伐木工人）（凭经验判定）

(5) ḱupa-**ke·** 'he is chopping wood (I know from hearsay)': REPORTED
　　（我听说他在伐木）（传闻）

（转引自 Aikhenvald 2004:60）

上述例(1)到例(5)表达的是相同的命题意义"他在伐木"。但是根据这一信息的来源和获取方式的不同,说该语言的人在言语交际中需要采取不同的语法形态标记,来传达具有相同命题意义的信息中所暗含的不同传信意义,比如是亲见、耳闻、推断、猜测,还是传闻。一般认为,按照这个顺序,说话人对该信息可靠性的确认度是逐步降低的。

传信范畴是具有语言普遍性的语义范畴。该范畴在各种语言中的表现形式各不相同。像 Wintu 语,它有专门的语法化了的形态标记来表达传信意义;而像汉语,该范畴还没有成为语法范畴,没有专门的语法形态标记来负载传信功能,更多的是通过其他语言手段(比如词汇、短语等)来表达传信范畴的意义。例如:

(6) 据说,纳西族举行火把节是为了纪念一位拯救过他们的天神。(CCL)

(7) 人说这是今年世界上最时兴的发式。(王朔《过把瘾就死》)

(8) 你爸这会儿应该起床刷牙洗脸了,可怎么没人呐?(电视剧《我爱我家》)

上面这三例汉语的例子都是用词汇或者固化的结构来表达传信意义。前两例表示引述类的传信意义,其中例(6)中的"据说"也可以换用"听说",但是作为传信范畴的成员,它们在句法、语义以及传信功能上有何差异,这是值得讨论的问题;例(7)中"人说"是一个固化结构,它作为传信语又是如何演变而来的,这涉及汉语传信语的由来问题;例(8)是借用认识情态词"应该"来表达推测类的传信意义,但是该传信意义的表达是需要"应该"与体貌范畴"了"配合使用来实现的,因为单独使用"应该"还可以表道义情态。上述有关汉语传信范畴的这些问题和现象在本书的不同章节中都会逐一涉及。

本研究的目标有二,一是勾勒出汉语传信范畴可能的重要表达手段,这样不仅可以比较相同传信意义类型下不同表达手段的差别,还可以发现相同表达手段中不同成员之间传信功能的差异。前者比如,同是引述类传信表达,词汇手段"听说/据说"和话语表达方式"引语"之间就有不同;后者比如,都是通过词汇手段来表达引述类的传信范畴,但"听说"和"据说"在具体的语言使用中会有很多不同之处。这些内容在下面不同的章节都有所讨论。对语言范畴的这种关注,正如高名凯(1948)所言:

研究语法,一方面固然应当注意语法形式所表达的语法意义,但最重要的还是看,到底哪一些意义在我们所研究的语言之中有其语法形式的表现,而看这些意义到底有多少语法形式去表达。

(《高名凯文选》,第 4 页)

高先生的上述论述是针对语法范畴的一般研究方法而言的。虽然传信范畴还没有真正成为汉语的语法范畴,但是从范畴的意义出发观察各种不同的语言表达形式,是研究语言共性与个性的很好途径。

本研究的目标之二是强调在功能语言学视野下来看语言范畴之间的互动。"功能"和"互动"是本研究的关键词。我们的研究从语言范畴的功能出发,会涉及传信范畴与各种重要的语言范畴之间的互动关联,比如人称、体貌和情态等。这主要是因为,在言语交际中,汉语的一些传信语或传信策略是需要配合体貌和人称等相关语言范畴来表达传信功能的。而这些相关的语言范畴都是语言学研究的热门话题,要从这些范畴的已有研究中找到合适的切入点配合汉语传信范畴的探讨,是本研究的重要目标。在我们看来,任何语言范畴的研究都不是孤立的,都不能拘泥于研究对象本身,还要看它与其他相关范畴的关联,只有在互动联系中才能更好地认清语言范畴本身的性质。正因如此,我们将会把传信范畴与其他相关语言范畴相结合的研究思路贯穿全书。

1.2 研究框架和内容

正如上文所说,本研究的主要目标之一是要探讨汉语传信范畴和相关语言范畴的关联,这也是本研究的主要内容。我们在勾勒汉语传信范畴概貌的基础上分别研究了汉语传信范畴中两组重要的传信语:一组是"据说"和"听说",主要是讨论这一对都表示引述传闻的传信语在语言使用中的差异(第 5 章);另一组是"人说"和"说什么",主要是讨论引语中传信语演变形成的两种不同方式(第 6 章)。另外,我们还考察了汉语两类重要的传信策略:一是以认识情态词"应该"为个案来论证汉语认识情态用以表达传信意义(第 8 章);二是讨论在言语交际中引语是如何表达传信功能的(第 9 章)。另外,还重点讨论了人称、体貌和情态范畴对传信范畴意义表达的限制和作用(第 7、8 章)。

本研究的整体构架如下图所示：①

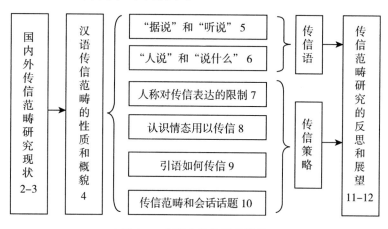

图1-1 本研究整体框架结构

本研究是在功能语言学的视角下，考察传信范畴在现代汉语中的表现形式，以及它在语言使用中和相关语言范畴的互动关联。全书主要分为四部分：

第一部分包括第1章绪论、第2—4章。第2—4章主要是评介国内外传信范畴领域的已有研究成果，并在此基础上勾勒出汉语传信范畴的概貌。

第2章关于国外的已有研究主要从对传信范畴的认识历程、对它的界定、该范畴与相关语言范畴（情态、语气等）的关系，以及语言学各分支学科采用不同范式对该领域的研究等诸方面做了较为详细的介绍。

而国内汉语传信范畴的研究，能从中国传统语言学的相关研究中窥测到，主要散见于对语言理论的阐述和对引文注解的一些著述中。因此，第3章从我国第一部用现代语言学理论研究中国语法的著作《马氏文通》开始，尽可能全面地梳理不同时期、不同阶段国内汉语传信范畴研究的成果。

以上两章在对国内外传信范畴已有研究进行综述时，还对已有研究成果的特点、方法、局限等方面做了相应的评论，并指出汉语传统语言学中传信范畴的意义内涵和国外的并不一样，以期能对汉语传信范畴的研究现状有一个清晰的认识。

第4章在汉语传信范畴已有研究的基础上，提出本书对传信范畴的核心义（core meaning）和引申义（extended meaning）的界定。我们认为该范

---

① 该图中的数字代表本书每一章的序号。

畴最基本、最核心的意义是表达所言信息的来源和获取该信息的方式；而"可靠度"只是传信范畴暗含的引申义。判定传信语的标准除了意义标准外，还有两条句法标准：(1)传信语本身不是主要谓语成分；(2)传信语本身不能被否定或强调。在此基础上勾勒出现代汉语传信范畴系统的概貌。

第二部分包括第5—6章。在这两章中，我们着力研究汉语两组重要的传信语"据说"和"听说"以及"人说"和"说什么"，从而考察具有相同传信意义的不同成员之间在语言使用中呈现出的差异，以及相同类型传信语的不同演变形成方式。

第5章通过考察一定规模的不同语体语料，分别从篇章语体、句法表现、语义韵律和传信功能四个方面来讨论解释"据说"和"听说"这两个传信语的使用差异及其成因。

第6章首先论证了北京口语中的"人说"是由引导句作为复合句的主句，经过重新分析，丧失其主句地位后，词汇化为具有传信功能的标记词；然后从言说动词"说"具有多功能性入手，论证了用在引语中的"说什么"已经词汇化为一个传信标记词。

第三部分包括第7—10章。这四章主要讨论了认识情态范畴和引语可以用作传信策略，着重论证了人称、体貌和情态范畴对传信范畴意义表达的限制，并从互动语言学角度讨论了传信范畴在会话话题生成中的作用。

第7章主要考察了人称范畴对传信语使用的限制。以"了$_2$"句为材料，从信息知晓的角度对人称和汉语传信范畴在话语中互动的不同表现给予了解释。

第8章首先以认识情态词"应该"为例，从句法和语义角度论证了汉语的认识情态词可以用来表达传信范畴的意义，它是传信表达的一种策略。其次，讨论了认识情态词"应该"是配合体貌（"了"）和人称等相关语言范畴来表达传信意义的。

第9章从引语的整体观出发，分别考察其组成部分引导句和引用句在语言使用中是如何表达传信功能的，并从直接引语和间接引语的语用功能差异出发，着重讨论它们在传信功能上的不同表现。

第10章尝试从互动语言学视角来研究传信范畴和会话话题生成之间的关系。传信范畴的使用在汉语会话话题生成的每个阶段、每个言者话轮中都有分布，它是会话话题生成的一种策略。传信范畴所体现的交际功能在不同的会话结构位置上也各不相同。

全书最后一部分包括第11—12章。第11章是一个综述性的理论反思,主要从传信范畴的分类维度、传信范畴和认识情态范畴及意外范畴的关联、传信范畴的指示特性以及互动交际视角下的传信研究等几个重要方面来探讨该范畴的研究方法问题,并对相关问题的研究进行反思。

第12章对整个研究的主要结论进行了归纳,总结了我们对汉语传信范畴研究的一些启示,并认为传信范畴与其他相关语言范畴的互动研究依旧是今后值得进一步深入探讨的问题。

1.3 研究范式、意义及重点和难点

1.3.1 研究范式和理论背景

首先,本研究是在功能语言学的范式下展开的。功能主义语言学的基本信念是强调语言的交际功能,认为语言的结构、范畴是在交际使用中形成的,并注重探讨交际语用因素对塑造语法的重要作用。我们从语义范畴,或者说从话语功能范畴——传信——入手,试图在语言使用的真实环境中讲清传信功能与其表现形式的关系,讲清该范畴与其他语言范畴的关联,并揭示语言的交际功能对传信范畴的塑造所起的重要作用,对汉语传信范畴在语言使用中表现出来的差异给予解释。

基于上述研究理念,在我们的研究中会区分不同的语体,重视活语料,用动态的视角来观察传信范畴在汉语中的使用情况。因此,本研究会涉及如下语言学理论和研究范式:语法化(grammaticalization)、主观性(subjectivity)、浮现语法/语义学(emergent grammar/semantics)、会话分析(conversation analysis,CA)、语法和用法(grammar vs. usage)、语用学的一些理论原则(pragmatic principles)等。

就研究方法而言,在重视对语言现象细致描写的同时,注意对相关语言范畴做对比研究,找出它们在言语交际中的关联机制,并从语言系统外部诸如社会交际、认知心理、互动原则、信息传递等方面给予深入解释。另外,在对功能的解释方面着力于句法上的验证。在研究手段上,结合语料库,使用一定规模的真实语料,将定量统计与定性研究相结合。

1.3.2 研究的意义和价值

本研究的意义首先在于选题,从语言使用的角度来洞察语言范畴这一研究理念是具有新意的,一是学界在这种范式下研究的成果不多,二是汉语传信范畴本身的研究还不够,有待加强。另外,目前有了许多语言类型

学的研究成果,语言学界对"传信"这个范畴可能的表达形式了解得越来越多。现在以此为题进行研究,特别是将汉语的传信范畴结合真实的话语来做,会比较有价值。因为从言语交际的角度来看,自然对话也好,书面语篇也好,传信范畴的正确运用,不但对于言语交际的"得体",而且对于交谈、讲述或论证的正确传递,都有很重要的作用。

其次,就研究方法来看,在语言学研究中,任何语言范畴的研究都不是孤立的。因此,对某一语言范畴进行研究时不能拘泥于对象本身,还要看它与其他相关范畴的关联,只有在互动联系中才能更好地发现传信范畴本身的性质。此外,单一的研究方法或单一学科的研究范式只能束缚研究者的视野,对我们全面认识传信范畴有所限制。因此,在研究中注重相关语言范畴的互动关联,有助于我们多角度立体地认清并发掘出汉语传信范畴的语言学研究价值。

传信范畴不是那些只有形态标记的语言才特有的,它作为一个语义范畴有其普适性。虽然有些语言没有专门的语法化的形态标记,但是这些语言也会通过其他传信策略来表达传信意义,因此我们对汉语传信范畴在言语交际中所呈现出的特点的挖掘,有助于对语言共性与个性的探索。

1.3.3 研究的重点和难点

首先,传信范畴的研究在国外发展很快,研究成果非常丰富。这为我们全面梳理该领域研究的发展脉络和发展趋向提出了较高的要求。如何有条理地整理归纳已有成果,并对研究现状提出问题,这是难点之一。另外,汉语的传信范畴研究相对薄弱,已有的研究大多散见于其他相关研究中,这为我们搜集整理文献带来一定难度。

其次,本选题是在功能语言学的视角下对汉语传信范畴与相关语言范畴进行互动研究,因此,重点在于"功能"和"互动"两个关键词上。我们的研究会涉及传信范畴与各种重要的语言范畴的互动关联。而这些相关语言范畴都是语言学研究的热门话题,如何从这些范畴的已有研究中找到合适的切入点来结合汉语传信范畴的探讨,这既是研究的重点也是难点。

除此之外,如何从各种不同语言范畴与传信范畴之间的互动关联研究中,提炼出关于语言范畴研究的具有普适性的一般研究方法和理念,这也是本研究的一个着力点。

1.4 本研究的语料来源

目前可利用的语料资源有:

(1) 汉语口语语料主要来自如下 5 部分：

① 北京话独白体口语语料,131970 字,来自 20 世纪 80 年代初北京大学中文系林焘教授主持的北京话调查；

② 北京语言大学语言研究所北京口语语料库,约 184 万字；

③ Call Friends 电话录音转写语料,386685 字,电话交谈双方都是母语为汉语的中国人,每段电话录音 10～20 分钟不等；

④ 口语对话,来自电视剧《我爱我家》台词,585291 字；

⑤ 笔者转写的寝室同学谈话音像材料,35 分钟左右,约 12000 字[①]。

(2) 汉语书面语语料主要来自如下 3 部分：

① 英国兰卡斯特大学汉语语料库(The Lancaster Corpus of Mandarin Chinese),共约 100 万词；

② 美国加州大学洛杉矶分校汉语书面语语料库(The UCLA Corpus of Written Chinese),共约 100 万词；

③ 北京大学中国语言学研究中心的 CCL 现代汉语语料库。

---

① 这部分对话语料的影音文件来自陶红印教授,在此表示深深的谢意。该语料的汉语文字转写由笔者完成。

第 2 章 国外传信范畴研究综述

2.1 引言

人们在言语交际中不仅要"言之有物",而且还要"言之有据"。而"言之有据"在语言学中由专门的语义范畴——传信范畴(evidentiality)来表达。传信范畴在国外语言学研究中由来已久,已经成为语言学研究的重要课题。本章的主要工作是梳理、评介这一领域的主要研究成果。虽然国内早在 20 世纪 90 年代就开始,一直到最近几年仍然有一些学者在介绍国外传信范畴的研究现状(胡壮麟 1994a;张伯江 1997;牛保义 2005;朱永生 2006;房红梅、马玉蕾 2008;余光武 2010),但是在评介的深度和广度上还不太够,而且最近几年国外该领域又不断有新的研究成果涌现。因此,我们在此准备对传信范畴的认识历程、界定及其与相关范畴(情态、语气等)的关系、与其他语言范畴的互动和语言学各分支学科采用不同范式对该领域的研究做一个全面的介绍。

2.2 传信范畴的认识历程

国外传信范畴研究发展到今天,经历了一个漫长的认识历程,由不自觉到自觉、由附属到独立地将该范畴的形式和意义相结合进行研究。下面,我们从历时角度梳理传信范畴研究的发展历程——萌芽期、形成期、确立期和发展期四个阶段,分别介绍、评述每个时期该领域研究的代表人物和研究成果,并总结出每个时期的特点。

2.2.1 传信范畴研究的萌芽(20 世纪以前)

语言学传信范畴研究的萌芽期可以追溯到 16 世纪 60 年代。Santo Tomás(1560)在描写南美洲印第安 Quechua 语语法时,发现了表达传信范畴的语法形态标记。但是,Santo Tomás 仅仅把它们看成是没有意义的修饰性成分,认为"它们自身不表示任何意义,但是能够修饰或者帮助它们所依附的名词或动词表达意义"①。另一部关于 Quechua 语语法的著作 Anónimo(1586)也将传信范畴形态标记视为修饰性成分。遗憾的是,这些较早描写 Quechua 语语法的著作在发现了特殊语法形式的时候并没能揭示出它们所对应的语法意义。

  后来,到了 19 世纪末 20 世纪初,语言学家对 Quechua 语传信范畴的研究仍然没有真正开始。Middendorf(1890)在详细描写 Cuzco Quechua 语语法时认为,该语言中表示信息是直接获取的形态标记仅仅是表达确定语气的助词(affirmative particle)。同样,Ráez(1917)在描写 Wanka Quechua 语时,将表示直接获取信息的词缀看作是表达直陈式现在时的系动词的替换成分。直到后来,秘鲁语言学家 Weber(1986)才清晰地揭示出了秘鲁中部 Quechua 语传信范畴系统的三套语法形态标记:-mi;-shi;-chi。它们分别表达信息获取的三种不同方式:直接获取(direct)、间接获取(indirect)和推测获取(conjecture)。例如②:

(1) Wañu-nqa-paq-mi(a)/shi(b)/chi(c)
   die-3FUT-FUT-EVID
   It will die.(它将要死。)

(引自 Weber 1986:138)

  a. -mi:表示信息来自说话人的亲身体验(direct experience),意思为"我确定它将要死"。

  b. -shi:表示信息是通过他人告知获得的(hearsay/reported),意思为"我听说它将要死"。

  c. -chi:表示信息是说话人猜测推断所得(inference/conjecture),意思为"它可能要死"。

17 世纪初期,语言学家在描写另一种南美洲印第安语——Aymara 语时也发现了该语言中有表达信息来源的语法形态标记。Bertonio(1603)将它们看作修饰助词(ornate particle),因为他认为去掉这些形态标记句子依旧完好。Torres Rubio(1616)也将传信标记视为具有修饰句子的作用而没

---

① 本书对直接引用的外文文献采用如下处理方式:在正文中给出笔者对原文的翻译,在脚注中给出原文。此处原文为:(they) do not mean anything of their own; but they adorn, or help the meaning of the nouns, or verbs to which they attach. Santo Tomás (1560)原文献为西班牙语,英文转引自 Aikhenvald(2004)。

② 在此,对本书写作体例做一点说明:(1)例句以章为单位重新依次编号;(2)注释以每页脚注形式重新依次编号;(3)图表以章为单位进行编号,例如"图 1-3"表示第 1 章的第 3 个图,全书所有的图表在文前的章节目录后有图表目录。

有其他功能的助词。这种观点持续了很久,到了 20 世纪中期以后,Ross Ellen(1963)和 Ebbing Enrique(1965)都仍将 Aymara 语的传信标记看作是表示修饰和强调的词缀,但并未具体说明修饰和强调的是什么。

幸运的是,并不是所有语言早期传信范畴的研究都和这些南美印第安语一样。据 Dankoff(1982)和 Friedman(2003)研究发现,早在 11 世纪的土耳其语语法著作中就有区分"亲眼所见/非亲眼所见(witnessed/unwitnessed)"这组表达信息获取方式意义的传信标记[①]。

从上述文献的梳理中我们可以看到,传信范畴在 20 世纪以前还没有真正成为语言学的研究对象。尤其是 16 世纪语言学家在描写南美印第安语时,他们敏锐地发现了表示信息来源的语法形态,但是并没有很清晰地揭示出这些形态标记所表达的语法意义,这一现象甚至持续到 20 世纪中期。现在看来,我们不能笼统地说当时的语言学家忽视了这一重要的语言范畴,更不能说这些语言学家和著作对今天的传信范畴研究没有贡献。其实,从 19 世纪末到 20 世纪初 Middendorf(1890)和 Ráez(1917)的研究中可以看出,传信范畴的研究已经开始萌芽了,因为在他们的研究中已经把传信范畴和语气、情态、时态这些重要的语言范畴联系了起来。这预示着语言学的传信范畴研究将会和语气、情态、时态有千丝万缕的联系,这一点下文我们将会谈到。

2.2.2 传信范畴研究的形成(20 世纪初期)

任何语言范畴都是形式和意义相结合的类。语言范畴在语言运用中的最终目的是要通过一定的语言形式来表达意义。当这些意义范畴形式化之后,它们的语法意义成为表达的重要内容。因此,当我们说某一语言范畴研究的形成时,是指研究者对该语言范畴的形式和意义两方面都能予以重视。上文指出,20 世纪之前,尤其是 16 世纪,语言学家在描写南美印第安语时,只发现了表示信息来源的语法形态,但是并没有揭示出这些形态标记所表达的语法意义。所以,在那一时期,语言学家关于传信范畴的研究并未形成。

传信范畴研究的形成应该是在 20 世纪初期。1911 年,著名的人类学家、语言学家 Franz Boas 在他的《美洲印第安语言手册》(*Handbook of American Indian Languages*)引言中,用"*The man is sick.*(那个人生病了。)"这一例子来说明 Kwakiutl 语在传递这一信息的时候,还需要通过增

[①] 参见 Aikhenvald(2004)第 12 页注释 9。

加动词的情态(adding modalities of the verb)来传达这一信息的来源。比如,当说话人在没有看见那个病人而需要表达这一信息的时候,需要说明他是如何知晓这一信息的:是听说的?有证据推断的?还是梦见的?这里,Boas 已经明确地归纳出了三种传信方式。在接下来的几十年关于 Kwakiutl 语的研究中,Boas(1911b;1938;1942;1947)不仅归纳出了 Kwakiutl 语中的四个传信范畴形态标记,更重要的是越来越清晰地揭示出这些语法形态标记所表达的指示信息来源的语法意义。他说道:"这些形态标记所表达的主观性关联是属于对信息主观认识的来源的表达——比如是听说的,还是梦见的。"①(Boas 1911b:443)。Boas 在 1947 年的《Kwakiutl 语语法》(*Kwakiutl Grammar*)中更是明确说明:"(Kwakiutl 语中的)这一小组形态标记用来表达信息的来源和认识的确定性。"②(Boas 1947:206)。更值得一提的是,Boas(1938)认为,表达信息来源这一意义的形态标记在一些语言中是强制性的范畴(obligatory category),此时他已经敏锐地察觉到"传信"这一语言范畴具有普遍意义。

Boas 上述研究使得传信范畴成为美洲印第安语语法调查的重要内容之一。他的学生 Edward Sapir 和 Sapir 的学生在 20 世纪初期、中期对美洲印第安语传信范畴的研究取得了丰硕的成果。Sapir(1922)已经意识到,语言学中的传信范畴表达的是说话者认识的来源和性质(the source or nature of the speaker's knowledge),并提出了真实经历、听说和推测等获取信息的方式。此时,Sapir 还未将传信范畴视为独立的语言范畴,他在 1922 年描写 Takelma 语语法时,将表示推断性的形态标记归为该语言六类时态-语气(tense-mode)③范畴中的一类。

Sapir 的学生 Swadesh(1939)在研究 Nootka 语时,将引语标记(quotative)和推断性标记(inferential marker)看作是与预测语气(mode of predication)和关系语气(mode of relation)相对的证据语气(mode of evidence)。最终,Swadesh 把传信标记纳入语气范畴屈折变化的大框架之中。

---

① 此处原文为:to suffixes expressing subjective relations belong those expressing the source of subjective knowledge—as by hearsay, or by a dream。
② 此处原文为:a small group of suffixes expresses source and certainty of knowledge…。
③ 这里 Sapir 所说的"时态-语气"中的"语气"和下面 Swadesh 所说的"语气"对应的原文英术术语是 mode。但是,它和今天的语言学术语 mode(语式)不同。笔者认为这两位有师徒关系的语言学家在这两部著作中所用的 mode 类似今天的语言学术语"语气(mood)",因为 Swadesh(1939:82)中还提到了其他的 modes,有陈述(indicative)、疑问(interrogative)等。

Lee(1938;1944;1950)在对 Wintu 语的一系列研究中,发现该语言中五类表达信息来源的语法形态标记和情态范畴不同,并开始意识到传信范畴在该语言中应该是一个独立的语法范畴。同时,她还发现与 Wintu 语邻近的没有亲属关系的语言中也有相同的传信标记,认为这可能是借用的结果。

Sapir 的另一位学生 Harry Hoijer 在调查一些印第安语言时,发现有些语言具有和其他熟悉的语言不同的形态标记。虽然并没有明确说这些形态标记就是传信标记,但是对于它们所表示的语法意义,他这样写道:"在一些语言中,对陈述内容的知晓方法可以分为来自说话者的经历、来自听说或者来自文化传统。"[①](Hoijer 1954:10)

通过上述评介我们可以发现,在传信范畴研究的形成期,学者们对该范畴的研究有一个共同的特点:各种语言的传信范畴研究都对其形式和意义两方面给予了不同程度的重视。另一个特点是:人们在研究传信范畴时逐渐觉察到,在有些语言中它是一个独立的语法范畴,而不是从属或依附于其他的语言范畴,像情态、语气等。从 Sapir 及其学生们的研究与 Lee 的研究的区别中可以看出,语言学传信范畴的研究正在逐步确立。

2.2.3 传信范畴研究的确立(20 世纪中期)

传信范畴研究的确立有一个重要的标志,那就是"传信语(evidential)"这个术语正式登上语言学研究的殿堂。根据 Aikhenvald(2004),语言学的"传信语(evidential)"和日常生活中或者法律领域中用到的"证据(evidential/evidence)"是不一样的[②]。虽然早在 Boas(1947)的研究中就已经使用了"evidential"这个词语,但那时它的意思是"证据;在可察迹象上的推断(evidence; inferred on the basis of visible trace)",这与真正语言学意义上的"传信"术语是有距离的。

基于上述认识,真正标志着传信范畴在语言学研究中确立的学者和代表作是 Jakobson 的《变换词、动词范畴和俄语动词》(Shifters, verbal categories and the Russian verb)(1957)一文。在该文中作者明确地说道:"传信标记是为动词范畴贴的标签,该标记主要考虑了三类事件——所述事件(the narrated event,E^n)、言语事件(the speech event,E^s)和所述言语事

---

① 此处原文为:the technique, in a number of languages, whereby statements are classed as known from the speaker's experience, from hearsay, or from cultural tradition。
② "evidential/evidence"作为语言学的语言范畴术语和日常一般说法或法律领域的"证据"不一样,它们之间的区别见 Aikhenvald(2004)第 4 页。

件(the narrated speech event, E^{ns}),用于说明叙述事件的信息来源。"①

Jakobson 在该文中除了给语言学的"传信"定性外,还列出了四类表示信息不同来源的传信标记:(1)他人报道的引证性传信标记(quotative/hearsay evidence);(2)来自某人自己梦境的启示性传信标记(revelative evidence);(3)来自猜测的假定性传信标记(presumptive evidence);(4)来自某人先前经历的记忆性传信标记(memory evidence)。

自从 Jakobson(1957)明确地为语言学的"传信"定性以后,在接下来的几年里,一些语言学家开始有意识地运用"传信"这一术语展开对传信范畴的研究。20 世纪 60 年代,Sapir 的另一位学生 Mary R. Haas 在美国伯克利(Berkeley)教授语言学课程时,就对传信范畴有过研究和讲授。另外,Sherzer(1968;1976)在描写美洲印第安语的语言范畴时,专门为动词设立了一个表示信息来源的范畴。同样是在 20 世纪 60 年代,Weinreich(1963)在探讨语言的语义结构时,将传信范畴视为语用范畴,把它设立在"语用算子(pragmatic operator)"之下。虽然作者认为这类范畴与语气范畴有对应关系,但他指出了其中一些能够指明话主对句子所表达信息的不确定或者否认他对所言信息可靠性的责任。

上述这些语言学家关于传信范畴的研究都是有意识地、自觉地进行的。他们的研究不仅都明确地使用了"传信"这一术语,并且还明确地给予了传信范畴研究独立的语言学地位,不再像以往的传信范畴研究那样,多是从属于其他语言范畴研究的。关于这一点本章 2.3 节还会详细论述。

2.2.4 传信范畴研究的发展(20 世纪 80 年代以后)

一般来说,语言学某一领域研究的发展情况可以从研究队伍、研究规模、学术交流、学术刊物等多方面来考量。本章 2.4 小节会对语言学传信范畴的多视角研究情况作详细的介绍。在这里,我们以该领域研究的学术交流为例,回顾 20 世纪 80 年代以后学界举办的几次重要的专题研讨会。这些学术交流大力推动了语言学传信范畴研究的发展。

1981 年春天,Wallace Chafe 和 Johanna Nichols 两位教授在美国加州大学伯克利分校组织了一大批学者,召开了关于语言传信范畴的专题研讨

---

① 此处原文为:EVIDENTIAL is a tentative label for the verbal category which takes into account three events—a narrated event, a speech event, and a narrated speech event, namely the alleged source of information about the narrated event. 我们认为,"言语事件"指听话人与说话人的一次交际;"所述事件"是对已然的或未然的事件的叙述;"所述言语事件"是在所叙述事件发生的当时时间进行的言语交谈。

会。在会上,学者们对比分析了近20种不同语言,尤其是美洲语言的传信范畴,同时就该范畴研究所表现出来的普通语言学的理论问题进行了讨论。该会议的论文于1986年结集出版,题为《传信范畴:认识的语言编码》(*Evidentiality*: *The Linguistic Coding of Epistemology*)。这次会议和这部论文集是语言学家们第一次以传信范畴为题进行学术交流的成果,因此被大家喻为语言学传信范畴研究的第一座里程碑。

1998年在法国Reims召开的第六次国际语用学研讨会,就语言学的传信范畴研究举行了两次专题讨论。《语用学期刊》(*Journal of Pragmatics*)2001年的第33卷第3期专刊选登了这两次专题讨论中的7篇文章。这7篇研究性的专刊论文从不同角度,从多学科(涉及类型学、语法化、认知语言学、句法学和语用学等)研究范式出发,对语言学传信范畴研究的历史、语义表现、在不同语言中表现出来的类型学差异和共性进行了全方位的深入探讨。另外,专刊还收录了该专题编辑Patrick Dendale和Liliane Tasmowski两位教授的开篇引言,主要介绍了传信范畴及相关领域研究的一些问题,并对7篇会议论文作了简要介绍。

上述两次会议有一个共同点:虽然探讨的问题都是关于传信范畴的,但是对该范畴并未给予狭窄的框定。不同研究者或许会将"传信"的讨论控制在自己的研究范围内,对于它的理解和界定会有差异。两次会议的组织者和专集、专刊的编者都采取了包容的态度,认为通过宽泛地采用多角度、多范式的研究取向,可以帮助大家更好、更深入地理解传信范畴。这种开放、包容的研究态度为之后传信范畴的研究提供了更广阔的视野。

1997年4月,在土耳其伊斯坦布尔的瑞典语研究所(the Swedish Research Institute)召开了"土耳其语、伊朗语和相邻语言的传信范畴类型(Types of Evidentiality in Turkic, Iranian and Neighbouring Languages)"学术研讨会。这次会议主要涉及土耳其语、伊朗语以及和它们有接触关系的语言,主要讨论这些语言动词系统中表现出来的传信范畴,并且从语言类型学的角度来看相关语言在传信范畴上的各种表现。同时,与会者也很注重讨论语言的接触问题。该会议的论文于2000年由Lars Johanson和Bo Utas两位教授担任主编结集出版,题为《传信语:土耳其语、伊朗语和相邻语言》(*Evidentials*: *Turkic*, *Iranian and Neighbouring Languages*)。

另一次从语言类型学角度来探讨传信范畴的会议于2001年8月在澳大利亚拉筹伯大学(La Trobe University)的语言类型学研究中心(the Research Centre for Linguistic Typology)召开。这次会议对近13种语言的传信范畴都有不同程度的研究,其中最大的特点是关涉到的研究议题多样化,包括传信系统、传信系统的标记理论、传信范畴的编码、传信范畴的语义和功能、传信范畴和相关范畴、传信策略、传信语的来源和语法化以及传信语和文化研究 8 个话题。这些与会学者都有丰富的田野调查经历,掌握的语料可靠。他们为传信范畴的语言类型学研究做出了巨大贡献。此次会议的论文集由 Alexandra Y. Aikhenvald 和 R. M. W. Dixon 主编,于 2003 年出版,题为《传信范畴研究》(Studies in Evidentiality)。

这后两次从语言类型学角度探讨传信范畴的会议,通过跨语言的比较,为语言学传信范畴领域所体现的语言共性的探索提供了有价值的研究资源。当然,上述 4 次会议的回顾并不能全面反映传信范畴研究的发展。20 世纪 80 年代后,该领域研究的发展还表现在研究范式的多样化、跨学科研究的综合化、多语言研究的推广化等诸多方面,下文将会详细介绍。

2.3 传信范畴与相关语言范畴的关联

这一部分我们主要介绍学界是如何界定和鉴别传信范畴的,并从传信范畴的核心义和引申义出发来看它和情态(modality)、语气(mood)范畴的关联。之所以将情态和语气范畴单独提出来,讨论它们和传信范畴的关联,是因为:(1)从上文梳理的传信范畴发展的历史看,它与情态、语气范畴关系最为密切;(2)情态和语气是传信意义表达的重要策略,有很多语言的传信标记就是由这两个范畴演变而来;(3)据研究发现,很多语言的传信范畴的引申义涉及情态义和语气义的表达,反之,情态和语气范畴的意义也可以表达传信意义(参看 Aikhenvald 2004 第 4、5 两章)。

一般而言,情态指的是语句中所表达的说话人对语句内容或语句所处语境的主观态度和看法;而语气,传统上是指通过一定的语法形态变化来表达说话人的主观态度和看法的语法范畴。语气所表达的语法意义属于情态,从某种意义上可以说,语气是语法化了的情态范畴,而情态则属于语用范畴。由此可见,情态和语气①是两个关系很密切的语言范畴。所以,我们在此将两者放在一起,来讨论它们和传信范畴的关联。

2.3.1 传信范畴的意义及其界定

就目前学界的研究看,传信范畴所表达的意义有两层:(1)指明信息的

---

① 关于"情态"和"语气"的详细讨论,可参看徐晶凝《现代汉语话语情态研究》(昆仑出版社,2008 年)。

来源(the source of information);(2)表达话主对知识的态度(the attitudes towards knowledge)。无论是广义还是狭义的传信意义的表达,最终都要落在具体的语言形式上,有的语言具有专门的语法形态标记来表达传信义,有的语言则需要通过词汇、句式等语言手段来传达该意义。不同意义取向的研究者在归纳传信语的特点和鉴别标准时也不尽相同。

Anderson(1986:274—275)列举了传信语的如下特点用于判定:(1)传信语表达对事实断言的判断(justification for a factual claim),这种判断可以是依据直接证据加上观察进行的,也可以是证据加推断,还可以是证据不明的推断或逻辑推理等;(2)传信语本身不是小句的主要谓语,只是附加于对某一事实断言的一个说明(a specification added to a factual claim about something else);(3)传信语是标明对事实断言判断的证据,这是它的初始意义(primary meaning),而不能仅将它视为一种语用推理(a pragmatic inference);(4)从词法形态学角度看,传信语是屈折、附着形式,或者是其他自由的句法要素,而不能是复合或派生形式。在这些标准的基础之上,作者进一步做了如下概括(1986:277—278):(5)传信语通常用在断言(assertions)句中[已然小句(realis clauses)],而不能用在未然小句(irrealis clause)或者预设(presuppositions)的小句中;(6a)当所断言的事实话主和听者都能直接观察时,传信语就很少使用,即使使用也是表达一种特殊的情感,比如表示惊讶等;(6b)若说话人是一个事件的知晓参与者,那么此时传信标记可以省略不用。Anderson 所归纳的上述传信语的特点,多是用于该语义范畴已经语法化为语法范畴的语言,而对汉语和英语这样的语言并不完全适用。本书第 4 章将结合汉语的事实对此给予说明。

2.3.2 传信与情态和语气

根据 Dendale and Tasmowski(2001)的介绍,传信范畴和情态范畴的关联可以有相离、交叉和包含三类。我们依次介绍。

相离说(disjunction)。Hardman(1986:115)认为,"(传信范畴)是标明一个人对他所言信息是如何认识的"①,这也即狭义的传信范畴,用于指明信息的来源。Willett(1988)遵循 Bybee(1985:184)关于传信范畴的界定,即"(传信标记)是关于命题信息来源的说明"②。Aikhenvald(2004)认为传信范畴和言者所表达信息的真假以及对信息的确认度(certainty)、认识立场(epistemic

---

① 此处原文为:indicate how one has knowledge of what one is saying。
② 此处原文为:markers that indicate something about the source of the information in the proposition。

stance)、可靠性(reliability)等没有必然关联,但作者承认传信语可以获得上述这些次要意义,而表明信息的来源是传信范畴的基本核心意义。

交叉说(overlapping)。这一说的代表是 Auwera and Plungian(1998),他们认为传信范畴和情态范畴有部分交叉的地方,主要表现在传信系统中的推断类和情态系统中认识必然性的情态价值(the modal value of epistemic necessity)相当。

包含说(inclusion)。一是传信包含情态:广义的传信范畴是包含情态的(尤其是认识情态),即言者对所表达信息的来源做说明,并表达自己对信息的确认度、认识立场和可靠性等。持这一说的典型代表有 Chafe and Nichols(1986)、Fox(2001)等非类型学范式研究的学者。另外一个是情态包含传信。Willett(1988:52)曾说:"传信作为一个语义范畴,它的基本意义毫无疑问是情态的。"[①]持这一说的典型代表还有 Palmer(1986/2001),在他 1986 年的情态体系中,传信是下属于认识情态的;而在他 2001 年修订版的情态体系中,传信情态和认识情态是并列下属于命题情态的。我们将其总结为下图 2-1 和 2-2。

图 2-1　Palmer(1986)的认识情态模型

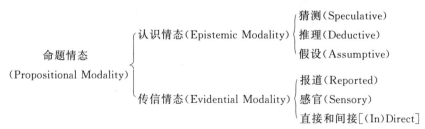

图 2-2　Palmer(2001)的命题情态模型

传信范畴,或者指明知识、信息的来源,或者说明言者对知识、信息来源的态度。无论是广义的还是狭义的传信范畴都与知识有关。同样,认识情态也和说话人的知识有关。正因为两者之间有这些相似之处,许多学者都讨论过它们之间的关联。

---

① 此处原文为:[T]here is little doubt that evidentiality as a semantic domain is primarily modal。

传信范畴和情态范畴的关联主要在认识情态上。因此,很多学者也从理论上论及传信和认识论(epistemology)的问题。Givón 从言者、听者和客观事实的角度评论了"隐式(社会)契约"[implicit(social)contract]的概念,指出下面三类命题中,(a)和(c)两类是无须标明传信范畴的:(a)那些理所当然的、公约性的、听者不可挑战的命题,不需言者对信息进行传信证明;(b)那些具有相对可信性的、接受听者挑战的命题,最终需要或允许言者进行传信证明;(c)那些明显可疑的,比如假设性的命题,是经不起或不值得挑战和证实的,那么按照"隐式社交契约",它们不需要也不值得言者进行传信证明。① (Givón 1982:24)

Wierzbicka(1994)从跨语言的视角考察了亲身经历和推测类认识在不同语言中的表现形式,从语义学角度谈论了认识论和传信的关系。Mushin(2001)认为,主观性和客观性是一个连续统的两极,认识立场的表达并不一定要归属于一方或另一方,而是反映一定的程度。她的认识立场模型中连续统的两极之间还有事实经历、感知的、推测的、报道引证的、想象的等认识方式。

与传信范畴相关的另一范畴是语气,而语气又和句类相关。很多研究证明,句类也是传信表达的策略之一,不同的传信范畴可以选择出现在不同的句类中,如陈述句、疑问句或者祈使句(Blakemore 1994;Aikhenvald 2004)。这些句类都是对应不同语气范畴的。徐晶凝(2008)谈到情态和语气的关系时认为,语气(mood)是一种语法范畴,它所表达的语法意义属于情态。但由于在某些语言中由语气表达的情态意义,在别的语言中可能通过其他手段来表达,所以,从理论上说,我们可以从情态意义出发,将不同语言中情态的这些语法表达形式都看作是语气。由此不难看出传信、情态和语气的密切关系。

---

① 此处原文如下:
(a)Propositions which are to be taken for granted, via the force of diverse conventions, as unchallengeable by the hearer and thus requiring no evidentiary justification by the speaker;
(b)Propositions that are asserted with relative confidence, are open to challenge by the hearer and thus require—or admit—evidentiary justification;
(c)Propositions that are asserted with doubt, as hypotheses, and are thus beneath both challenge and evidentiary substantiation. They are, in terms of the implicit communicative contract, "not worth the trouble".

2.4 传信范畴的多视角研究

在语言学研究中,任何语言范畴的研究都不是孤立的。首先,就研究对象本身而言,我们的研究不能拘泥于对象本身,还要看它与其他相关范畴的关联,只有在互动联系中才能更好地发现传信范畴本身的性质;再次,就研究方法来看,单一的研究方法或唯一的学科研究范式只能束缚研究者的视野,对我们全面认识传信范畴具有局限,因此多门学科、多种范式的交叉研究,能帮助我们多角度立体地认清并发掘传信范畴的语言学研究价值;另外,传信范畴不是那些只有形态标记的语言才特有的,它作为一个语义范畴有其普适性,虽然有些语言没有专门的语法化的形态标记,但是这些语言也会通过其他传信策略来表达传信意义,因此,对不同地域不同语言的不同传信表达方式的广泛研究,有助于我们对语言共性与个性的探索。

2.4.1 传信范畴与其他语言范畴的互动研究

2.4.1.1 传信与时体(tense-aspect)

根据 Maslova(2003)的研究,Yukaghir 语在时态范畴中只区分将来和非将来,它的传信范畴体系二分为一手信息和非一手信息。那么,表示非将来的传信语是解读成现在时还是过去时,这取决于体范畴。比如,小句所传达的事件信息若是完整体(perfective),无论是在一手还是非一手信息中都解读成过去时;若是习惯体(habitual),在一手信息里解读成现在时还是过去时都可以,要视具体情况而定,而在非一手信息中只能解读成过去时;如果出现在持续体(continuous)中,传信范畴的两种时态解读都可以。

Yukaghir 语的传信语一般只用在非将来时态中,若非一手信息类传信语用在将来时中则有一种推断的可能性意味。有意思的是,Nichols (1986)研究汉—俄洋泾浜语(Chinese Pidgin Russian)的传信范畴时发现,该语言的非一手信息类传信语和将来时连用表示"可预见的将来(predicative future)"意义,是说话者通过现在的证据对将来事件的自信推测。

2.4.1.2 传信与谓语的语义特征(the semantic properties of predicates)

一般来说,表示内在状态的谓语动词所在的小句在不同的语言中会有固定的传信范畴选择。Sun(1993)发现在 Amdo Tibetan(安多藏语)中,谓语动词的意愿性(volitionality)语义特征与不同传信语的选用有密切关系。比如,同是非意愿性的动作行为,像"打哈欠""不小心摔碎盘子",若是关涉到第一人称,那么使用的是直接获取信息类传信语;但表示内在状态的非意愿动作,如"打鼾""睡着""遗忘",则要使用间接类表推断的传信语,因为这些内在状态是不可及的,需要推断获取。根据 LaPolla(2003)对 Qiang 语(羌语)传信范畴的研究,该语言谓语动词的动态(active)和静态(stative)这两种语义特征会影响传信语所表达的意义。比如,同是推断类传信语,若和具有静态语义特征的谓语连用,表达的是惊讶、意外之义;若和具有动态语义特征的谓语连用,则只表达推断义。

2.4.1.3 传信与人称(person)

一般来说,人们在传递信息、说明信息获取的方式时,多是和说话人第一人称"我"相关的,但是跨语言的研究表明,传信语的使用与听话人第二人称"你"也有很密切的关联。另外,当信息关涉第一人称时,多是一手信息,但是有时也会使用非一手信息传信语,这些情况在不同的语言中都有报道。比如,根据 Dixon(2003)的研究,在 Jarawara 语中,若非一手信息类传信语和第一人称连用,表明说话人对事件缺乏控制或者对事件行为的责任降低(lack of control and the diminished responsibility of the speaker),如下例①:

(2) o-hano-hani　　　　　　　　　　　　o-ke
　　1sg-be drunk-IMM. P. NONFIRSTH. f　　1sg-DECL. f
　　I got drunk (and don't recall it).
　　　　　　　　　　　　　　　(引自 Aikhenvald 2004:221)

　　(这里第一人称小句使用的是非一手信息类传信语,说明说话人对自己喝醉酒是无意识的;若用一手信息类传信语,则说明说话人是故意喝醉酒的。)

另外,传信语的使用能暗示人称。比如,LaPolla(2003)对 Qiang 语传信范畴的研究发现,当所表达的信息是关于第三人称的,但是亲眼所见类的传信语暗示了是第一人称"我"对信息来源作了说明,因为传信标记后面可以再加上第一人称标记。例如例(3)这种情况,是"我"先推测,然后开门看见那人正在敲鼓,这是"我"亲眼所见这个事件动作正在发生,所以可以在动

---

① 例中的 sg=singular(单数);IMM. P. =immediate past(最近过去时);NONFIRSTH=non-first hand(非一手的);DECL=declarative(表陈述的语气);f=feminine(阴性)。下同。

词传信标记后面继续添加第一人称标记用于强调亲眼所见。

(3) oh,   the: ᵹbə   ᵹete-k-u-ɒ
    oh   3sg   drum   beat-INFR-VIS-**1sg**
    Oh, he **IS** playing a drum!

（引自 Aikhenvald 2004:89）

人称具有特殊用法,比如使用第一人称不仅可以指代说话人,还可以包括听话人,同样,使用第二人称有时也可指代说话人自己。人称代词这种"你中有我,我中有你"的特点也会对传信语的使用产生影响。

2.4.1.4 传信与中心指派(pivot assignment)

Dixon(2004)研究发现,Jarawara 语的信息表达若将说话人视为中心,即语法化的话题,当它在小句中与感知类动词连用时多使用一手信息类传信语;若将事物视为中心,则多使用非一手信息类传信语。其中的关联主要表现在时态、语气和性范畴标记①与中心成分一致。分别如下两例②:

(4) afiao   ati   o-mita-ra   o-ke
    plane (m)   noise   1sgA-hear-**IMM. P. FIRSTH. f**   1sg-DECL. f
    I heard the plane's noise.

（引自 Aikhenvald 2004:269）

（过去的某一时刻,我正听到飞机的声音,第一人称所指"我"是指派的中心。）

(5) afiao   ati   o-mita-no-ka
    plane(m)   noise   1sgA-hear-**IMM. P. NONFIRSTH. m**-DECL. m
    I heard the plane's noise.

（引自 Aikhenvald 2004:269）

（这条信息是出乎意料的;"飞机"是指派的中心。）

2.4.1.5 传信与焦点(focus)

Muysken(1995)在研究 Quechua 语的焦点时发现,该语言表达信息来源和焦点强调的手段是关联在一起的。传信标记所依附的成分通常是信息的焦点所在。若该信息没有焦点强调的成分,那么传信标记附着在小句

---

① 作者在讨论以下这两个例子中的传信语与中心指派的关系时,说到"时态和语气标记与中心成分一致"。除此以外,从(4)和(5)两例看,性范畴标记和中心成分也有一致性,这一点为笔者观察。

② 例中的 A=agent(及物小句的主语);m=masculine(阳性)。

第一个成分之后。这种附着于小句第一个成分之后的传信语所在的信息可以是有歧义的,该传信语揭示了如下两种可能:(a)小句所表达的信息没有对比焦点;(b)第一个成分就是焦点。例如:

(6) Pidru-n   wasi-ta   ruwa-n
　　Pedro-DIR house-ACC make-3p
　(a) Pedro builds a house——no constituent is focused
　　　(Pedro 盖一座房子——没有成分是焦点)
　(b) It is Pedro who builds the house——the first constituent is focused
　　　(就是 Pedro 盖的那座房子——第一个成分是焦点)
　　　　　　　　　　　　　　(引自 Aikhenvald 2004:268)

可见,在 Quechua 语中表传信意义的附着语素是复合型多功能的(portmanteau morphemes),除了标明信息来源还可以指明焦点成分。

2.4.1.6　传信与视角(viewpoint)

Lawrence(1987)系统地研究了 Oksapmin 语的视角范畴,发现该范畴与视觉类、非视觉感官类和报告类传信语具有互动关系。比如,一个故事可以从故事主角的视角来讲述,也可以通过故事中另一参与者的角度来讲述,选择不同的视角所使用的传信语也不同。该语言的视角范畴强制性地出现在过去时中。若在叙述中使用零标记形式(zero-marked form)即没有使用传信语,那么这就是一种全知全能的视角(omniscient viewpoint)。另外,若故事的叙述是以第一人称进行的,那么故事主角的视角范畴则要强制使用。

2.4.1.7　传信与礼貌(politeness)

在日语中,传信语的使用与礼貌的表达有很密切的关联。Aoki(1986)涉及了日语传信语和礼貌的表达。比如,日语中传信语 *rasi-i* 用于标明信息的获取是通过间接方式推断而来的。可是,当表达一个不需要推断的明确信息时,说话人使用该传信语是为了制造一种对信息的确认度不那么肯定的效果。又如,当说话人不想说明信息的来源并且想减少由信息来源造成的麻烦时,即使该信息是直接获取的,他也可能会选择听说类传信语 *soo* 来达到这种交际目的。这两类情况分别举例如下①:

---

①　这两个日语例子中,S. M. = subject marker(主语标记);T. M. = topic marker(话题标记)。

(7) Wakai   koibito ga   deki   -ta   rasi-i
    young   lover   S.M.   come to have   -PAST
    (S)he now has a young lover.

(引自 Aoki 1986:236)

("她/他现在有一个年轻的爱人"这条信息其实是说话人明知的不需要推断获得的信息,但该处使用表示信息是通过推断间接获取的传信语是出于某种交际目的。)

(8) Yamada   wa   sir   -anai   soo   da
    Yamada   T.M.   know   -NEG
    They say that Yamada does not know.

(引自 Aoki 1986:236)

("Yamada 不知道"这条信息不是通过听说的方式获取的,但使用这类传信语是交际的需要。)

除了上面介绍的传信范畴与相关语言范畴的互动研究以外,还有一些传信范畴与其他语义、语用范畴关联研究的成果。在 Southern Nambiquara 语中,传信范畴是和新旧信息(new/given information)融合在一起表达(fused expression)的(Lowe 1999)。被动语态(passives)与特定的传信语也会有关联(Dixon and Aikhenvald 1999;Timberlake 1982;Kendall 1976;Silverstein 1978)。指示标记(demonstratives)一般指明所言对象和说话人的可视距离,因此它们在一些语言中总是和特定的传信语配合使用(Miller 1996;Neukom 2001)。在有些语言中,传信语是可以被否定的,有它自己的否定域,比如 Akha 语,可以被否定的是表示视觉经历的传信标记,而非它所在的小句的动词(Hansson 2003)。而有些语言对标明肯定/否定意义的信息来源的选择有不同的偏爱,比如 Jarawara 语表示肯定意义的小句中,感官动词"看、知道"等后面一般偏爱使用一手信息类传信标记,而否定句则偏爱使用非一手信息类传信标记(Dixon 2003)。

2.4.2 传信范畴多学科多研究范式的立体研究

2.4.2.1 语言类型学范式下的传信范畴研究

Aikhenvald(2004)在考察了 500 多种语言的基础上为世界语言的传信范畴体系分类,发现各种语言的传信语在规模和表达信息来源的种类上都不同。作者建立了如下几类传信语选择体系:五类两分,如一手的(firsthand)和非一手的(non-firsthand)、感知的(sensory)和报告的(reported)等;五类三分,如直接的(direct)、推断的(inferred)和报告的,视觉的

(visual)、非视觉的(non-visual)和推断的等；三类四分,如视觉的、非视觉的、推断的和报告的,直接的、推断的、报告的和转引的(quotative)等；一类五分,即视觉的、非视觉的、推断的、假设的(assumed)和报告的。上述每一类体系作者都给出了详细的语言例证并给予解释。最后,作者总结了传信范畴体系的六个语义参数:(1)视觉的；(2)感官的(除视觉外)；(3)推断的；(4)假设的；(5)听说的；(6)转引的。

Aikhenvald(2004)可称得上是传信范畴类型学研究的集大成之作。该研究内容广泛。作者首先说明要研究的对象是表达信息来源这一核心意义的语法化了的强制性的传信范畴,认为这一范畴和言者所表达信息的真假以及对信息的确认度、认识立场、可靠性等没有必然关联,但传信语可以获得上述次要意义。作者对她所调查的世界语言的传信范畴体系做了类型学的分类。该研究最重要的特点是着重讨论了作为语法化了的传信范畴和没有语法化但具有传信作用的其他语言范畴之间的关联,其中涉及传信与人称、时体、语气、情态、疑问、否定和不同句类等的关联。另外,作者从语法化的角度分析了不同传信语的来源,并从历史的视角讨论了语言接触给传信范畴带来的影响。著作的后几章还涉及传信语在不同类型话语中的使用情况(主要是叙事语篇),以及话语、语用、文化等动因对传信语使用的限制。这种多视角的研究不仅对传信范畴而且对其他语言学范畴的研究都很有启发。

Aikhenvald and Dixon(2003)和Johanson and Bo(2000)两部论文集都是类型学范式下研究传信范畴的有价值的文献,其中涉及的语言类型众多,包括土耳其语、伊朗语和相邻语言等。

Garrett(2000)这篇博士论文研究了标准藏语中的三类传信语:自我类(ego)、直接类(direct)和间接类(indirect)。作者发现,间接类传信语与行事性认识情态(performative epistemic modality)相关,并且行事性能解释为什么该类传信语分布高度受限；直接类传信语一部分由指示性成分构成,这是和外在世界相关联的,另一部分和断言的语用特征相关；自我类传信语在句法形态上表现为零形式,所标明的信息都是即时或不需要证据推断的关涉自我的知识。

相对于其他研究范式而言,语言类型学视角下的传信范畴研究成果是最丰富的,研究的历史也比较长,从Boas和他的学生对美洲印第安语的调查成果中就能看到。因此,语言类型学为传信范畴的研究提供了沃土。该范式下的传信研究不仅为语言学研究贡献了丰富而翔实的语料,更重要的是让我们认识到传信作为一种语义范畴的语言学价值。

2.4.2.2 语言功能主义范式下的传信范畴研究

广义功能主义范式有三个研究取向。(1)功能语言学(Functional linguistics)。这里"功能"二字,指的是语言作为人类交际工具的"功能"。语言因为交际的目的而存在,语言的结构也是在交际使用中磨合形成的,这是功能主义的基本信念。(2)语言人类学(Linguistic anthropology)。从 Boas 时代开始,就主张语言学研究必须与人的认知习惯和社会生活相关联。之后他和他的学生 Sapir 更是强调语法分析对人种-社会人类学(ethnology)很重要,因为语法范畴反映了人类思考和实践的最根本的认知文化模式,并认为语法是深深植根于社会文化分析之中的,它们一起阐释人类是如何构建世界的。(3)会话分析(Conversation analysis)。这一研究取向是在美国社会学的学术背景下应运而生的。会话作为一种言语活动的社会交往,其中每一步都是双方相互协商的结果,都是构成正确理解下一步的前提。会话者运用自己的语言知识以及非语言的社会文化背景知识来表达自己,理解对方。上述这些功能主义研究取向的共同点在于语言的研究要强调社会、交际、互动,重视真实的语料,注重区分语体研究。

Chafe(1986)从功能角度出发,勾勒了英语传信范畴的语言表现形式,并对比分析了英语会话和学术文章的传信语使用差异。Kamio(1997a;1997b)从信息存储和信息享有的角度讨论了日语传信范畴的话语特征。Fox(2001)从社会语言学角度论述了英语自然口语会话中传信范畴和权威性、责任性的互动关联。Kärkkäinen(2003)在话语功能语言学的视角下,着重以 I think 为个案,研究讨论了英语会话中认识情态(包含传信情态)在话语结构中的表现和功能。

Trent(1997)这篇博士论文主要讨论了日语口语语篇传信范畴的语言编码和日语礼貌范畴的关联。作者通过对言语交际中日语使用者的传信范畴表达的考察,发现日语在言语交际中是"确信层级(level of assertiveness)"低的语言,属于"低确信度的言语交际(low-assertive speech)"。

在该文中,作者主要是着力挖掘日语人际交往的语用规则,尤其是对传信范畴使用规则的理论构建。日语句末的语言成分具有强烈的情态标记功能,这种情态包括传信,表达言者对命题的确认度;日语句末的传信表达形式没有语法化,但根据不同交际情景选择适当的传信表达方式是日语使用者语用能力的一种表现,因为合适的传信范畴的使用,能够在正式和非正式的交际场合中发挥表达礼貌意义的语用功能。若一个日语使用者不能依据语境使用恰当的传信语,他可能会因为言语行为上的过分自信和肯定而受到言语社区成员的指责。

该研究中,日语传信系统的模型是建立在信息的领属概念(the concept of territory of information)之上的。日语的传信表达不仅是建立在言者自身经历上的,还要考虑听者的情况,表达对听者的尊敬。作者发现,在交际的正式场合,言者更加尊重对方的信息状态,更倾向于使用间接委婉的传信表达方式;而在非正式场合的交际中,日语使用者更强调交际双方共享的信息,会选择能够照顾双方交际的传信语。

González(2006)比较了英语和加泰罗尼亚语(Catalan)口语叙事语篇中认识情态和传信范畴表达的异同。作者分别请 20 位操英语和 20 位操加泰罗尼亚语的成年被试,以"危险遭遇"为话题,谈论自己过去的经历。通过对语料的分析发现,在对认识来源和确认程度的表达上,英语叙述者常常使用感知和认识类动词,尤其喜欢使用在叙事语篇结构①的评价部分(evaluative segments);而加泰罗尼亚语叙述者常利用直接引语来指明信息的来源和对信息确认的程度,尤其喜欢使用在叙事语篇结构的进展部分(developing action parts)。另外,加泰罗尼亚语叙述者在描述间接体验的经历时,喜欢使用认识类和推断类感官标记。

作者认为,对过去亲身经历的叙述有两方面的因素要涉及:一方面是来自过去发生事件的距离能够让叙述者获得对特定事实解释的权威性;另一方面是在个人经历叙述中涉及主观性的表达,这主要在于经历的报告者和体验者是同一个人。因此,叙述者不仅要为所叙述的事实和事件提供证据,而且还要为听者呈现自己的经历和个人立场评价,这才能体现故事叙述和倾听的价值。作者还认为,言者对信息的权威性和可靠性是建立在确认度的基础之上的,而这确认度来自言者展示给听者关于所述信息的态度、评价和立场等。

---

① 该文所指的叙事结构来自 Labov(1972),他根据完整的口述故事,把叙事结构总结为如下六个部分:
 (1)点题(abstract)对所要叙述的故事做简要的概括;
 (2)指向(orientation)交代故事的时间、地点、人物和活动环境;
 (3)进展(developing action)指故事本身的发生、事态的发展,这主要是按照时间顺序进行的;
 (4)评议(evaluation)主要指叙述者对故事发生的原因、要点、叙述故事的目的进行评论。也可以对动作或人物进行评论。同时别人也可以对故事中的有关情况进行评论。这可以用于制造悬念,增强故事的感染力;
 (5)结果或结局(result or resolution)指一系列事件的结束,如人物的下场、目的的实现或失败;
 (6)回应(coda)往往用一两句话表明故事的结束,用来呼应主题,使听者对故事的始末有一个完整感。

另外,Ifantidou(2001)从语用-认知特点出发,基于关联理论研究发现,语言传信表达的很多方面在语用动力的驱使下源自言语环境和语言形式的互动。

传信范畴也是语言人类学的热门议题。Du Bois(1986)、Szuchewycz(1994)和 Schieffelin(1996)分别讨论了不同语言的宗教仪式话语中的传信表现,从而挖掘其中的人类学意义。

Curnow(2002)研究发现,很多语言中使用传信语的第一人称句和使用传信语的第三人称句具有明显差异。差异的成因主要来自语言之外,比如使用频率的影响和意义理解的影响。而对于传信语意义理解的差异主要表现在传信语的引申义和在语言使用中的语用意义。

2.4.2.3 历史语言学范式下的传信范畴研究

Aikhenvald(2004)有专章从语言变化的角度分析不同传信语的不同来源。作者发现,有的从动词语法化而来,比如有的语言的言说动词(verbs of speech)和感官动词(verbs of perception)等可以演变为传信标记;有的从指示成分(deictic markers)演变而来;还有的是从传信策略,比如情态词、时体标记语法化而来。同时,作者还重点讨论了另一个相关问题:语言的接触给传信范畴带来的影响。作者从传信范畴的区域性特征(the areal feature)、在语言接触中传信范畴的遗留和传信范畴与语言废止(language obsolescence)等角度加以论述。

Willett(1988)和 Lazard(2001)考察了多种语言的传信范畴,从普通语言学角度发掘传信语来源的普遍变化规律。还有很多学者的研究热衷于探求传信标记的来源和演变过程。比如引述类传信标记的演变,有的语言是经过引语从句和主句的重新分析后,其主句的言说动词语法化为引语传信标记,像藏语(Tournadre 1994);有的语言中这类传信标记来自作为言说动词补足语的引语句,如标准爱沙尼亚语(Harris and Campbell 1995),这种语言的该类传信标记是由其引语从句"去从属化(de-subordination)"获得主句的地位后,由提升为主句的引语句中谓语动词的部分格(partitive case)格标记演变而来;还有的语言,如南美西班牙语和葡萄牙语,它们的引述类传信标记 *dizque* 由言说动词 *decir/dizer* 与引语标句词 *que* 熔合(fusion)而成。

2.4.2.4 儿童语言学范式下的传信范畴研究

从儿童语言习得角度来看不同母语儿童如何掌握传信语的使用,对洞察语言的发展和儿童语言认知能力的形成有重要作用。但这方面的研究还处在初始阶段,有待进一步深入研究。下文将介绍几部有关儿童如何习得传信范畴的研究文献。

Aksu-Koç(1988)在研究土耳其语过去时形态标记的习得中,提到了儿童习得传信语的情况。她发现在土耳其语的习得过程中,表示间接获取信息的传信语-MIS 最开始是作为时体标记习得的,然后再慢慢延伸到表示结果状态和新信息的语法标记①的习得。作者研究发现,儿童在 3 岁 7 个月之前对"信息"的概念没有认识。到了 4 岁 6 个月,儿童只认为能够直接观察到的事件才能成为可以有效表达的信息,在此之前他们是不会对自己没有亲眼看见的事件做任何描述的。到了 5 岁半之后,儿童开始慢慢认识到,即使事件发生的过程没有亲眼目睹,但事件的结果(end-result)可以观察到,因此也可以对该事件进行描述。

Aksu-Koç(2000)调查发现,操单语土耳其语的儿童在 1 岁 3 个月到 2 岁 6 个月期间,他们首先习得的是过去时—完整体(past tense-perfective aspect)标记-DI 和现在时—非完整体(present tense-imperfective aspect)标记-Iyor,并通过这两种标记来表达直接经历。他们在表达和陈述这种直接经历的信息时,多是与"此地此时(here-and-now)"的情景相关联。表达陈述与表达命令和祈求的语气不一样,此时的儿童对语气也会有认识。

Courtney(1999)在研究 Cuzco-Collao 语(Quechua 语的一种)中传信范畴的儿童习得时发现,操该语言的儿童在 2 岁 5 个月到 6 个月年龄段内是不使用任何传信语的。大约 3 岁后,他们开始在回答问话中使用间接类传信标记(indirect evidential)-mi,这类传信标记也被用作焦点标记。到了语言习得的晚期,儿童开始区分使用直接类传信标记和推断类传信标记。到目前为止还没有文献显示报告类传信标记的习得情况。

Fitneva and Matsui(2009)是一部研究儿童如何习得传信范畴的论文集。该文集的编者首先提出了传信范畴作为一种语法范畴在儿童语言认知发展学科中的三个研究领域:(1)儿童对标记知识来源的语言手段(linguistic means to characterize knowledge sources)的习得;(2)儿童对知识来源的概念理解(the conceptual understanding of knowledge sources);(3)儿童对他人证据的评价(the evaluation of others' testimony)。该文集有关传信范畴和相关范畴习得的研究内容主要有:土耳其儿童习得语言传信范畴的过程和它与儿童非语言手段传信方式的认知发展的关联;通过对藏语儿童关于传信系统习得的考察,探讨儿童对传信语的句法语义特征的

---

① 这里的"语法标记"之所以没有说明是传信标记还是时体标记,笔者认为这是因为作者发现土耳其语的时体标记和传信标记在很大程度上是相关联的,有时甚至不好区分。

理解,并试图揭示儿童间接传信方式与推断能力发展的关系;通过对保加利亚语儿童关于传信范畴习得的研究,考察他们对所获信息可靠性的判断能力;日语传信范畴的表现形式既有语法形态的,也有词汇手段的,儿童对这两类传信表达方式的习得呈现出差异,日语中言者的确信度暗示了交际信息的可靠度;还讨论了土耳其儿童在习得语言传信范畴和言语活动中暗示性之间的概念联系。这部论文集不仅推动了传信范畴领域的研究,还扩大了我们对儿童认知发展研究的视野。

2.5　对国外传信范畴研究的一点思考

2.5.1　从语言学史角度看语言范畴研究的趋向

传信范畴作为语言范畴的一类,对它研究现状的梳理可以使我们窥测到其他乃至整个语言范畴的研究特点和趋向。反之,当我们换一个角度反观语言范畴研究的历程时,也会对传信范畴的研究发展有更好的启示。语言范畴总体上都是表达意义的类,因此其形式和意义的研究是相辅相成的。从语言范畴研究的历史看,它经历了如下四个阶段,每个阶段学者们对语言范畴的认识和研究都各有特点。

第一阶段,注重语言范畴意义－形式的双向研究。从 Boas 和他的学生 Sapir,Whorf 等关于美洲各种语言语法体系的描写看,他们很注重语法意义的研究。他们从这些语言材料中发现,一些强制性的语法形式所表达的意义从跨语言的角度来看是不尽相同的。这些美洲语言更注重传统语言范畴(比如数、性等)以外其他范畴意义(比如传信意义)在小句中的表达。这一时期的研究强调语言范畴形式和意义的共性和个性的探索,注重探求语法意义和人类文化之间的关联。

第二阶段,以 Bloomfield 为代表的美国结构主义语言学家更重视语言形式的研究。他们认为语言研究没有通往意义的捷径。结构主义语言学家更注重研究语言的个性特点。之后,Chomsky(1957)的生成语法主张,语法具有自主性,意义的分析和语法分开,"语义"和"句法"分属于不同的模块。Weinreich(1963)继承法位学的观点,认为语言单位不是通过意义而是基于形式分布来确认的。

第三阶段,当美国结构主义从强调语法意义和语法形式－意义共变(form-meaning co-variation)转向专注于语言形式研究的时候,Jakobson(1957)提出了语法意义理论——语义二元对立说。这种"对立"的思想对语言范畴意义的研究很有影响:(1)二元对立的这种逻辑操作颇具人类认知基础,能够简化对语言意义的描写;(2)强调意义的对立二分来自它所属的范畴系统;(3)对立二分是将范畴成员的界限视为离散的(discrete),同一个语义范围所覆盖的语法范畴的特点是同质的;(4)强调范畴的意义①是抽象不变(invariant)的,若有差别也应该归因于使用环境而非界定该范畴二分对立的意义特征本身。

第四阶段,跳出结构主义语言学派,从近 50 年(20 世纪 60 年代末之后)语法范畴的研究看,有三股研究思潮涌现:(1)相近语言的语法范畴的跨语言共性比较研究,强调语法意义具有普遍性;(2)基于心理学实验的人类范畴化理论研究,如模糊集合(fuzzy sets)、原型理论(prototype theory)、家族象似性范畴化理论(family resemblance categorization)等,强调范畴的连续性和原型特征;(3)语法化理论的发展,注重意义演变的研究,强调语法意义不只是在该范畴系统中和其他成员对比而体现的,而是在语言使用变化中产生的。

由此可以看到,语言范畴的研究对意义范畴化越来越重视,尤其是近几十年,特别强调语言范畴的研究要结合人的认知方式、人对现实世界的经验感知以及人们的言语交际等方面。比如,语言类型学的研究探索人类语言共性,承担了跨语言比较和在比较中总结人类语言共性的任务。对人类语言规则和机制的跨语言验证多是语言认知、使用等功能取向的。认知心理学的研究从人与现实世界的经验出发,与人的认知方式有密切关联。历史语言学的语法化视角强调语言的变化、语言意义在语言使用中的历史演变。所以,我们有理由相信,今后语言范畴研究的趋向是更加重视其在真实的言语交际中的表现。就拿传信范畴来讲,其核心意义是表达信息来源。因此,从言语交际、信息传递的角度来研究该范畴将会有更大的突破。

2.5.2 国外传信范畴研究呈现的特点及其不足

对有具体的语法形态来标记信息来源的语言而言,传信范畴已经是语法范畴。这些传信标记的来源可能是其他相关语言范畴,因此即便已经语法化,也可能有些还会有其他范畴的意义外延。而对于没有专门的语法标记来指明信息来源的语言而言,比如英语和汉语,传信策略就尤为重要,这些传信策略是借用词汇手段、其他语法范畴(情态、语气等)来表达信息来

---

① Jakobson 所谓的语法意义是就那些强制出现的语法范畴(obligatory categories)而言的,这样一来,需要描写的语法范畴的意义就相对少了,一些语言甚至没有。

源这一意义,所以这些非传信范畴具有了传信的意义。这是以往研究不够重视的,还需要我们继续加强研究。

传信范畴的界定有狭义和广义之分,这涉及对语言各个层面范畴的认识。一般来说,语义范畴具有普遍性,但它一定在某些语言中是语法范畴,但不一定在所有语言中都是语法范畴。在上面的综述中,有很多研究是从语义范畴出发,讨论各个语言中这些范畴的表现形式是语法化了还是没有语法化。

一种语言中,无论哪一层面的范畴,都是一般性的,是完成整个语言行为不可缺少的东西。有些范畴所有的语言都有,有些只是某些语言具有,同时这些范畴以什么样的形式表达出来,也有不同。由于语言范畴总体上都涉及意义的表达,不同语言层面之间的范畴是不能截然分开的。所以,传信范畴和多层面的语言范畴互动研究也是今后的发展趋势。

基于上述认识,我们认为,就目前传信范畴的研究现状来看,国外研究比较偏重"从外到内",即从结构形式到意义内容的研究,而对"从内到外",即由意义内容到结构形式的研究还不够,而"从内到外"对研究像英语和汉语这样没有语法化的传信范畴的语言尤为重要。正如徐通锵(2008:298—299)所言:"'从内到外'的研究,最重要的是语义范畴的确定,看每一个范畴有些什么样的表达方法。要从结构与表达的相互制约、相互制衡中研究语义型语言的动态性运转状态,宜以'从内到外'的研究途径为基础,再补之以'从外到内'的方法,形成'内'与'外'相结合的研究思路。"

另外,国外传信范畴的研究可以说是发端于人类学和类型学的研究。学者们调查的人类语言是有一定规模,但是在研究中对不同类型语言的传信系统的比较研究还不够。对比研究有助于进一步阐明不同语言之间传信系统的异同,从而揭示出人类语言在传信范畴方面表现的共性和差异。另一个问题是,国外类型学范式下研究传信范畴的成果,其重要特点在于描写很细致,但是解释还不够深入,尤其是在传信范畴所表现的人类语言共性和差异的问题上,学者们似乎更注重不同语言的自身特点,而对语言共性特点的提炼还不够。

第3章 国内传信范畴研究现状

3.1 引言

关于汉语传信范畴的研究,其发端早在中国传统语言学的相关研究中就能窥测到,主要散见于对语言理论的阐述和对引文进行注解的一些著述中,因此汉语该领域的研究并不晚于国外的研究。本章将从我国第一部用现代语言学理论研究汉语语法的著作《马氏文通》开始,尽可能全面地梳理不同时期、不同阶段国内汉语传信范畴研究的成果[①],并对这些研究成果的特点、方法、局限等方面做相应的评论,以期能对国内传信范畴研究的现状有一个清晰的认识,也希望能为今后该领域的研究提供一定的参考。另外,通过对国内传信范畴研究成果的综述,我们还依据汉语该领域研究呈现的特点和存在的问题,对未来的研究提出了自己的一些看法。

3.2 汉语传信范畴研究现状

关于国内传信范畴研究现状的介绍,我们以标志着中国现代语言学确立的著作《马氏文通》为起点,分别介绍马建忠、吕叔湘和高名凯三位先生经典著作中关于汉语传信范畴的研究概况。

3.2.1 马建忠《马氏文通》中的"决辞"和"疑辞"(1898)

马建忠的《马氏文通》(1898)是我国第一部利用现代语言学理论研究汉语语法的著作。虽然马氏传信系统的论述散见于其对语言理论的阐述和对引文的注解中,但是我们还是能从传信概念、传信方式类型、信息来

---

① 本章对国内汉语传信范畴已有研究的梳理和介绍不包括中国的少数民族语言。但是需要说明的是,我国的一些少数民族语言的传信范畴是语法化的。中国的民族语言学家们对此也有所关注。20世纪80年代出版的由国家民委组织国内专家学者编撰的"中国少数民族语言简志丛书"(该丛书的修订本已于2009年由民族出版社出版)中都有所介绍。相关的研究还可参看孙宏开、胡增益和黄行主编的《中国的语言》(2007)。

源、信息可靠度和传信语等方面勾勒出马氏语法体系中的汉语传信表达系统。刘永华(2006)不仅对《马氏文通》的传信范畴进行了较为详细的整理,而且揭示了马氏传信范畴和情态、时态以及语气等相关范畴的关联,除此之外还讨论了《马氏文通》传信范畴的来源。该文对梳理汉语传信范畴研究的历史具有重要作用。

马氏用"决辞"和"疑辞"来表达传信概念,这体现的是"传信"和"传疑"的对立。分别举例如下①:

(1) 或谓"已矣"者,皆所以决言其事之已定而无或少疑也。(《读本》第625页)

(2) 此盖上文所言诸事,不可根究,故每云"盖"以疑之。此即辜较之意也。(《读本》第469页)

这两例是在解释虚词"已矣"和"盖"的用法。前者是说"已矣"所表达的信息是不可怀疑的,表达对事实的确认态度,是"决辞",它对应于传信的语义范畴;而后者"盖"表示"辜较之意",即不确定、怀疑,传达的是测度的意味,是"疑辞",其对应于传疑的语义范畴。

在传信方式和类型上,马氏把汉语句子明确分为表"事"和表"理"两种,分别对应于基于事实的高信度的陈述式和基于推理的相对弱信度的虚拟表达。如下例:

(3) 故"矣"以言事,"也"以决理,此"矣""也"两字之大较也。(《读本》第227页)

上例马氏比较了虚词"矣"和"也"的使用差异:前者用于"言事"的基于事实的传信的句子;而后者用于"决理"的需要表达逻辑推理的传疑的句子。

关于信息来源的表达,《马氏文通》中区分了"记官司之行"和"记内情所发"两类。这种区分是依据句子的主要动词进行的,前者指与五官功能对应的,例如"见""观""谓""曰"等;后者指心理活动类,例如"恐""愿""敢"等。

上述这些行为动作都来自言者自身,但是在表达信息可靠度上会有不同。这种区分与国外传信研究已无多大差别。信息可靠度的表达在马氏的传信系统中主要表现在一些"助字"的用法差异上。例如:

(4) 传疑助字"乎""哉""耶""与""夫""诸",其为用有三:一则有疑而

---

① 这一部分的用例来自吕叔湘和王海棻编著的《马氏文通读本》(上海教育出版社,2000年)。每例后的括号内将《马氏文通读本》简称为《读本》,并注明了例子的出处页码。

用以设问者；一则无疑而用以拟议者；一则不疑而用以咏叹者。（《读本》第599页）

从上例的论述可以看到,作者将传疑助词的用法分为如下三类:有疑－设问;无疑－拟议;不疑－咏叹。这三类的区分就是以信息可靠度的逐步加强为依据的。

另外,《马氏文通》关于传信语的论述主要涉及了不同词类,比如副词、语气助词、疑问代词和动词等。这从上面的例子中都可以看出来,故不再举例说明。

刘永华(2006)揭示了《马氏文通》传信范畴和情态、时态以及语气等相关范畴的关联。该文认为:"《马氏文通》把传信范畴和语气范畴、时范畴结合在一起研究,反映出马氏对这些范畴之间紧密关系的正确认识。同时,马氏基本上没有进行情态范畴的研究,这对于情态研究是个缺失,却有效避免了传信范畴和情态范畴的纠葛。"(刘永华 2006:93)在我们看来,由于汉语自身的语言特点,汉语传信范畴的研究是不能脱离与相关语言范畴的关联的,尤其是和情态、语气等范畴的密切联系。

除此之外,刘文还讨论了《马氏文通》传信范畴的来源,因为作者观察到马氏引用了大量的古注和古代语法专著的成说;并且还认为,《马氏文通》中与"传信"和"传疑"对应的"决辞"和"疑辞"的概念源于中国传统语言学。《马氏文通》虽然深受西方"葛郎玛"的影响,但是马氏的传信系统与中国传统语言学有着很深的传承关系。

3.2.2　吕叔湘《中国文法要略》中的"传信"和"传疑"(1942)

吕叔湘在《中国文法要略》(1942)的"表达论:范畴"一卷中,以"传信"和"传疑"为题名在两个章节中分别讨论汉语的这对语义范畴。作者主要是分析讨论了汉语语气表达所具有的传信、传疑功能。作者认为,广义的语气包括语意(正、反;定、不定;实、虚等)和语势(说话的轻重缓急);狭义的语气是"概念的内容相同的语句,因使用的目的不同所生的分别"(吕叔湘 1942:261)。这里语句的概念内容相同是就命题意义而言的,而因使用目的不同所产生的差别主要是指说话人对所说话语内容的主观态度有差异。

我们认为,吕先生所说狭义语气内涵中所体现的这种差异就是指情态,而情态又与语气、句类有着千丝万缕的联系①。正因如此,吕先生在论

---

① 关于情态、语气和句类之间关系的论述请参看徐晶凝《现代汉语话语情态研究》(2008)的相关章节。

述"传信"和"传疑"这两个范畴时,就是分别从语气词和疑问句类型的角度来考察汉语传信和传疑范畴的具体表达方式的。其实,我们发现吕叔湘(1942)不光从"语气"的角度讨论分析了汉语传信、传疑范畴,还从"语意"的角度隐含地说明了"正与反"和"虚与实"这两对语义范畴也具有传信和传疑的功能,其中"虚与实"也是与情态范畴密切相关的。详见图3-1(引自吕叔湘1942:258):

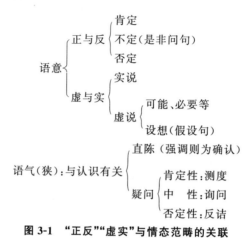

图3-1 "正反""虚实"与情态范畴的关联

以上主要评介了吕叔湘先生"传信"和"传疑"研究的理论框架。另外,我们发现吕先生在具体描写分析不同传信、传疑表达方式时多具新意。下面我们略举几处。比如,在谈到语气词"了"和"的"的差异时,作者认为"'了'字和'的'字的比较,可以说明决定的语气和确认的语气;我们可以看作动和静的分别,正和文言的'矣'和'也'的分别相似"(吕叔湘1942:267)。这一观察很敏锐,不仅从传信的语气上加以区分,而且从"了"句和"的"句的及物性角度指明了"动""静"之别。后来李讷、安珊笛和张伯江(1998)就是在此基础上,从话语角度论证了语气词"的"的传信功能,下文将会详细评介该研究。再比如,作者在论述或然性和测度语气以及必然性和确认语气时认为,"(一类虚词)表或然之意,但不是有了这些词语就一定是测度语气。反之,表必然的'该''不会不''不能不'等词语也不一定限于确认的语气"(吕叔湘1942:303),作者强调它们之间绝无平行的关系。这些观察对我们理解汉语传信范畴的核心义和引申义很有启发。

3.2.3 高名凯《汉语语法论》中的"确定"和"疑惑"命题(1948)

高名凯在《汉语语法论》(1948/1957)中讨论汉语的各种句型时,从确定命题和疑惑命题这两种句型的角度,描写了汉语传信范畴的各种表达方式。他认为,"确定命题的作用在于对所说的话加以确定的肯定的判断"(高名凯 1957:441);"疑惑命题(dubitative)是表达心中对某个事态的怀疑"。作者进一步说,"所谓疑惑的说法就是对此判断所加的疑惑态度"(高名凯 1957:473、475)。这里确定命题和疑惑命题分别表达的确定的、肯定的判断和怀疑的、疑惑的态度与我们讨论的传信范畴的意义相吻合,即广义的传信范畴:表达说话人对所言信息的确定性(certainty)和可靠性(reliability)。

在该著作中,作者不仅指明不同句型所表达的上述传信义,而且还从汉语传信范畴与句型的关联角度描写了汉语传信义的各种表达方式。比如,在确定命题中表达肯定判断的方法有两种:一是求助于语气,加重语气能够表示"郑重其事的确定的说明,确定的肯定的判断";二是运用一些表示确定的虚词,例如古文中的"确然""确乎"等,口语中的"真的""的确"等。分别举例如下:

(5) 他<u>是</u>一个伟大的领袖。(加重"是"的语气)
(6) <u>确乎</u>其不可拔。(《易·乾卦》)(古文中的虚词"确乎")
(7) 四凤,对不起你,我<u>实在</u>不认识他。(《雷雨》)(口语中的虚词"实在")

(引自高名凯 1957:441)

而在疑惑命题中,作者区分了传疑命题和反诘命题两类。前者通过传疑虚词(如古文中的"或""盖"和口语中的"说不定""也许"等)、句终词(如"罢""吧"等)、询问句和疑惑声调这几种方式来表达对命题的怀疑、疑惑态度。分别举例如下:

(8) 此虫有灵,不可犯之,<u>或</u>致风雨。(《酉阳杂俎·支诺皋下》)(传疑虚词"或")
(9) 信钱要了这么多,就不要包三灾了<u>吧</u>。(《旱》)(传疑句终词"吧")
(10) 你叫我回去么?(《少奶奶的扇子》第三幕)(借用询问句)
(11) 一封信,要这许多银子?(《官场现形记》第三回)(疑惑声调)

(引自高名凯 1957:476—481)

后者通过反诘虚词(如古文中的"岂""宁"和口语中的"难道"等,这类词常和句终词搭配使用)、否定式询问句或者上述两种方法兼用等方式表达反诘语气。分别举例如下:

(12) 田先生<u>岂</u>为人祈雨者<u>耶</u>?(《因话录》)(反诘虚词"岂"和句终词"耶"搭配使用)

(13) 先生不是生瘰病吧?(《竹林的故事·病人》)(否定式询问句)
(14) 难道你没有见过?(《第二梦》第一幕)(反诘虚词和否定式询问句混合使用)

(引自高名凯 1957:482—485)

另外,作者还讨论了一种"假疑惑命题","它是用疑惑或询问的口气来反面的说明确定的意思"(高名凯 1957:486)。这种命题其实是传信的,表示肯定的判断。例如:

(15) 是可忍,孰不可忍?(《论语·八佾》)
(16) 几个铜板有什么要紧!(《雀鼠集·惠泽公公》)

(引自高名凯 1957:486)

从这三位先生关于汉语传信范畴研究概况的介绍中,我们可以看出,汉语传信范畴的研究发端于汉语语气、情态系统的研究,这为之后汉语传信范畴和相关语言范畴的互动研究奠定了良好的基础。结合第 2 章对国外传信范畴研究现状的介绍,我们发现,在汉语传信范畴已有的研究中,学者们对该语言范畴内涵的认识与国外是有差异的。

3.2.4 国外传信范畴研究的引进和运用(1990 年后)

20 世纪 90 年代之后,随着国内学者对国外传信范畴研究成果的引进和介绍,大家开始有意识地将国外传信范畴的研究与汉语该领域的研究相结合,尝试着描写汉语传信系统的面貌。下文将分别从引进介绍期、借鉴结合期和自觉研究期三个阶段对传信范畴的研究成果加以评述。

3.2.4.1 引进介绍期

胡壮麟(1994a)应该是最早引进介绍国外传信范畴研究的评介性文章[①]。该文主要是对 20 世纪 80 年代国外传信范畴研究领域的代表人物的最新成果做了介绍,他们分别是:Chafe(1986)、Anderson(1986)和Willett(1988)。文章对当时关于"传信"的各种界定进行了梳理,并提出传

[①] Evidentiality 这一术语胡壮麟(1994a;1994b;1995)译作"可证性";朱永生(2006)、房红梅(2005;2006)译作"言据性";牛保义(2005)译作"实据性";张伯江(1997)、李讷等(1998)、严辰松(2000)、李晋霞、刘云(2003)、张成福、余光武(2003)等译作"传信"。另外,将 evidentiality 译作"可证性"或"言据性"的学者把 evidential 译作"证素"或"据素";将 evidentiality 译作"实据性"的学者把 evidential 译作"实证性标记";将 evidentiality 译作"传信"的学者把 evidential 译作"传信语"或"传信标记"。为了行文的方便,本书统一将 evidentiality 和 evidential 这两个术语分别译作"传信"和"传信语(或传信标记)",但在正文的引用中,我们尊重原作者的译法,不做改动。

信的信度与系统功能语法(Halliday 1985/1994)的情态相近,但在意义和用途上不尽相同。因为系统功能语法的情态是和归一度(polarity)相对照的。归一度是对一个陈述的肯定或否定,而情态则介乎它们之间。传信范畴的信度是与知识的可证性相对照的,它主要标明信息的来源并提供知识来源的可靠度。作者还对 Chafe(1986)的模式做了修正,最大的变化是将"文化证据"纳入该模式之中。

胡壮麟(1994b)依据他在上文(1994a)对 Chafe(1986)传信系统框架修正的基础上,考察分析了一篇英语辩论性质的新闻报道语篇中传信范畴的使用情况,并结合 Chafe(1986)对英语书面语和会话语体语篇传信表达的研究,通过定量统计,对比分析了英语书面语、会话、新闻报道和辩论四种不同语体语篇中传信语的类型、使用频率的异同。该文无论是从研究方法,还是从研究结论来看,都具有很大的参考价值。

张伯江(1997)这篇评介,虽然所介绍的国外传信研究内容和其他相关评介文章有相似之处,而且该文仅着力介绍了 Chafe and Nichols(1986)这部传信研究论文集中 Chafe 关于英语传信范畴的研究和 Anderson 关于传信语的演变途径和语义地图的勾画这两篇文章,但是,该文最重要的特点是"评"重于"介",尤其对国外传信研究的理解和讨论是很好地结合了汉语自身的特点进行的,这为日后汉语传信研究奠定了扎实的基础。

该文的评介首先从语言中最基本的时制问题入手,简要地说明了语法中的事件范畴和人类认识的关系。进而指出在语法系统中与人类认识相关的除了时制系统以外,还有时体、语气、情态系统,而这些语言系统又与语言的传信系统密切相关。然后,作者主要依据 Chafe and Nichols(1986)所收集的研究成果介绍了如下内容:(1)传信范畴的基本概念。作者根据 Oswalt(1986)关于 Kashaya 语和 Chafe(1986)关于英语这两种语言的传信范畴研究,介绍了狭义和广义的传信范畴概念。(2)传信范畴在语法系统中的地位。作者先简要地勾勒了国外传信研究的小史,然后根据 Anderson(1986)着重讨论了现实性(actuality)和语气(mood)的关系、传信范畴(evidentiality)和情态范畴(modality)的关系以及时体与这两组关系的关联。作者认为:"时体是高一层次的语法化系统。因此,我们不难找到时制①系统不很发达的语言和传信系统不很发达的语言,但几乎不存在没有时体系统的语言"。(张伯江 1997:18)(3)汉语传信系统的相关思考。作者在此评介讨论的相关内容,如现实性、语气、传信、情态、时体等范畴的

---

① 该文中,"时制"和"时体"对应的英文术语分别是 tense 和 aspect。

关联以及汉语传信的表达方式等,对汉语的传信范畴研究有很大的启发。

严辰松(2000)主要介绍了Chafe(1986)中传信范畴的五个基本要素:(1)知识;(2)可靠程度;(3)知识获取方式;(4)知识来源;(5)知识与期望的差异。然后举例详细地介绍了Chafe(1986)中关于英语传信语的各种类型。牛保义(2005)比较全面地综述了国外传信范畴研究的简史;说明了国外传信研究涉及的主要内容,如传信范畴的概念范围,其中包括对该范畴的界定以及与情态范畴的关联等;介绍了传信语的语法化研究、语义对比研究和认知语用研究等;还对传信范畴研究做了展望。该文的作者是把"传信"作为一种新兴的语言学理论看待的,我们认为这一提法有待商榷。因为"传信"是语言的一种语义范畴,范畴本身不应看成一种理论,而且从上一章关于国外传信范畴研究的综述来看,传信范畴的研究是在多学科、多理论范式背景下展开的。房红梅(2006)综述了国外传信范畴研究的现状,提出了该领域研究存在的一些问题。房红梅、马玉蕾(2008)简要地介绍了传信、主观性和主观化的概念以及传信范畴与主观性的关系;还尝试从历时角度阐释传信语的主观化过程,但作者并未通过具体的语言现象对此进行深入探讨,这是今后值得展开研究的问题。

3.2.4.2 借鉴结合期

胡壮麟(1995)依据胡壮麟(1994a)中对Chafe(1986)传信系统的修正框架,对汉语的传信系统进行了尝试性的描写,并对汉语语篇进行了传信分析。作者从信息来源的角度将汉语的传信方式分为感官、言语、假设和文化传统四类;然后从对信息的认识方式的角度,又继续分为归纳、传闻、演绎和信念四类。这两个角度属于狭义的传信范畴,前者与言者的亲历有关,一般是一手信息;而后者都说明信息的获取是间接的、二手的。另外,广义的传信范畴还包括信度和预期,这些都表明说话人对信息的态度。此外,作者还讨论了传信语的复合使用和省略的情况。最后作者尝试将上述汉语的传信表达用于语篇分析之中,从而展示语篇的某些特征。这篇文章是较早对汉语传信范畴进行描写的成果。能将传信范畴的理论研究与语言的实际运用相结合,这是该文的主要特点。

张伯江(1997)虽然是一篇综述性文章,但是文章的评介极富思辨性。文章介绍完当时国外传信范畴研究最新最重要的成果之后,在最后一部分富有启发性地对汉语的传信范畴进行了简述和思考,认为汉语中的传信表达主要有如下三种:(1)对信息来源的交代,如插入语"据说""听说"等;(2)对事实真实性的态度,如副词"肯定""准保"等;(3)对事件的确信程度,如句末语气词"的""吧"等。作者认为对目前汉语传信范畴研究最有启发的是上述第(3)种,因为传信范畴能为汉语的句末语气词的研究提供新的视角,如作者认为"的"是"确认性标记(certainty marker)","吧"是"测度性标记(uncertainty marker)"。

朱永生(2006)在介绍国外和国内传信研究的基础上,对汉语的传信范畴和传信语的形式标记进行了举例性的分类描写。此外,还从理论上对汉语传信范畴的程度(可信度)和取向(主观/客观)进行了讨论。最后说明了汉语传信范畴研究的理论意义和实际价值。这篇文章的特点在于对汉语传信范畴的分类和传信语的表现形式的描写比较细致。

3.2.4.3 自觉研究期

就我们所搜集的文献看,李讷、安珊笛和张伯江(1998)这篇从话语角度研究语气词"的"的文章,是国内最早自觉研究汉语传信范畴的成果。作者既说明了传信范畴与语气、情态、时体等范畴的关联,又指出传信作为语言范畴有其独立性。该文从断定现实事件的责任者、强调现实事件的条件和对非现实事件的肯定这三方面,区分了三类使用语气词"的"的句式,并对这三类句式做了细致的描写。

该研究成功地运用了话语功能语法的经典理论,如前景-背景信息和及物性理论。作者从传信角度论证了语气词"的"是传信标记,其所在的句子具有非事件性,主要表现在:(1)使用语气词"的"的句子在话语中总是背景化的,表示的是静态性质,具有低及物性特征;(2)语气词"的"是要确认一种活动而不是报道一个事件,因此它不能带有报道事件所需的时体手段,相应地,含有语气词"的"的句子的否定形式只能使用非事件性否定词"不"或"不是",而不能是事件性否定词"没";(3)含有语气词"的"的句子的宾语个体性程度低,并且一般不具有可操作性,这是该类句子具有低及物性的体现;(4)含有传信标记"的"的句子都是处在具有交互作用的对话语体中,最典型的是出现在征询与回应的过程中;(5)从"现实性(mode:realis/irrealis)"和"意愿性(volitionality:volitional/non-volitional)"两个角度考察含有语气词"的"的各种句式,发现语气词"的"不是狭义的传信标记,而是广义的、带有情态作用的语法成分,表示一种主观的确认态度。最后,作者讨论了作为传信标记的句末语气词"的"的地位是:属于认识(epistemic)范畴,作用于一个命题,反映的是句子的情态类型。

该文最大的特色在于将广义的传信范畴研究放到话语层面考察,合理地运用功能语法的经典理论,从新的视角去挖掘作为传信标记的句末语气词"的"的语法特点,由此得出的结论也具有很强的说服力。其贡献在于对汉语句末语气词"的"的地位有了新的认识,为汉语传信范畴的研究打开了一扇新的视窗。

张成福、余光武(2003)在评介国内外传信范畴已有研究的基础上,将汉语的传信表达分为四类:现行的(或眼见的)、引证的、推断的和转述的。作者专门选取汉语的插入语作为研究对象,考察发现汉语插入语对上述四类传信范畴都有所表达,但传信功能各不相同:现行类插入语具有陈实和总结功能;引证类插入语具有引证功能;推断类插入语具有推测功能;转述类插入语具有转述功能。依据所传递信息的可靠程度,以上这些传信功能的确信度由前到后逐步减弱。该文从汉语某一类语言成分出发,以小见大,揭示出汉语不同传信功能在形式和意义上的匹配。

李晋霞、刘云(2003)从"说"的传信义出发,解释了"如果"句式与"如果说"句式之间的差异:两种句式在推理类型上有所侧重,前者重逻辑推理,后者重隐喻推理。该文研究发现,"如果说"中的"说"是标志言者对所述内容的真实性持弱信任态度的传信标记,并认为这一传信标记很有可能来源于表示间接引语的"说"。作者对"说"具有传信功能的观察颇具新意,对"说"作为传信标记来源的推测也很合理。虽然该文并未对言说动词"说"如何演变为传信标记做深入探讨,但这为以后的相关研究提供了一个很好的课题。

陶红印(2007)是一项基于语料库的对一组意义相近的传信语的研究。以往的语文学研究经常提到"好像""似乎"和"仿佛"都具有比拟用法,但是除了少数学者外(宗守云 2002),关于这组近义传信语对不同语体的偏好、使用频率的多寡和传信功能的差异等方面很少有人关注。该文通过对比研究发现,自然对话中的"好像"99%的用例可用于传信或传疑。它用于表达说话人不确定(uncertainty)的主观态度或非确认的认识立场(epistemic stance),其传信功能主要是在话语交际中用于拉开言者和所言信息距离的传疑手段(distancing strategy)。"似乎"在口语中的使用比"好像"少,说话人常常用它来宣布一件事情,因此其互动性较低。在新闻报道书面语中,"似乎"常跟一些书面语的习语格式一起使用。而在学术性篇章中,"似乎"可以用来表达主观认识立场,具有正面、负面两种可能。由此可见,"似乎"是书面语体里的一种表示主观立场的手段。"仿佛"基本上不在口语中出现,在书面语里它和"似乎""好像"都有所不同,主要体现在"仿佛"较少用于表示主观认识立场,超过一半的"仿佛"用例都是比拟用法。

这项研究的优点是,将一组相近传信语的使用频率、语体分布与话语功能结合起来研究,揭示出它们的传信义和模糊义、比拟义之间的关联:模糊和比拟是传信的基础;互动程度跟传信/传疑语词的频率高低成正比;疑似成分在语体里的分布反映了互动和交际的制约因素;疑似成分的语法化过程也呈现出从模糊到比拟再到传信的过程。因此,这种基于语料库的对比研究的范式,扩大了对汉语其他类型传信语继续深入研究的视野。

史金生(2010)从话语角度考察"呢"的特征,认为"呢"具有事态性和情态性两方面的特点,主要作用在于"申明",即把一个事实引入当前语境。它和预期有关,具有否定预期的作用,经常带有夸张的色彩,并且预示着一个言语行为。作者尝试对"呢"各项功能的来源及相互关系做出解释,认为它的申明用法是从持续用法虚化而来,是从事态到情态的语法化,而持续用法又是从方位词虚化而来,句末位置和用于动词之后是其语法化的句法环境,从空间域到时间域再到性质域的投射是一种语法隐喻。作者还讨论了"呢"与其他传信语气词如"的""了"等的区别。该研究的特点是,将作为传信语的句末语气词的考察放在话语功能视角下进行,并注重和相关联的语言现象作对比分析,这对汉语那些作为传信语的语气词的研究非常有启发。

陈颖(2009)应该是国内首部以"传信"为题的研究性专著,主要运用主观性理论对汉语传信语的类型作了较为全面的分类描写。其中涉及直接体现信息来源的传信语,如言说动词、感官动词结构、中动结构等;间接体现信息来源的传信语,如认识类动词、副词、语气词、一些特定的句法结构、话语标记、插入语、复句等。该书还对比讨论了传信范畴在三种不同语体(历史教科书、外交话语和学术话语)中的表现。该著作的最大特点在于对汉语传信语的描写分类较为细致,并且勾勒了汉语传信范畴表达方式的概貌。

Hsieh(谢佳玲,2008)从语言主/客观性的角度,通过大规模语料,考察了汉语的传信范畴在新闻报道中的表现情况。在这篇文章中,作者遵循Palmer(1986/2001)的分类模式,将传信看作和评价(judgmental)并立的下属于认识情态(epistemic modality)的范畴。因此,该文作者是在情态范畴下讨论报告类和感官类两种传信范畴的。该文通过对新闻语料中这两类传信语的量化统计分析发现,传信语的选择使用和新闻记者在报道中所要遵循的交际原则(避免报道失真,遵循客观原则等)、新闻的题材内容、文体功能等密切相关。从不同的题材内容角度看,政论和财经类新闻中以报告类传信语为主,而地方新闻主要以感官类传信语为主;从文体功能角度看,叙述类新闻中偏爱使用报告类传信语,而引述类和评论类新闻中偏爱使用感官类传信语。作者发现主要使用报告类传信语的新闻无论从题材内容还是从文体功能角度看,都是偏向客观的报道,而使用感官类传信语的则偏向主观报道。传信语的使用在新闻报道中表现出来的差异,也反映了新闻媒体对所报道事件内容的立场态度。

徐盛桓(2004)一文将传信范畴研究融入到英语 if 条件句的研究。作者发现,根据"如果 p,那么 q;[因为]p,所以 q"这一推理形式,if 条件句有的可以转换为 because 原因句,而另有一些却不能这样转换。作者认为这主要是在于条件关系会因由 if 和 then 所连接内容中的各种传信类型的影响而发生嬗变,使得所体现的条件关系会处于严格的逻辑关系和不同传信关系的渐变连续统之中。并且,作者提出了自己对传信的认识:"传信范畴语法规则的形成,从其理据来说,是因为这些语言的运用者认识到信息的不同来源有不同的可信度,因而用不同的语法手段做出相应的表达;换句话说,信息有不同的来源,就是形成这些语法规则的现实理据。概括地说,evidentiality 研究的是语言运用者对所陈述的事件的认识状况同相关的语法形式的关系。"(徐盛桓 2004:335)这是一篇将传信范畴的研究和英语条件句差异的研究相结合的论文,具有一定的创新性。

除了上述徐盛桓针对英语传信表达的研究以外,还有两篇英语专业的学位论文专门研究了英语的传信范畴,分别是房红梅(2005)的博士论文和徐婷(2008)的硕士论文。前者主要从言据性(也即本书的"传信")的本质及其人际功能两个方面来探讨该论题。作者认为系统功能语法中的及物性过程不仅体现评价人际意义,而且某些及物性过程还体现认知不确定性这一重要的人际意义。作者发现,系统功能语言学虽然没有把言据性作为独立的范畴来研究,但言据性的语言现象已被从不同的角度,如及物性系统、情态、人际隐喻等进行了阐释。作者进而认为言据性具有如下本质特点:(1)言据性揭示了语言、语言使用者、世界这三者之间的互动关系,反映了语言使用者对世界的认知角度;(2)言据性在本质上是主观性的;(3)言据性是一种动态而非静态的语言现象;(4)言据性体现语言的人际意义,协调交际双方的人际关系。后者主要讨论了在视角空间理论框架中的言据性现象。文章认为大部分的传信语都可以承担空间构建语的功能,能构建出各种不同的空间,如时间空间、领域空间、视角空间等。作者发现,传信语还可以实现视角的四种表征形式,即直接、间接、自由直接和隐含视角。这两篇学位论文分别在系统功能语法理论和视角空间理论的框架下对语言的传信范畴做了一定意义的探讨。

3.3 汉语传信范畴研究的特点及发展方向

通过上述对国内传信范畴研究,尤其是汉语传信范畴研究的梳理和评介,我们可以发现,关于汉语传信范畴的研究成果远不及其他语言。并且从已有的相关文献看,汉语的传信范畴研究还相对零散,缺乏系统性。另外,大多数学者都是对汉语广义的传信范畴进行研究的,广义的传信范畴和情态、语气范畴又有纠结。于是,汉语传信范畴的研究与国外传信范畴的研究就呈现出了一定的差异。我们究竟该怎样去把握传信范畴的核心义和引申义也是一个值得重视的问题,对此本书第4章会详细讨论。

总之,汉语传信范畴的研究还处在婴孩期,还需要学者们自觉地从多角度去关注它,厘清汉语传信范畴与相关语言范畴之间的关联,这样才有利于我们更加深刻地理解该范畴,也只有这样,才能让该领域的研究逐渐茁壮。下面就汉语传信范畴研究呈现的特点和发展方向两方面谈一点我们的认识。

3.3.1 汉语传信范畴研究的特点

3.3.1.1 汉语传信范畴研究拥有自己的根基和沃土

从本章和上章对国内外传信范畴研究现状的综述来看,虽然汉语传信范畴的自觉研究要晚于其他语言该范畴的研究,但是汉语传信范畴的研究有着深厚的中国传统语言学渊源。上文介绍的《马氏文通》表达传信和传疑的"决辞"和"疑辞"的概念源于中国传统语言学。马氏引用了大量的古注和古代语法专著的成说。但遗憾的是,正如刘永华(2006:94)所言:"当代学者对我国传统语言学关于传信范畴的研究认识不足,一般没有把'决辞'和'疑辞'统一到传信范畴中,传信的外延和内涵等也没能全面说明。"①

另外,吕叔湘(1942)和高名凯(1948)对传信/传疑范畴的研究也对中国现代语言学该领域的研究有着重要的贡献。他们从语气和句类的角度较为全面地描写了汉语传信-传疑这对语义范畴的概貌,为后来广义的传信范畴研究打下了坚实的基础。

其实,《马氏文通》从传信概念、传信方式类型、信息来源、信息可靠度和传信语等角度对传信系统的论述,已散见于其对语言理论的阐述和对引文的注解中。若以《马氏文通》的诞生为现代中国语言学传信范畴研究的开端,我们发现汉语该领域研究也不比国外语言学传信范畴研究的萌芽期

---

① 其实,无论是马建忠先生的"决辞"和"疑辞",吕叔湘先生的"传信"和"传疑",还是高名凯先生的"确定命题"和"疑惑命题",都涉及语气和认识情态范畴,而这两个范畴一般也被认为是属于广义的传信范畴。而狭义的传信范畴只涉及"信息的来源"问题。怎么处理传信范畴的狭义和广义两方面的关联,将会在第4章进行讨论。

要晚。若继续追溯到中国传统语言学的相关研究,中国该领域的研究是要远远早于外国的。因此我们可以说,汉语传信范畴研究拥有自己的根基和沃土。

3.3.1.2 汉语传信范畴研究是零星的,缺乏系统性

从上文 3.2 的评介看,无论是借鉴结合期还是自觉研究期的汉语传信研究,其成果都是比较零散而且缺乏系统性的。我们发现,除了上述已经介绍的以"传信范畴"为论题的研究成果外,还有一些研究成果散见于语言学其他相关课题的研究之中。

在有些研究汉语插入语,或者感官、言说动词的文章中,我们可以零星地找到关于传信范畴的相关论述。比如,董秀芳(2003a)研究发现,副词"X 说"中有不少都与传信有关,像"按理说""俗话说""老实说"等。另外,关于"听说"的语用功能的形成,董秀芳(2007)从历时的角度谈到了"听说"是如何从"听 X 说"词汇化而来,其中也明确提出"听说"具有传信功能。方梅(2005a)认为,表示认识和见证意义的动词(epistemic and evidential verb),例如"觉着""以为""知道"等多与传信范畴相关。这些研究多是和狭义的传信范畴相吻合的,表示信息的来源和获取方式。

我们发现,现行的多种《现代汉语》教材(邢福义 1991;胡裕树 1995;黄伯荣、廖序东 2002),一般都将具有引证功能的插入语的意义概括为"消息或名称出于传闻,不知道确切的来源;或者虽然有可靠的根据,但是说话人认为无须表明"(叶南薰 1985:65)。这也是与狭义的传信范畴意义相当的。

另外,汉语传信范畴的研究还散见于情态、语气范畴的研究中,这与广义的传信范畴相一致,表示说话人对所说话语内容的态度(可靠度、确信度)。这方面的研究从上文介绍的马建忠(1898)、吕叔湘(1942)和高名凯(1948)的论著中就有体现,他们关于汉语传信、传疑的研究就是和汉语的语气、情态研究相结合的。杨永龙(2000)研究近代汉语反诘副词"不成"的来源及其虚化过程时,发现"不成"否定意义的消失是在测度问句中实现的,这种对副词语气的考察是广义传信范畴所涉及的。张谊生(2000)在研究汉语副词时,也发现汉语的传信和情态是交织在一起的。徐晶凝(2008)在介绍汉语情态研究现状时,有专节讨论了认识情态和传信范畴的关联。He(何纬芸,2009)从会话分析的角度考察汉语儿童是如何通过会话修正结构来构建习得汉语的情态意义的,其中她把汉语的传信范畴纳入情态范畴的框架之下。

上述这些关于汉语传信范畴的零散研究还未将传信范畴视为一个独

立的语义范畴。这些研究都附属于其他相关语言范畴的研究。要想真正在汉语现代语言学的研究中确立传信范畴的研究地位,我们必须有意识地、自觉地对汉语传信范畴进行系统性地深入研究和探讨。一方面我们要立足汉语自身的特点,另一方面要站在一定的理论高度来审视该研究领域。

3.3.2 汉语传信范畴研究的发展方向

基于上一节对汉语传信范畴研究特点的认识和归纳,结合上一章关于国外该领域研究现状的介绍,我们认为今后汉语传信范畴的研究要在如下两方面着力:(1)加强传信范畴和相关语言范畴的互动研究;(2)从言语交际互动的功能语言学视角来研究汉语传信范畴。这两个研究方向是源自汉语传信范畴的自身特点和传信这一语义范畴自身的内涵。下文将分别说明。

3.3.2.1 加强传信范畴和相关语言范畴的互动研究

传信义是人类语言所要表达的普遍意义范畴,该意义落实在不同的语言中有不同的表现方式。有的语言有专门的语法化了的形态标记来承载该意义;而有的语言,像汉语,没有形态标记去表达该意义,但是可以通过词汇、句式或者其他语言范畴(如情态、语气)来负载。因此,汉语的传信范畴研究必然要和相关语言范畴的研究关联在一起。

比如情态和语气。关于情态,Bussmann(1996)的《语言与语言学词典》下了这样的定义:"情态是一个语义范畴,它表示说话人对所说话语内容的态度,不仅指形态上的如陈述、疑问、祈使等语气,还可以指如陈述句、疑问句、祈使句等不同句型。情态可以通过诸如 hopefully,maybe 等副词或情态助动词 can,must,may 等词汇手段来实现。"(Bussmann 1996:307-308)首先,从上述界定可以看出,情态和语气这两个范畴本身就关系密切,甚至难以厘清;另外,广义传信范畴的意义与情态的意义有重合之处。其中,认识情态和传信范畴的关联研究一直是国内外传信范畴研究的热门话题。

除了情态和语气之外,传信和时体、人称,甚至和一些语用范畴如焦点、说话人的视角等都有关联。这方面的相关研究在上一章国外研究综述部分有所介绍。传信范畴和相关语言范畴的互动研究有利于认识汉语语义范畴之间的关联,有利于对汉语的传信范畴系统进行合理的构建。

3.3.2.2 从言语交际互动的功能语言学视角来研究汉语传信范畴

一般认为,传信范畴的意义是说话人在言语交际中向受话人指明所言信息的来源,并向受话人表达说话人对所传递的言语信息的态度。可见,传信范畴的表达是动态交互的,是在言语交际互动中协商完成的。该范畴的表达能体现语言的人际意义,并能协调交际双方的人际关系。基于上述认识,我们认为汉语传信范畴今后的研究要多着力于言语交际的互动视角。

相应地,在研究方法上,我们要从以往句层面的传信范畴研究转向话语层面的研究。因此,我们要多利用真实的语言材料,在自然的言语互动中去捕捉汉语传信范畴的特点。这种范式下的汉语传信范畴研究成果还很少,就目前整理的文献来看,只有李讷、安珊笛和张伯江(1998)和 He(2009)等是在这一研究视窗下进行的。这也是本研究为什么要在话语功能视角下来研究汉语传信范畴与相关语言范畴的互动的原因之所在。

第 4 章 现代汉语传信范畴的性质和概貌

4.1 对传信范畴的认识

4.1.1 传信范畴的含义

从上两章介绍的学界对传信范畴已有的研究看,语言学家们对该语言范畴的认识经历了一个从无到有、从附属到现在将传信范畴作为一个独立的语言范畴进行专门研究的过程。早在 19 世纪之前,传信范畴的研究就已经开始萌芽[虽然那时"传信(evidentiality)"这个术语并未正式使用],但是传信范畴研究的真正确立至今只有 60 余年①。随着对世界语言的认识越来越丰富,学者们逐步认识到传信范畴研究的重要性。由于对该范畴研究的范式和目的有所不同,不同的学者对传信范畴(或传信语)意义的认识是同中有异的,下面是胡壮麟(1994a)对学界已有的关于传信范畴意义研究的搜集和归纳:

——说话人知识的来源或本质(Sapir,1922:114)
——提供信息来源的后缀(Lee,1938:102)
——有关证据的方式(Swadesh,1939:82)
——在一些语言中,将陈述分类为来自说话人的经验、传闻或文化传统的技巧(Hoijer,1954:10)
——对被叙述言语事件列举其来源的信息(Jakobson,1957:4)
——(动词的)信息来源的标记(Sherzer,1968,1976)
——表示说话人的不肯定或不承担责任的有动因的情况(Weinrich,1963:53)
——表示陈述信息来源有关情况的标记(Bybee,1985:53)

---

① 传信范畴研究的确立至今有 60 余年,这是以 Jakobson 于 1957 年发表的论文《变换词、动词范畴和俄语动词》(Shifters, verbal categories and the Russian verb)算起的,该文是公认的标志着传信范畴研究在语言学研究中确立的代表作。

——知识来源＋对知识的态度(Chafe,1986:262)
——人们作事实声明时提供证据的类别(Anderson,1986:273)
——标记认识性情态的部分内容(Willett,1988:52)

（转引自胡壮麟 1994a:9）

从上述对传信范畴意义的整理和归纳来看，学者们对该范畴的认识同中有异，并且是同大于异的。大体来说，传信范畴所表达的意义有两层：(1)指明信息的来源(the source of information)；(2)表达话主对知识的态度(the attitudes towards knowledge)。在研究中只考虑前一层意义的叫狭义(narrow sense)的传信范畴研究，主要集中在从事传信范畴类型学视角研究的学者中，典型的代表有 Lee(1938;1944;1950)、Willett(1988)、Lazard(1999;2001)和 Aikhenvald(2003;2004)等。而两层意义都涉及的叫广义(broad sense)的传信范畴研究，主要集中在做话语语言学、人类语言学、社会语言学和一些做情态研究的学者中，典型的代表有 Lyons(1977)、Chafe and Nichols(1986)、Palmer(1986/2001)和 Fox(2001)等。

无论是狭义的还是广义的传信意义，它的表达最终都要落在具体的语言形式上。有的语言具有专门的语法形态标记来表达传信义，有的语言则需要通过词汇、句式等其他语言手段来传达该意义。汉语的传信表达还只是一个语义范畴，并没有语法化为语法范畴，它只能通过一些词汇、句法结构或者句式来表达。下文在分析传信范畴的性质之后，会给出本研究对传信范畴核心义和引申义的界定，之后再着重勾勒汉语传信系统的概貌。

4.1.2 传信范畴的性质

我们认为汉语的传信范畴是主观性的语用范畴，传信意义的表达是一种动态的互动交际活动。说话人使用传信范畴要向听话人传达的是所言信息的来源及信息获取的方式，其中也会暗含说话人对信息可靠度的认识。下文分别阐述传信范畴的主观性和传信意义表达的动态交互性特征。

4.1.2.1 传信范畴的主观性

在实际的言语交际中，整个传信范畴的表达涉及三个要素：(1)信息来源；(2)说话人对信息来源的认识；(3)传信的语言表达方式。理论上说，任何信息都有其客观存在的来源，比如是自己亲身经历，或是传闻，或者是有证据推测的等。但是，说话人对信息来源的认识有其主观性，并且与当时的言谈场景相关联。比如不同的言说对象和交际情形会影响说话人主观上如何表达信息的来源和信息的获取方式。如下例：

(1) 张三元旦结婚。
　　a. 我听说张三元旦结婚。
　　b. 张三亲自送请柬告诉我说他元旦结婚。

假设说话人已确切知道"张三元旦结婚"的消息。但是,如果在此时的言谈中,说话人并不确定听话人是否受到邀请,亦或此时的听话人是"张三"的前女友,那么说话人就很有可能选择例(1)a 传闻听说类传信方式来传达这条信息,以避免尴尬。如果此时的言谈中,说话人要向听话人炫耀自己和"张三"的关系有多么铁,那么他可能会采用例(1)b 这种事件当事人亲自告知的传信方式来表达该信息。

传信范畴的主观性还表现在说话人对所言信息事件的参与程度上。如果所言信息有说话人参与其中,并且在句法上都有所实现,那么此时传信表达的主观性最高;如果所言信息是关涉他人,说话人没有参与其中,并且说话人自身在语言形式上又没有表现出来,那么此时传信表达的主观性相对较低。例如:

(2) a. **我觉得**我面试能通过。
　　b. **听说**小张面试通过了。
　　c. **Ø** 小张面试通过了。

上面三个例句中,a 句的主观性最强,"我"既是说话人,又是所言事件的参与者,因此"我"既是言者主语又是语法主语,并且使用了主观性较强的传信方式——认识类动词"觉得",这也增强了该句的主观性。b 句和 c 句的主观性相对较低,虽然都有隐含的说话人即言者主语"我",但都没有外显,其中 b 句的传信语"听说"具有客观性,是比较客观地报道信息;而 c 句没有使用传信语,即零传信语 Ø,是客观地陈述信息。

语言的主观性在言语交际中无时不在。Lyons(1977)认为,语言的主观性表现为在话语中多多少少总是含有说话人"自我"的表现成分。也就是说,说话人在说出一段话的同时总是会多少表明自己对这段话的立场、态度和感情,从而在话语中留下自我的印记。传信范畴的主观性表现在对不同传信方式的选择上,它能根据不同的交际意图、交际场景、交际对象以及说话人对所言事件的参与程度,表现出对所言信息不同的主观性态度。

4.1.2.2　传信意义表达的动态交互性

传信范畴的主观性,主要是就说话人一方在交际中选择恰当的传信意义进行编码付诸交际这个层面来考虑的。我们知道,任何语言范畴都是要用于言语交际表达意义的。因此,传信范畴意义的表达是交际双方动态交

互的过程,它是一种对话性的活动(dialogic activity)。请看下图:

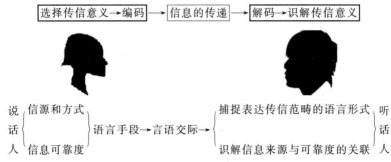

图 4-1　言语交际中传信范畴意义表达的交互图

　　上图大致反映了在言语交际中传信范畴的意义是如何在交际双方之间动态交互表达的。当说话人知晓所言信息的客观来源和信息获取方式时,会根据当下的交际意图和言谈场景,选择恰当的语言形式(传信语或传信策略)对信息的来源和获取方式(有时暗含可靠度)进行编码。之后将所要表达的信息传达给听话人。当听话人接收到说话人的信息时,就会去识解信息中蕴含的传信意义。这个识解过程首先是要捕捉到表达传信范畴的语言形式,再根据语言形式来理解说话人所要表达的传信范畴的核心义和引申义。

　　像上述这样描述言语交际中传信范畴意义表达的整个过程未免有些简单。其实其中还有很多值得深入研究的地方。比如,当说话人所选择的传信语或传信策略与真实的信息来源相悖时,这其中隐含了怎样的语用动因? 又如,说话人对信息来源或获取方式和可靠度之间关联的判断反映了说话人怎样的交际意图? 就听话人而言,怎样通过传信范畴的语言表达形式去识解背后的传信意义? 这些都需要将传信表达视为动态的交互活动,通过考察真实的言谈交际语料去寻找答案。

4.2　汉语传信范畴概貌研究述评

4.2.1　胡壮麟(1994a;1995)和朱永生(2006)

　　胡壮麟(1994a)对图 4-2 中 Chafe(1986)的知识/认识类型模型进行了修正。主要的修正处在于:Chafe 模式中的"???"表示产生信念的证据是模糊的或不可知的。Chafe 认为信念是一种知晓的方式,不强调其证据。信念可能有证据支持,但信念总是以证据以外的东西作为根据。而胡壮麟认为,说话人可以参考他过去的经验,特别是在一定文化条件下的经验,这种经验可以是来自个体的或机构的,社会的或文化的。因此,胡壮麟(1994a)把"???"这一项易名为"文化证据",并解释道:"因为任何个体的,机构的,或社会文化的经验最终都储藏于文化之中。如果这样的经验不能从文化中重现,就不具有知识的功能"(胡壮麟 1994a:12)。

知识的来源 (source of knowledge)	认识的获取方式 (mode of knowing)	可靠的 (reliable)	知识相应的表现 (knowledge matched against)
???	信念(belief)	知	
证据(evidence)	归纳(induction)	(know-	
语言(language)	传闻(hearsay)	ledge)	语言的资源 (verbal resources)
假设(hypothesis)	推论(deduction)	识	意料/预期 (expectation)
		不可靠的 (unreliable)	

图 4-2　Chafe(1986)的知识/认识类型模型

之后,胡壮麟(1995)在其(1994a)的基础上,对汉语的传信系统进行了尝试性的描写,并对汉语语篇进行了传信分析。作者从知识来源的角度,将汉语的传信方式分为文化传统、感官、言语和假设四类;然后从对信息的认识方式的角度,又分为信念、归纳、传闻和演绎四类。这两个分类角度属于狭义的传信范畴,前者将知识来源与言者的直接经验联系起来,一般着眼于是不是一手信息;后者从认识方式角度划分的四类都说明信息的获取是间接的、二手的。而广义的传信范畴还包括信度和预期,这些都表明说话人对信息的态度。

这里有一个问题需要提出来:Chafe(1986)和胡壮麟(1994a;1995)都认为人们在语言表达中,对所言信息的可靠程度是跟信息来源和获取方式存在对应关系的,即文化传统/信念——证据/归纳——语言/传闻——假设/推论,它们的可靠度依次降低。事实真是如此吗?下文会专门讨论。

朱永生(2006)主张把汉语的传信范畴大致分为"目击型"(eyewitness)和"非目击型"(non-eyewitness)两种。"目击型"指的是说话人对信息来源有第一手证据,即是他自己看到或听到的。"非目击型"指的则是说话人对信息来源没有第一手证据。然后对汉语传信语的语言表现形式,比如主要句式、词汇标记进行了举例性的分类描写。另外还对汉语传信范畴的程度

(可信度)和取向(主观/客观)进行了讨论。

这里需要说明的是,作者明确指出将汉语的传信范畴分为目击型和非目击型两类根据的是 Aikhenvald(2003;2004)。其实,这里作者对 Aikhenvald(2003;2004)分类的理解有待商榷。就拿 Aikhenvald(2004)来说,目击型和非目击型(也即一手信息和非一手信息)只是作者在考察了 500 多种世界语言的基础上发现的、具有传信系统分类的语言中最简单的一种分类①,即这些语言中的传信系统分类只区分两种传信类型。实际上,这种传信系统二分的语言,作者发现共有五类,其差别主要在于哪两类传信语在该语言中需要区分,比如要么是目击型和非目击型,要么是感知的和报告的等。Aikhenvald 的这种分类是具有类型学意义的,是在整个人类语言的背景下成体系的分类,而非就某一种语言而言。因此,并不像朱永生(2006)理解的那样,以此为依据把汉语的传信范畴体系做简单的目击型和非目击型二分就足够了。

4.2.2　张伯江(1997)和陈颖(2009)

张伯江(1997)认为汉语中的传信表达主要有如下三种:(1)对信息来源的交代,如插入语"据说""听说"等;(2)对事实真实性的态度,如副词"肯定""准保"等;(3)对事件的确信程度,如句末语气词"的"(确认性标记)、"吧"(测度性标记)等。张文是以意义为依据对汉语传信范畴的表达做了如上三分。但是其中的第二类"对事实真实性的态度"和第三类"对事件的确信程度"从意义上是难以区分的。从作者的举例来看,前者主要指表情态和语气的副词,而后者主要指句末语气词。

陈颖(2009)是国内首部以"传信"为题的研究性专著,主要运用主观性理论对汉语传信语的类型作了较为全面的分类描写。其中涉及直接体现信息来源的传信语(如言说动词、感官动词、中动结构等)和间接体现信息来源的传信语(如认识类动词、副词、语气词、一些特定的句法结构、话语标记、插入语、复句等),详见下表 4-1。作者对汉语传信范畴的研究是取广义的,这样就会牵涉到一些其他语言范畴,比如情态、语气范畴,这些范畴的一些成员在该书中也属于传信语。这样一来,这几个语言范畴之间就会有很多纠结之处,不利于对传信范畴本身的认识。另外,在下面的分类体系中,有些传信语在表达传信功能的时候,是需要与人称、体貌范畴配合使用

---

① Aikhenvald(2004)建立的世界语言的传信系统分类除了五类两分的,还有五类三分、三类四分和一类五分的。

的。比如情态词"应该",在表达推测类传信功能时,需要体貌标记"了"的帮助。除此之外,人称的使用也对其表达传信意义有限制。这些在该著作中都没有深入涉及。本书第 7—8 章会详细讨论。

表 4-1　陈颖(2009)关于现代汉语传信范畴的分类体系总结①

信息获取的渠道									
直接体现信息来源的传信语			间接体现信息来源的传信语						
动词及动词结构		中动结构	动词		副词	语气词	固化结构	话语标记	插入语	复句
言说动词	感官动词		认识动词	助动词						
说	听	看起来	认为	应该	无疑	吧	说是	我看	据说	因果

4.3　现代汉语传信范畴概貌的勾勒

4.3.1　本研究对汉语传信范畴的界定

就人类语言的语义范畴而言,它是尽可能地遍查各个语言的语法范畴后得出的。语义范畴一定在某些语言中是语法范畴,但不一定在所有语言中都是语法范畴。同样,传信范畴作为普通语言学的一个语义范畴,它的核心意义应该是具有共性的,而该意义的语法表现形式会因语言的不同而具有差异,主要表现在语法化的程度上。第 2 章介绍的很多国外语言,它们的传信范畴已经高度语法化了;而像汉语和英语这样的语言,传信范畴的语法化程度很低,很多时候需要借助其他手段来表达传信意义。

下面将结合汉语的实际情况来界定汉语传信范畴的核心义和引申义,并提出我们判定该范畴表现形式的标准,最后在此基础上勾勒出汉语传信范畴的概貌。

4.3.1.1　核心义和引申义

学界关于传信范畴意义的研究涉及两个关键词:一是信息的来源;二是信息的可靠度。上文已经说明这两个关键词分别对应着传信范畴狭义和广义的取向。下面说明我们对这两个关键词的认识。

首先,将"信息的来源(the source of information)"作为传信范畴的意义内容是公认的,没有异议。但是,这一意义的归纳不能准确地涵盖所有

---

① 由于表格篇幅的限制,该表中最后一行关于各类传信语的举例,每类只举一例。

的传信类型,比如,当我们说这条信息是"我"亲自经历的或者说是来自他人告知的,这就涉及信息的来源,即所言信息来自"我"(亲历的)或"他人"(非亲历的)。但是,当我们说这条信息是转述或者是推测而来的,这只是说明了言者是如何获取信息的,因此叫作"信息获取方式(the way of obtaining the information)"更合适。信息来源和信息获取方式是可以在一条信息中同时明示的。

可见,信息来源和信息获取方式是有差别的:信息来源是指所言信息来自何处,它涉及消息发布者或机构;而信息获取方式是指言者如何将所言信息从信息来源处获取并成为自己认识的一部分,它涉及消息传递或接受的方式。请看下面各例:

(3) 听王老师说,你这次考试得了全班第一。(来源:王老师;方式:听说)

(4) 据说他爷爷曾经是位大将军。(方式:据说)

上面两例中"你这次考试得了全班第一"和"他爷爷曾经是位大将军"这两条信息的获取方式都是听他人转述的(hearsay)。但是信息的发布者即信息来源不同,例(3)来自"王老师",而例(4)是未知的。其实,信息来源的交代与否,或者选用怎样的指称形式(确指还是泛指,比如"张三说"还是"有人说")来交代信源,这都关涉到传信意义的表达。这个问题在第 8 章会有详细的讨论。

因此,我们认为传信范畴最基本、最核心的意义是表达所言信息的来源和获取该信息的方式。

"可信度"是指说话人对所言信息的态度(the attitudes towards the information)。"可信度"和"信息来源与获取方式"之间有联系,但这个联系又不是绝对的。一般认为"眼见为实,耳听为虚",但有时亲身经历的未必就是可靠的,传闻听说的未必就是值得怀疑的。如下例(5):

(5) 非洲是世界上语言种类最多的大陆,本族使用者超过 100 万人的非洲语言有 30 种以上。

例(5)这条信息可能是说话人听他的一位普通朋友说的,也可能是听一位语言学家说的,那么,试比较一下,哪一位所言更可信?虽然都是说话人通过"听说"的方式所得,但一个是来自普通朋友,一个是来自语言学家,由于获取信息的来源不同,说话人对于出自不同人之口的信息的确信度也会不一样。

可见,可信度是传信范畴在言语交际中考量的,它和信息的来源、获取方式以及对信息的态度都有着密切而非必然的联系。

另外,"可信度"这一意义在汉语中多由认识情态范畴来承担。下面我们从传信范畴和认识情态的互动关联角度做一些说明。认识情态一般强调的是说话人的认识,它主要是指言者对所述命题的承诺,这一"承诺"表现在说话人对命题所承载信息的可能性或必然性的态度上。而它所体现的言者对所言信息可能性高低或必然性强弱的判断是基于证据的。这与传信范畴强调说话人要"言之有据"是一致的。

关于情态范畴的这一语义特点,Sweetser(1990)在讨论英语的情态词 must 时举了下面例(6),认为该句表达了高可信度,因为使用认识情态词 must 就暗含了言者有可靠的证据来证明自己的推测。

(6) You must have been home last night. (昨晚你一定在家。)
'The available (direct) evidence compels me to the conclusion that you were home.'(有可取的直接证据使得我做出"你昨晚在家"的结论。)

(Sweetser 1990:61)

同样,Payne(1997)在讨论情态问题时,归纳出下面这个基于现实性和对证据依赖性的情态范畴语义连续统:

A. epistemic; B. deontic; C. conditional; D. hypothetical;
E. potential; F. optative; G. subjunctive
A. 认识＞B. 道义＞C. 条件＞D. 假设＞E. 可能＞F. 愿望＞G. 虚拟
现实性强—————————————→现实性弱
(有客观依据的推断)　　　(不介意推断的客观现实性)

(Payne 1997:245—246)

从上面这个语义连续统可以看出,从左往右对证据依赖的强度逐渐减弱。因此,在表达这些情态范畴意义的时候,它所暗含的表"证据推断"的传信意义也就更加明显。

虽然传信范畴和认识情态范畴都涉及"证据",但是它们在处理"证据"的方式上不尽相同。前者只是将所言信息的证据(方式和来源)相对客观地展现出来;而后者是要表明说话人对所言信息可能性或必然性的态度,态度的评价是说话人根据某些证据在主观上给予信息的。比如,同样是基于"清晨地上湿了"这个证据,不同的说话人可以做出不同程度的推断:"昨天晚上∅/一定/应该/可能下雨了"。言者在面对相同的证据时会对命题的信度做高低强弱不同的判断,说明认识情态所表现的言者基于证据所赋予信息的态度是具有主观性的。关于此,后面第8章在谈到传信范畴和情态范畴的互动关联时还会详细论述。

基于上述认识,我们认为"可信度"只是传信范畴暗含的引申义,它与信息来源和获取方式之间没有必然的联系。传信范畴的这一引申义是附属的,多是借助认识情态范畴等手段来承载的。当我们说"可信度"是传信意义的引申义时,是以其核心意义为基础的,因为核心意义中可以暗含引申义,比如,一般认为自己亲历获取的信息要比传闻的可信;另外,引申义中可以浮现核心意义,比如,很多认识范畴情态词多含有"推测"这一信息获取方式的核心意义。

4.3.1.2 判断标准

在以往的研究中,关于传信语的判断标准,要数 Anderson(1986:274－275;277－278)列举得最为明确。我们简要归纳如下:(1)传信语表达对事实断言的判断,这种判断可以是依据直接证据加上观察进行的,也可以是证据加推断,还可以是推断或逻辑推理等;(2)传信语本身不是小句的主要谓语,只是附加于对某一事实断言的一个说明;(3)传信语是标明对事实断言判断的证据,这是它的最基本的核心意义;(4)从词法形态学角度看,传信语是屈折、附着形式,或者是其他自由的句法要素,而不是复合或派生形式;(5)传信语通常用在表断言的已然句中,而不能用在未然小句或者预设小句中;(6)当所断言的事实话主和听者都能直接观察时,传信语就很少使用;(7)若说话人(第一人称)是所言事件的参与者,那么此时传信语可以不用。

我们可以看出,Anderson 取狭义的传信范畴意义,将其视为一个语法范畴。在上述七条标准中,前四条是传信语的鉴定标准,后三条是传信语的使用标准。前四条标准中,(1)和(3)是从语义角度界定的,谈到了传信范畴的核心意义及其主要传信类型;而(2)和(4)主要是从句法层面的实现角度来界定的。其中,第(4)条涉及传信范畴的表层实现形式问题,是屈折形式而非派生形式这条标准,对于那些不区分或者区分不清屈折范畴和派生范畴的语言来说是无效的(参见 Aikhenvald 2003;2004)。后面关于传信语使用的三条标准也都值得商榷,比如第(5)条标准,在很多语言中都发现有传信范畴用于未然的非现实小句的情况,详细讨论可参见 De Haan(1997)和 Aikhenvald(2003;2004)。另外,最后两条标准都涉及传信范畴和人称的关系,认为作为第一人称的说话人若是事件的参与者则可以不使用传信范畴。其实,传信标记使用的强制性涉及某个语言的整个传信体系。根据 Barnes(1984),Tuyuca 语的传信标记的使用是具有绝对强制性的,不管说话人是否是参与者或信息知晓者,都不能不使用传信语。可见,Anderson(1986)提出的这些关于传信语的判定或使用标准,除了前三条之外,其余的都不具有普适性。

就汉语这种传信范畴还未语法化的语言来说,上述前三条判定标准还是适用的。结合上文 4.3.1.1 关于传信范畴核心义和引申义的讨论,可以将这三条判定标准进一步概括为语义和句法两条标准:

(7) 传信范畴表达的是说话人为所言信息提供依据,这一依据就是指明所言信息的来源或获取方式。而信息来源和获取方式的类型很多,可以是亲历的、传闻引述的或者是推测的等。该范畴可以有表示信息可靠性的引申意义。

(8) 一般来说,传信语本身不是小句的主要谓语,它是为小句所承载的信息指明信息来源和获取方式的一个标记语。

另外,汉语的传信语在句法上是不能被否定和强调的。比如,我们不能说"不/没据说、不据……报道",也不能说"是据说、是据……报道"等。因此,还可以增加一条判定传信语的句法标准:

(9) 一般来说,传信语本身不能被否定①,也不能被强调。只能对言者所要表述的信息本身进行句法上的否定和强调。

这里需要说明的是,上面(7)—(9)这一条语义标准和两条句法标准是对汉语的专职传信语而言的。所谓专职传信语,是指它仅仅具备传信这一种语义功能,专门用于交代所言信息的来源和获取方式。而兼职传信语,也叫传信策略,是由于汉语没有语法化的形态标记来表达传信意义而借来表达传信意义的其他语言手段,比如引语、认识情态词以及一些类型的复句的使用等。这些传信策略能帮助说话人交代信息的来源和获取方式。专职传信语需要同时满足上述三条标准,而兼职传信语只需要满足第一条标准。它们判定标准的差异主要在于是否考虑了后两条句法标准。这主要是由于专职传信语的语法化程度比传信策略要高,它们的一些句法特征语法化之后丧失了,因此有些句法表现在它们身上已经不能体现。这在本书的第 5、6 两章会通过具体的专职传信语的个案研究进行论述。

4.3.2 现代汉语传信范畴概貌

在上文对汉语传信范畴核心义和引申义以及判定标准的讨论的基础

---

① 据 De Haan(1997)的研究,很多语言的传信语本身是不能被否定的。但 Aikhenvald(2004)发现有些语言的传信标记可以被否定,详见该著作 8.2 小节关于"传信语和否定"的讨论。就汉语而言,专职传信语在句法上一般是不能被直接否定的。

上,本节将勾勒现代汉语传信范畴的概貌。从语义角度看,传信范畴的核心义涉及两个关键词:"信源"和"(信息获取)方式";其引申意义涉及"信度"。另外,从语义角度还可以区分不同的传信类型:从大处分有直接和间接、亲历和非亲历、一手和非一手;往细处分有亲历、引述传闻、推测等。从句法角度看,传信范畴涉及专职传信语(语法化程度高的)和兼职传信语(传信策略)。从传信范畴的语言表现形式看,它可以是词汇、短语、固化结构、句子等。综合上述不同角度,我们对汉语传信范畴的表现形式进行举例描写。

(一)专职传信语:间接;引述传闻;词汇。例如:(a)传说,据说,据闻,据悉,据传,谣传;(b)听说$_1$,听闻$_1$,耳闻$_1$,风闻$_1$。

这一类都表示信息来自他人的引述传闻,是间接类型的专职传信语。需要说明的是,上面(a)和(b)两组例子的差别在于:后者还可以用作谓语动词,但当它们位于句首作为指明小句所承载的信息来源和获取方式的标记语时,其动词性特征已经不明显了,有去范畴化倾向。例如:

(10) 传说,古埃及时期遗留下的齐阿普斯王的金字塔底有一条百米长的隧道。(CCL)

(11) 本报付印时,谣传麦克法兰先生,因谋杀约纳斯·奥德克罪已被逮捕。(CCL)

(12) 听闻邱祖年约在一年前去世。(CCL)

(13) 风闻他被打成了外院"洋三家村"的大老板。(CCL)

上面(10)和(11)两例中,"传说"和"谣传"前都不能添加句法主语,后面也不能添加体貌成分"了/过"。可见,它们已经丧失了动词的语法特征,成为一个句首用于指明后面句子所述信息来源和获取方式的专职传信标记词了。而(12)和(13)两例中的"听闻"和"风闻"用在句首,且后面接小句,也呈现出和"传说""谣传"类似的功能。这两个词后面也不能添加体貌成分,除非它做句子的主要动词。例如下面各例:

(12a) ?(我)听闻了/过邱祖年约在一年前去世。

(12b) (我)听闻了/过邱祖年约在一年前去世的消息。

(13a) ?(我)风闻了/过他被打成了外院"洋三家村"的大老板。

(13b) (我)风闻了/过他被打成了外院"洋三家村"的大老板这件事情。

可见,这类表示引述传闻类的、和听说类动词相关的、词汇形式的传信语只说明了信息的获取方式是引述传闻的,而具体的信源,即信息来自谁、哪里,尚不清楚。它若用在句首,其后应该接续小句或者句群,那么它作为动词的语法特征会逐渐丧失,成为一个专职的传信标记词:[主语＋V$_{听说}$＋体貌成分＋句子]$_{主从复合句}$→[(主语)＋V$_{听说}$＋句子]→[V$_{听说}$＋句子]→[传信标记＋句子]$_{去从属化}$。因此,有的学者(董秀芳 2004)将这类丧失了动词主要语法特征的传信标记归为统领整个后续句子的副词[①]。关于汉语这类专职传信语的演变过程,本书第 5、6 两章将会结合具体的个案来讨论。

(二)专职传信语:间接;引述传闻;短语(插入语)形式。例如"听……说、据……说、据……报道"等。

这类传信语的语义性质和上面一类相似,都是引述传闻类的,但是它们是以插入语的形式来实现其传信功能。另外,这类传信语不仅指明了信息的获取方式,而且也会清楚地交代信息的来源。如"听张三说""据新华社报道",其中"张三"和"新华社"这些人名和机构名就是信源的具体所指。

(三)专职传信语:间接;引述传闻;固化结构。例如"人说、说是、说什么"等。

这种固化的结构,通常都经历了语法化和词汇化(或者习语化[②])的过程,最终演变为仅仅表达传信意义的专职标记。本书第 6 章会专门讨论这些固化结构是怎样演变为传信标记的,在此不赘述。

(四)兼职传信语:间接;引述传闻;词汇。例如"听说$_2$、听闻$_2$、耳闻$_2$、风闻$_2$"等。

这一类要和上面(一)中的(b)组例子加以区分。这里是借用动词来表达引述传闻的传信意义。例如:

(14)在现场,我们经常可以耳闻员工们由于职位和职务的关系,而带来实际行动上困扰的烦恼。(CCL)

(15)而在高澄要继承之际,由于听闻了继承者竟是这个孺子,因此一个名为侯景的人就起而谋反。(CCL)

上面这两例中的"耳闻"和"听闻"显而易见都是句子的主要谓语动词。它们之前或之后可以有句法主语或者体貌成分。如果这类动词后面接的是名词成分而非小句,这时它们是否具有传信功能?例如:

[①] 董秀芳(2004)在谈到"是"的进一步虚化的问题时,认为有一类由"是"和副词组合的语法形式已经词汇化为一个整体单位了。其中举例:"'是'与副词的组合:好像是、的确是、仅仅是、甚至是、特别是、首先是、尤其是、主要是、听说是、据说是等。"(董秀芳 2004:35)这里,作者把"听说"和"据说"归为副词。

[②] 从语言结构形式的演变来看,有些固化结构还处在词汇化的初级阶段,即习语化,比如"说什么"。详细的论证可见下文第 6 章。

(16)（我）听说小王要休学一年。
(17) 我听说小王要休学一年的事情了。
(18) 我听说了这件事情。

传信范畴用于表达和指明说话人所言信息的来源或获取方式。那么,什么叫"所言信息"？一个小句当然可以承载一则信息,那么一个名词或名词短语呢,例如(17)和(18)？我们认为,这两例中的"听说"都是主要谓语动词,它们是兼职的传信策略,用于表达说话人与名词性成分所指的存在关系,这种关系也是一种事实。比如例(17)和(18)表达的就是说话人"我"和名词性成分所指"休学事情"的知晓关系,而"我"是通过传闻听说的方式获取并知晓这件事情的。

另外,这里需要说明的是,只有当言者主语和句法主语一致时,这种话主与名词成分所指信息的传信关系才能成立,因为这里涉及自己对自身经历事件信息的来源和获取方式的认知。试比较,当说话人"我"说出下面两个句子时:

(19) 你听说这件事情了。
(20) 他听说这件事情了。

当说话人"我"对关涉他者的信息进行表述时,这里的"听说"作为句子的谓语动词并没有传信功能。因为说话人应该指明"你/他听说这件事情了"整个信息是如何获得的,可能是听张三说的,也可能是"我"亲眼看见有人告诉"你/他"的。可见,传信功能的表达与人称有密切关系。关于这个问题,本书第7章会有详细讨论。

（五）兼职传信语：直接；亲历；词汇。例如感官动词用作传信策略。

这类兼职传信语的传信功能的表现与上一类相似,都是借用动词,而且都限于用在第一人称"我"的小句中。例如：

(21) 我看见你在踢球。
(22) 他看见你在踢球。

例(22)中表示亲历的感官动词没有传信功能。因为说话人"我"在表达"他看见你在踢球"这条信息时,可以是他人告诉"我"的,即通过传闻获取的；也有可能是"我"亲眼看到"他"在观看"你"踢球,即亲眼所见的。可见,该句中的"看见"并不是"我"对获取该信息方式的交代。

（六）兼职传信语：间接；推测；词汇。例如认识情态词、表推测的语气词等用作传信策略。

认识情态强调的是说话人对所言信息可能性高低或必然性强弱的判

断,这种判断和认识是基于证据推测的,因此它具有传信功能,是一种传信策略。关于此,本书第8章将专章讨论。而表推测的语气词,比如"吧"也是认识情态的表现之一。根据徐晶凝(2003)的研究,"吧"用于陈述句句末时,句子表达的是介于陈述和疑问之间的推测性陈述,说话人自己对命题做出推断并将自己的推断交由听话人来确认。可见,用于陈述句的"吧"具有指明信息是通过推测获取的这一传信功能。

(七)兼职传信语:间接;引述传闻;引语。例如直接引语和间接引语。

使用引语这一类兼职传信方式,可以表达引述传闻类的传信功能。本书第9章将专章讨论,在此不赘述。

(八)兼职传信语:间接;推测;复句。例如因果、条件类复句等。

陈颖(2009)讨论了条件复句和因果复句的传信功能。在条件-结果复句中,结果分句体现说话人对条件分句所述条件成立后的一种主观推测,条件分句为言者做主观推测建立了一个假设的认识立场。正是这种主观推测反映了条件复句的传信功能。在原因-结果复句中,一般是主句说出一个事实或者做出一个推断,而从句为这个事实或推断提供一个证据。这也反映了因果复句表推测的传信功能。我们认为汉语的这两类复句是具有典型传信功能的传信策略。

综上所述,我们将现代汉语传信范畴的概貌勾勒如下表:

表4-2 现代汉语传信范畴概貌

专职传信语	间接:引述传闻	语言形式	词汇	短语	固化结构	
		传信意义	[-信源;+方式]	[+信源;+方式]	[+信源;+方式]	[-信源;+方式]
		例子	据说;听说₁	据……报道	人说;说什么	说是
兼职传信语:传信策略	直接:亲历	语言形式	词汇:感官动词			
		传信意义	[+信源;+方式]			
		例子	看见;听见;闻起来			
	间接 推测	语言形式	词汇:认识情态词;语气词		复句:因果;条件	
		传信意义	[+信源;+方式;(+信度)]		[±信源;+方式]	
		例子	应该;可能;吧		因为—所以;如果—就	
	间接 引述传闻	语言形式	词汇	引语		
		传信意义	[-信源;+方式]	[+信源;+方式] [(+信度:高)]	[+信源;+方式] [(+信度:低)]	
		例子	听说₂、听闻₂	直接引语	间接引语	

最理想的研究目标是将汉语传信范畴的表现形式尽可能地进行全面的描写和分类,在此基础上对专职传信语和兼职传信语做专门的研究,并

找出它们与其他语言范畴的关联。而且最好还能对比分析同一类型传信范畴中不同成员之间的使用差异以及它们不同的形成过程等问题。但是，由于篇幅和时间的限制，我们无法对所有的专职、兼职传信语及其与其他语言范畴的关联都做研究，因此只能在各个类别中选择有代表性的几个，说明重要类别的主要特性和内部成员的差异，以及与相关语言范畴的互动关联。比如，引证传闻类传信方式是汉语较常见的，我们选取了最为常用的两个传信语"据说"和"听说"来对比分析它们之间的使用差异；再比如，同一类型的传信语其形成过程不尽相同，为了展示同一类型传信语的不同由来，我们选择了同是引述类的两个固化的结构，即汉语口语中的"人说"和"说什么"来对比分析；而认识情态作为传信范畴的一种策略，它在表达传信功能时与其他语言范畴（人称、体貌）的互动关联表现得最为明显，于是我们选择了情态词"应该"作为个案来研究；还有引语的传信功能等。这些内容在接下来的章节中都会有专门详细的研究和讨论。

4.4 小结

本章在汉语传信范畴已有研究的基础上，首先讨论了传信范畴的主观性和传信意义表达的动态交互性，提出本书对传信范畴的界定，认为该范畴最基本、最核心的意义是表达所言信息的来源和获取该信息的方式，而"可信度"只是传信范畴暗含的引申义，它与信息来源和信息获取方式之间没有必然的联系。

然后在上述传信范畴核心义和引申义的意义标准的基础之上，我们提出传信语本身不是主要谓语成分，同时也不能被否定和强调这两条句法标准。这一条语义标准和两条句法标准可以区分汉语的专职传信语和兼职的传信策略。

最后，我们根据传信范畴的核心义和引申义、传信的类型，以及汉语传信意义的语言表现形式等方面，清晰地勾勒出现代汉语传信范畴的概貌，并说明下文各章选取研究的传信语的类型和侧重研究的问题。

第5章 现代汉语传信语"据说"和"听说"的使用差异

5.1 引言

语言学界对传信范畴的研究和认识日益深入。虽然不同研究背景的学者对该范畴的认识尚存分歧,但是,传信范畴用于指明信息来源这一核心意义已经成为该领域研究者的共识(Chafe and Nichols 1986;Willett 1988;Lazard 2001;Aikhenvald 2004 等)。

表示"传闻听说(hearsay)"类信息来源的传信语是传信范畴的一个子类。Chafe(1986)讨论了英语自然会话和学术论文中的传信范畴。在谈到"传闻听说"类传信语时,他认为,该类传信语表明说话人是通过听说或他人告知而非亲身经历的方式获取信息的。Aikhenvald(2004)在考察了 500 多种语言的基础上,对世界语言的传信范畴体系进行了分类,发现各种语言的传信语在规模和表达信息来源的种类上都不相同。值得注意的是,从二分体系到五分体系中都含有"报告(reported)"这一传信范畴子类[①]。因此我们可以说,表达"传闻听说"类信息来源的传信范畴是人类语言普遍具有的一种语言范畴。

汉语虽然不像有的语言那样,具有丰富的语法化了的形态标记来指明信息来源,但是它可以借用其他语言手段,如词汇手段(感官动词等)或其他语法范畴(情态、语气等),来作为传信策略表达信息来源。就汉语的"传闻听说"类传信语而言,"据说"和"听说"是表明该意义的最常用的两个词汇形式。

本章试图通过一定规模的语料,来考察这两个传信语在语言使用中表现出来的差异,并从话语功能和语言共时演变的角度给予解释。我们将从

[①] Aikhenvald(2004)建立了如下几类传信语选择体系:五类两分(如一手信息和非一手信息;感知的和报告的等);五类三分(如直接的、推断的和报告的;视觉的、非视觉的和推断的等);三类四分(如视觉的、非视觉的、推断的和报告的;直接的、推断的、报告的和转引的等);一类五分(如视觉的、非视觉的、推断的、假设的和报告的)。这里的"报告"类传信语就是本章所要讨论的"传闻听说"类传信语。

如下几方面展开讨论：(1)传信语"据说"和"听说"的已有研究；(2)传信语"据说"和"听说"在语料中的使用情况；(3)传信语"据说"和"听说"的差异及成因；(4)余论。

5.2 传信语"据说"和"听说"的已有研究

汉语学界对"据说"和"听说"这两个词语已有多方面的研究。首先，我们考察了一些主要的汉语词典和语法著作。吕叔湘(1980)的《现代汉语八百词》和权威工具书《现代汉语词典》，都将"据说"和"听说"视为在意义和用法上相似的词语。例如：

【据说】动 据别人说：～今年冬天气温偏高。

【听说】动 听人说：～他到上海去了。

(引自《现代汉语词典》第 5 版)

从《现代汉语词典》的词性、释义和举例中，我们看不出这两个词在意义和用法上究竟有何区别。

另外，现行的多种《现代汉语》教材(邢福义 1991；胡裕树 1995；黄伯荣、廖序东 2002 等)一般都认为这两个词语在句中承担的句子成分具有特殊性，都将"据说"和"听说"视为寻源性插入语或独立语。两者都表示"消息或名称出于传闻，不知道确切的来源；或者虽然有可靠的根据，但是说话人认为无须表明"的意义(叶南薰 1985:65)。

也有学者专门从语言的传信范畴角度来研究这两个词语。张伯江(1997)指出插入语是汉语传信表达的方式之一，简单地提到了"据说"和"听说"都可以用于表达信息来源。张成福、余光武(2003)同样认为"据说"和"听说"都是插入语，用于表达信息来源，并指明了这两个传信语所具有的两种功能：(1)引证功能，引证别说来帮助自己传递不能亲眼所见或亲身经历的事件信息；(2)转述功能，指说话人所述事件或用来佐证自己看法的信息来自别的相关信息。作者认为前者比后者可靠程度高，因为引证是查有实据，而转述则多是泛泛而论。

我们可以看出，以上研究不论是从哪个角度着手，多是强调"据说"和"听说"的共同点：比如都是动词，都是插说性成分，都指明信息的来源是转引别说的。这些观察固然有用，但是忽略了这两个传信语在真实语言使用中表现出来的差异。Bolinger(1977)认为，任何两个语言形式在意义和功能上不可能完全相同。那么，有这么多共同点的"据说"和"听说"之间有差异吗？差异是什么？怎么解释这些差异？下文我们首先考察这两个传信语在一定规模真实语料中的使用情况，然后分析比较两者的差异，并试图对差异的成因给予多角度的解释。

5.3 传信语"据说"和"听说"在语料中的使用情况

5.3.1 语料来源

本章使用的汉语口语语料共约110万字，主要有如下三部分：(1)北京话独白体口语语料，131970字；(2)Call Friends电话录音转写语料，386685字；(3)电视剧《我爱我家》口语对话台词，585291字。

书面语语料来自：(1)英国兰卡斯特大学汉语语料库(LCMC)，约100万词；(2)美国加州大学洛杉矶分校汉语书面语语料库(UCLAWC)，约100万词。

另外，也使用了北京大学中国语言学研究中心的CCL现代汉语语料库。

5.3.2 "据说"和"听说"在口语和书面语中的使用情况

通过考察不同类型的语料发现，"据说"和"听说"的使用在不同语体语篇中会呈现出差异。表5-1是"据说"和"听说"[①]在约110万字的汉语口语语料中的使用数量统计：

表5-1　汉语口语中传信语"据说"和"听说"的使用数量

语料来源	据说	听说
北京话独白体口语	6	13
Call Friends电话录音	11	26
《我爱我家》口语对话台词	1	138
总数	18	177

[①] 关于"听说+NP"这类结构中"听说"是否表传信，在此需要说明一下。Anderson(1986:274—275)说到了传信语具有如下特点：传信语表达对事实断言的判断，标明对事实断言判断的证据，传信语本身不是小句的主要谓语，只是附加于对某一事实断言的一个说明。按照Anderson的观点，传信语是不能做谓语的，而且就语法形式看，NP一般无所谓事实和判断，只有小句才对应事实、判断等。这样一来，"听说"之后若接NP，它似乎不具有传信功能。但是，就汉语而言，我们认为信息("事实""判断")的句法包装形式可以是名词性短语，用于表达话主与名词性成分所指的存在关系，这也是一种事实。如"我听说了这件事情"，表明话主对"这件事情"的存在的确认。因此，这里的"听说"也具有传信功能。基于上述考虑，我们在统计语料时也将此类涵盖进来。

从上表可以看出,传信语"听说"在汉语口语中的使用数量远远高于"据说",前者是后者的近 10 倍。

陶红印(1999)指出,语体的分类不能只停留在口语和书面语的二分上,可以沿着口语、书面语的对立展开,在书面语体语料中进行更进一层的语体分类考察。这样做更能彰显语体的详细分类对语法的深入研究所具有的重要理论和实践意义。基于上述认识,我们选用 LCMC 和 UCLAWC 现代汉语书面语语料库,来讨论"据说"和"听说"在真实语料中的使用情况。它们都包含了新闻报道、新闻评论/社论、宗教文献、科技论文和各类小说等 15 种语体的语料。"据说"和"听说"在这两个书面语语料库中的使用情况如下表 5-2:

表 5-2 汉语不同类型书面语中传信语"据说"和"听说"的使用情况

语料类型	据说		听说	
	LCMC	UCLAWC	LCMC	UCLAWC
新闻报道	2	7	14	4
新闻社论	4	1	1	0
新闻评论	0	0	0	1
宗教	4	0	0	0
技术和贸易	0	0	1	0
通俗社会生活	5	7	7	1
传记和杂文	6	3	23	6
报告和公文	0	0	0	0
科技学术文章	1	2	0	1
一般小说	5	1	12	3
侦探小说	3	6	7	8
科幻小说	2	1	0	2
武侠冒险小说	1	10	8	11
爱情小说	4	2	9	6
幽默	1	1	5	11
总数	38	41	87	54
	79		141	

表 5-2 中呈现出"听说"的使用数量是"据说"的近 2 倍。在新闻评论、宗教、技术和贸易、报告和公文、科技学术文章以及科幻小说类语体中不使用或很少使用这两个传信语。

5.3.3 "据说"和"听说"前带主语情况考察

《现代汉语词典》将"据说"和"听说"都标注为动词,释义为"据别人说""听人说"。从词性标注和释义角度看,这两个动词前面都可以带上主语。但是,在语料中我们没有找到"据说"前面带主语的用例,而"听说"前则可以自由带主语。具体统计见下表 5-3:

表 5-3 传信语"听说"前带主语情况

语料来源		LCMC	UCLAWC	北京话口语	电话录音	《我爱我家》
主语外显 (111)	＋言者主语(49)	2	2	4	8	33
	－言者主语(62)	32	12	2	5	11
主语隐含 (207)	＋言者主语(167)	39	33	6	13	76
	－言者主语(40)	14	7	1	0	18
总数 (318)	＋言者主语	216(67.9%)				
	－言者主语	102(32.1%)				

我们在统计"听说"前带主语的情况时,区分了主语外显和主语隐含两大类。前者是指在语表上"听说"前的主语成分外显;而后者则是隐含,但就我们统计的语料看,这些隐含的主语全都可以补出。这两类情况下又各分为"＋言者主语(speaker subject)"[或"言说主语(utterance subject)"]和"－言者主语"两小类,前者句法上的主语实现为说话人"我";而后者句法上的主语实现为非说话人。分别举例如下①:

(1) 可我听说他是从欧洲留学回来的。(LCMC)
(2) 和平:啊? 这小刘是结了婚的呀他?
    小张:(∅="我")听说他们家小三儿都能下地拾麦穗了!(《我爱我家》)
(3) 第二次嘛,参加得了个第一名。那么,他听说蔡雨嘉嘛,跑到附小

---

① 关于例句的引用需要说明的是,LCMC 和 UCLAWC 的语料都是分词转写,并标注了词性;电话录音语料也是分词转写,还标注了口语特征;北京话口语、《我爱我家》台词和 CCL 语料只做了一般的汉字转写。本章不涉及语料的分词、词性标注和口语特征,所以在此忽略,每个例句的引用会在末尾加括号说明语料来源。

去了……(电话录音)

(4) 但面对执法人员的盘问,即使(∅="该厂负责人郝某")听说要查扣仓库内近万箱货,该厂负责人郝某始终是一脸满不在乎的样子,一边接受调查,一边还悠闲地抽着香烟。(UCLAWC)

上面四例中,例(1)是外显类言者主语"我";例(2)为隐含类言者主语,是零形式,但可以补为"我";例(3)是外显类非言者主语"他";例(4)为隐含类非言者主语,也是零形式,可以补全为"该厂负责人郝某"。

从表 5-3 可以看出,"听说"偏爱使用言者主语,其数量是非言者主语的 2 倍多,占总数的 67.9%。另外,"听说"使用隐含类主语的数量也远远高于外显的,前者约是后者的 2 倍。而在隐含类主语中,言者主语隐含的用例高达 167 例,约占隐含类主语总数的 80.7%。

5.3.4 "据说"和"听说"邻接成分的句法表现

5.3.4.1 "据说"和"听说"邻接成分的类型

"据说"和"听说"这一对词性相同、词义相近的传信语在句法表现上是否也具有相似性?首先,我们从它们各自邻接成分的类型着手考察。从表 5-4 可以看到,"听说"的邻接成分可以是名词性成分(NP)、小句(clause)和句群①(clause-group);而"据说"只能后接小句和句群,不能接名词性成分。

表 5-4 传信语"据说"和"听说"邻接成分的类型

语料来源			LCMC	UCLAWC	北京话口语	电话录音	《我爱我家》	总数
听说 (318)	名词性 成分	前	0	0	3	0	9	49 (15.4%)
		后	10	10	1	4	12	
	小句	前	0	0	2	3	7	236 (74.2%)
		后	61	35	5	19	104	
	句群	后	16	9	2	0	6	33(10.4%)
据说 (97)	小句	后	26	19	6	11	1	63(64.9%)
	句群	后	12	22	0	0	0	34(35.1%)

每类邻接成分之所以分"前""后"两类,是因为"听说""据说"作为传信语所标识的信息邻近成分既可以在它们之前,也可以在它们之后。但从统计的结果看,"据说"只有后接成分。关于"据说"和"听说"邻接成分的不同

---

① 这里所指的"句群"是由两个或两个以上小句构成的语篇单位。

类型,下面分别举例说明:

(5) 傅老:……(一阵安静)这个这个,你们家二儿子的事儿,我大概也听说啦,出了这种事情,我们当家长的都很着急呀,但还是要相信群众相信党嘛……(《我爱我家》)("听说"邻接的名词性成分在前)

(6) 小亚和枫也分别从朋友那里听说了当年的真实情况,可五年足以让生活改变模样,也足以让一个人成熟。(UCLAWC)("听说"后接名词性成分)

(7) 李永江心里明白——这女人一定知道王新在什么地方,但是,王新有案在身已经躲了两年了,这是他第一次听说。(LCMC)("听说"邻接的小句成分在前)

(8) A:大,大概两个之内,礼拜之内就能办,那个护照跟签证都能办完。
B:嗯。
A:只要学校给批了。
B:听说现在美领馆,好像卡得比较紧啊。(电话录音)("听说"后接小句成分)

(9) 你要说,嗯,满洲人的风俗特殊啊,有个点心叫萨其马,不知你们知道不知道,听说萨其马,这萨其马可能就是满语,现在这萨其马这味儿和原先的味儿也不一样了,还有这名字,这萨其马,这还是满文,还保持着。(北京话口语)("听说"后接句群)

(10) B:哦,就是,据说这个小城市啊,挺,挺干净。
A:对啊,威海还不错的,威海原来是一……(电话录音)("据说"后接小句)

(11) 据说,一位自谓功力深厚者刚刚在这里运气入定,就见数十位爱鸟者一齐掀掉鸟笼套,刹那间百鸟争鸣,婉转入云,入定者一惊一乍,差点走魔入邪,从此就再没见犯境入侵者。(LCMC)("据说"后接句群)

从表 5-4 中可以观察到,在这两个传信语的邻接成分类型中,小句和句群的使用数量比较多。其中小句(尤其是后接小句)是"听说"和"据说"最偏爱的邻接成分类型,分别占各自总数的 74.2% 和 64.9%。另外我们还发现,"听说"之前的邻接成分(名词性成分和小句)全部出现在口语语料中。这种现象的产生应该有其语用动因,下文将会从语用功能的角度予以解释。

5.3.4.2 "据说"和"听说"后接"了/过"的情况

汉语动词最典型的语法特征之一是其后可以带上表示体范畴意义的助词"了/过"等。我们所考察的"据说"和"听说"都是动词性传信语,那么它们是否也具备这一语法特征呢?请看下表 5-5:

表 5-5 传信语"据说"和"听说"后接"了/过"的数量

语料来源	LCMC	UCLAWC	北京话口语	电话录音	《我爱我家》	总数
"据说"后加"了/过"	0	0	0	0	0	0
"听说"后加"了/过"	12	14	5	3	32	66

经统计发现,同是动词类传信语,并都是用于指明信息的来源是传闻、转引别说的,但有趣的是,"据说"完全不能后接"了/过"体成分,而"听说"则可以。例如:

(12) 七个多月后,当时的联邦德国黑森州测量局局长巴尔希教授来中国,在上海讲学时,听说了这个故事,他摊开双手,耸着肩膀:这是个奇迹。(LCMC)

(13) 克斯的眉头皱了起来,自从天界大战的近两千年,根本没听说过魔鬼有"俘虏"这一词语,不是抓住就杀掉的吗?(UCLAWC)

(14) 志国:爸您看看又来了您,您那点儿事我们倒着就能背出来……
傅老:哈哈哈哈……这件事啊,你们是绝对没有听说过的,啊,当年(和平上),我抓住了一个日本的女特务,……(《我爱我家》)

(15) B:北京前不久的时候,特别热,我跟你讲……
A:哦,我听,我听说了,我听说。
B:又闷又热。(电话录音)

从例(12)到(15)可以看出,不管"听说"的邻接成分是哪种类型,也不管它所标识的信息小句或名词性成分是居前还是居后,都可以后接体成分"了"和"过"。

5.3.4.3 "据说"和"听说"偏爱的邻接句法结构

我们观察语料发现,传信语"据说"和"听说"的邻接成分中常含有数量结构、比较结构和最高级结构。我们先统计了上文使用的各类口语(北京话口语、电话录音、《我爱我家》)和书面语(LCMC、UCLAWC)语料中的情况。由于这部分语料的实例较少,我们又扩大了语料规模,从北京大学

CCL 现代汉语语料库中任意选取了符合要求①的"据说"句和"听说"句各 500 例,用于统计数量结构、比较结构和最高级结构的使用频率。见表 5-6:

表 5-6 传信语"据说"和"听说"偏爱的邻接句法结构使用情况

语料来源	口语		书面语		CCL	
	据说(18)	听说(177)	据说(79)	听说(141)	据说(500)	听说(500)
数量结构	4	4	22	7	131	66
比较结构	0	1	5	0	18	5
最高级结构	0	0	4	0	17	0
其他	0	0	2	3	25	5
总数	4(22.2%)	5(2.8%)	33(41.8%)	10(7.1%)	191(38.2%)	76(15.2%)

从上文使用的口语和书面语语料看,上述三类结构偏爱出现在"据说"的邻接成分中,在口语和书面语中分别占 22.2% 和 41.8%。从 CCL 的语料看,这三类结构在"据说"句中出现了 191 次,占 38.2%;而在"听说"句中出现了 76 次,仅占 15.2%。而且,数量结构出现在"据说"句中的频率最高,其次是比较结构,然后是最高级结构。分别举例如下:

A. 数量结构

(16) 蓝鲸的力气很大,大约相当于一台中型火车头的拉力。据说,曾有一头蓝鲸把一艘27米长的捕鲸快艇拖着跑了70多千米,……(CCL)

(17) 住的是"外交公寓",出入必有"奔驰",据说一个驻外人员一年花销在3万美元以上。(CCL)

(18) 早就听说专利局的档案上躺着数以万计的专利,无人问津,而这次北京力通技术贸易公司专利情报所与北京和平商业大厦干了桩好事,办起了这个市场。(LCMC)

B. 比较结构

(19) 傅老:听说你现在一场演出比我半个月的工资挣得还多,我这解放前革命的倒不如你这解放后唱戏的,啊?(笑)

---

① 在我们选取的语料中,有一些重复或不符合要求的用例,比如"数据说明""听说读写训练"等,我们进行了删除,并增补了用例。

和平:爸,您瞅您说的这什么话呀您?……(《我爱我家》)

(20) 据说,牙釉质的硬度仅次于金刚石。(LCMC)

(21) 表面覆盖着透明软骨构成的关节软骨,以增强光洁度,减少摩擦。据说,两块关节软骨间的摩擦系数比滑冰的摩擦系数还要小。(CCL)

C. 最高级结构

(22) 据说最有名的"版纳烧烤"是在八角亭附近,从橄榄坝返回景洪,天色已很晚,可被"版纳烧烤"诱惑着……(UCLAWC)

(23) 这场友谊赛的出场费是1000万欧元,据说这是皇马队有史以来最昂贵的出场费。(CCL)

D. 其他,即上述结构的连用

(24) 一般认为粒细胞平均2周左右,淋巴和单核细胞平均100天左右。据说最长寿的可达20年之久,最短的只有几小时。(CCL)(最高级结构和数量结构连用)

虽然数量结构、比较结构和最高级结构在传信语"据说"和"听说"标识的信息中都有使用,但更偏爱使用在"据说"表明的信息之中。这些句法结构的大量使用会使传信语"据说"具有相应的语义特点,关于此下文5.4.3将会详细讨论。

5.4 传信语"据说"和"听说"的差异及成因

上文从多个角度考察了传信语"据说"和"听说"在语料中的使用情况,下文我们将从篇章语体(text genres)、句法表现(syntactic behaviors)、语义韵律(semantic prosody)和传信功能(evidential function)这四个方面来总结分析二者的差异,并给予相应的解释。

5.4.1 篇章语体

从表5-1和5-2可以看到,传信语"据说"和"听说"在汉语口语和一些书面语中都能使用("听说"更偏爱使用在口语中),而在新闻评论、宗教、技术和贸易、报告和公文、科技学术文章和科幻小说这些书面语体中基本不使用或很少使用。对于这些差异,我们将从篇章语体动因和传信语功能的角度给予解释。

首先，从语体方面来看，新闻评论、技术和贸易、报告和公文、科技学术文章等类型的语篇，要求信息的表达要有准确性和可靠性，这一性质决定了"据说"和"听说"这类表示二手信息来源的、非亲身经历的、可靠性相对较弱的传信语在这些语体中较少或根本不能使用。

从这两个传信语本身的功能看，它们既可以表示转述传闻听说获得的信息，信息的确切来源并不知道；又可以是通过旁征博引获得的信息，这种引证的信息或许有准确的来源出处，但说话人有可能认为无须表明，也不会影响互动交际。例如：

(25) 这个以狠对狠的故事，<u>我没法证实</u>，但<u>听说</u>是爷爷的杰作。(LC-MC)

(26) 他还是翻译呢，还能翻译呢，你像维吾尔族什么这个维吾尔语什么，他能翻译，可一般他都那么讲，<u>可是因为我只是听说</u>，只是，只是从这儿来的，并不是，并不是……（北京话口语）

(27) 拥有高鼻梁的福建作家还有朱谷忠，<u>据说</u>，<u>仅仅是据说</u>，郭风先生与谷忠都有胡人血统，大概是宋代的胡人，伊朗一带的胡人。(CCL)

(28) 到了北京以后，<u>据说</u>是他，<u>据史书上</u>，他查了一下明史啊，就看明史啊，看明史他贪功啊，还是怎么样吧，后来这个朱元璋，反正很会杀人吧，他的，他的下人吧……（北京话口语）

上面四例中，前三例无论是"听说"还是"据说"，都指明了信息的确切来源是未知的，这从"我没法证实""因为我只是（听说）"和"仅仅是（据说）"这些成分可以解读到。例(28)虽然提供了"他贪功"这条信息的来源是"明史"，增加了信息的可靠度，但是在这种非正式口语言谈中，不说明信息的准确来源，一般情况下也不会影响交际的顺利进行。

从我们统计的语料看，传信语"听说"在引出信息的时候，基本上不会交代确切的信息来源。在非正式的言谈交际中，对言者来说，让听话人知道该信息不是自己亲身经历的一手信息已经足够了，至于信息具体来自何处无关紧要。所以"听说"尤其偏爱使用在非正式的言谈口语中。

5.4.2　句法表现

上文在考察"据说"和"听说"这两个传信语在真实语料中的使用情况时，分别从是否能前带主语、邻接成分句法类型和是否能后带体标记"了/过"这三方面讨论了它们和周围成分的句法表现。

从是否能前带主语的角度看,"据说"之前在句法上是不能有主语的①。但从言语交际来看,"据说"引出的信息是说话人发出的,理论上应该有言者主语"我",如"我根据××说"。但这一言者主语不能实现为"据说"的语法主语,例如(29)b:

(29) a. 除了增添美观、显示身份外,据说还有消灾祛祸的作用。
　　　(UCLAWC)
　　b. *除了增添美观、显示身份外,我据说还有消灾祛祸的作用。

与"据说"相反,"听说"前接主语是没有限制的,而且它尤其偏爱使用言者主语"我"。根据沈家煊(2001)的研究,言者主语反映了说话人的视角(perspective),能反映说话人和所表达话语之间的关系,具有主观性。传信语"据说"和"听说"从语用角度看都有一个隐含的言者主语。虽然前者不能在句法上得到实现而后者可以,但是,它们都表明了所言信息和说话人之间的关系不是直接的,而是说话人转述引证的。由于对信息的转述可以带有转述者的主观因素,因此也具有主观性。

从"据说"和"听说"邻接成分句法类型的角度看,小句(尤其是后接小句)是"据说"和"听说"最偏爱的邻接成分。作为传信语,这两个词的作用是表达信息的来源,而信息的句法包装形式虽然可以是名词性短语,用于表达话主与名词性成分所指的存在关系(如"我听说了他要去美国这件事情",表明话主对"他要去美国这件事情"的存在的确认),也可以是句群,用于包装信息流,但最常见的句法表现形式还是小句。

另外,通过考察"听说"所在句子的语法表现,我们发现"听说"之前的邻接成分(名词性成分和小句)全部出现在口语对话语料中,这是有其语用动因的。例如:

(30) B:哎哟,现在,上海热,是热的啊,简直是,受不了的热,我跟你说啊。
　　A:嗯,嗯。
　　B:闷,它就热了以后闷。跟你以前在上海不一样啦。
　　A:哦,我听说了。(电话录音)

---

① 我们在考察语料时发现有下面 a 这样的用例:
　　a. 那电影《英雄儿女》据说是根据真实故事改编的。(LCMC)
　　b. 据说那电影《英雄儿女》是根据真实故事改编的。
我们认为,例 a 中"那电影《英雄儿女》"不是"据说"前的主语,而是其后小句的主语前置了,如例 b。

(31) 傅老：怎么叫不要我呢？要我的地方很多嘛！还有人大政协的一些朋友，企业界的一些同志，包括咱们家属委员会的于大妈，甚至于托管局中办的些老同志，都说让我退下来以后让我到他们那里发挥余热嘛！

小凡：您从局里退下来又上中央去发挥余热？这我还头回听说。

（《我爱我家》）

例(30)"听说"邻接的信息内容"它(上海)热了就闷"位于"听说"之前，它们分别处在不同的话轮之中。该对话的结构模式是"B 陈述——A 回应——B 再陈述——A 再回应"，所以说话人 A 说"我听说了"是对 B 言语信息的回应，这里之所以没用"我听说了上海热了就闷"完整的形式，是因为该信息对 A 而言是旧信息，也是双方共知和认可的信息。例(31)"听说"的邻接信息和"听说"一前一后同处在"小凡"的话轮之中，但分别处在两个不同的语调单位(intonation unit)里，对应不同的小句。"您从局里退下来又上中央去发挥余热"虽然是重复上一话轮的信息，但是对当前话轮说话人"小凡"而言是新信息，从后面"头回听说"可以看出来。按理说，该话轮言者完全可以将两个语调单位的信息合并在一个句子中表述："我还头回听说从局里退下来又上中央去发挥余热"，但是这种信息表达方式不能突显新信息"从局里退下来又上中央去发挥余热"给"小凡"带来的惊讶和意外的感受。上述两例的语用交际功能正是在口语对话语体中得以彰显的。

最后，从传信语"据说"和"听说"是否能带体标记"了/过"的情况来看，"据说"后完全不能接"了/过"这类体成分，而"听说"则可以。这两个意义相近、都具有传信功能的动词为什么会有这样的差异？我们认为，相比之下，"听说"仍然是一个典型的动词，因为它具有能带"了/过"体标记这种动词典型的语法特征；而"据说"已经不是典型的动词了，发生了去范畴化(decategorization)。

去范畴化是语言单位演变过程中的重要环节，主要表现为：语义上，命题意义弱化，非命题或语用意义得到强化。就"据说"而言，首先，作为动词它表示动作行为的命题意义基本消失，其主要作用是表达信息来源；其次，功能发生扩展和转移，"据说"作为动词基本丧失了做句法谓语的功能，而其专职功能是作为传信标记，用于指明其后话语信息的来源。根据方梅(2008)，"在从句法范畴到语用范畴的去范畴化过程中有语用功能的浮现，也有语用关系的投射。前者发生在句法成分由高范畴属性变为低范畴属性的变化中，后者发生在句法成分衍生出新功能的变化中"。"据说"在去范畴化过程中逐步丧失动词句法范畴的典型语法特征,伴随其浮现的语用功能就是专职表达传信义。

关于"听说",目前而言,它还是典型的动词,可以带各类宾语,可以后接体标记等。但它同时也具有传信功能。这种语用功能的产生是通过隐喻实现的,即从"行为动作"这个比较具体的认知域映射(mapping)到"认识知晓"这个比较抽象的认知域。例如①:

(32) 我听到小王在会上说小李要去美国工作这件事了。
(33) 我在会上听说小李要去美国工作这件事了。
(34) 我听说小李要去美国工作了。

上面例(32)中分离的"听说"是强调感官和言说的具体行为动作的;例(33)中"听说"既可以认为是表明具体的行为动作,还可以认为是对后面事件的认识和知晓;而例(34)中的"听说"更多地是强调"我"知道了"小李要去美国工作"这件事情,至于是不是通过"听说"这种具体的行为方式获取信息的已经不重要了,只需要说明这是非一手信息即可。因此,从典型行为动词"听说"变为表示传信功能的"听说",是一个从"行为动作"这个具体的认知域映射到"认识知晓"这一抽象的认知域的隐喻过程。

5.4.3 语义韵律

语义的动态浮现观认为,在语言使用中,意义的表达是以行进中的交际互动环境为基础的。词义的产生和理解是在语言使用中浮现(emergence)、协商(negotiation)获得的。因此,应该在真实的语言中对词"左邻右舍"的语言单位构成的环境予以考察。这样才能在语言使用中观察到词项本身所不具备的语义内涵,也即"语义韵律(semantic prosody)"(参看Sinclair 1991;Tao 2001b)。

就词典释义来看,"据说"和"听说"的基本词汇意义没有显著差别。在具体使用中,它们的邻接成分常含有数量结构、比较结构和最高级结构。通过语料统计发现,这三类结构(尤其是数量结构)更偏爱使用在"据说"标明的信息之中。这使得"据说"具有"出乎意料(unprepared/unexpected);惊讶(surprise);超预期"的语义韵律特征。这种语义在句法上的表现除了上述三类结构以外,还会表现在三类结构的混合使用和一些其他句法成分上。例如:

---

① 以下三个例句为笔者自拟。

(35) 而按照β系数法,据说以4000万美元买入价值4亿美元的股票居然会比以8000万美元买入的"风险"更大,因此,新投资技术论及其β系数法未免荒谬。(CCL)

(36) 据说,迄今为止肝炎中药没有静滴,盛振明搞了一次肝炎中药上的革命。(CCL)

(37) 据说,这是我国至今唯一判了死刑的假钞罪犯。(CCL)

例(35)"据说"的后续成分是数量结构和比较结构混合使用;例(36)和(37)分别通过修饰成分"迄今为止""至今唯一"使得"据说"的语义韵律得以呈现。

表达"出乎意料、惊讶"的信息是"超预期(mirativity)"范畴的核心意义。该范畴与传信范畴有很密切的关联,在有些语言中有专门的语法标记来表达超预期范畴意义。一些学者(Slobin and Aksu-Koç 1982;Blakemore 1994;DeLancey 2001;Aikhenvald 2004)研究发现,很多语言表达非一手信息或传闻听说类的传信语都具有超预期范畴意义的外延,或者会最终演变为超预期范畴标记。可见,该语义范畴是具有普遍意义的,汉语也不例外。

5.4.4 传信功能

上文已经谈到,"据说"是已经语法化了的专职传信标记,而"听说"还只是兼职的传信语,下文我们将从信息确信度和信息获取方式两方面来比较二者在传信功能上的差异。

传信语"据说"和"听说"都是表示信息源自传闻听说而非亲身经历的,但是它们在传信功能上有差异。张伯江(1997)认为,汉语中的传信表达主要有如下三种:(1)对信息来源的交代;(2)对事实真实性的态度;(3)对事件的确信程度。就"对事件的确信程度"而言,"据说"要比"听说"高。这主要表现在数量结构、比较结构和最高级结构(尤其是数量结构)常常使用在"据说"引导的信息之中。因为数据、比较和最高级这三种方式增强了信息的可靠性。就言者而言,他在传递含有这些结构的信息时是自信的;对听者而言,对方的信息也是令人信服的。另外,"据说"多依据较正式来源的信息。相较而言,"听说"多使用在非正式的口语言谈中,人们或许对传闻类信息的可靠性不是那么在意;或者说人们知道信息是源自传闻听说的,这种信息来源就暗含了信息的可靠性弱的意味。所以,"据说"的传信功能多是引证(citation),具有一定的客观性;"听说"的传信功能多是转述(report),可靠性弱。

另外,我们认为,传信语"据说"和"听说"在信息获取的来源上有差异。虽然它们的信息获取方式都表示信息是非一手的、传闻听说的,但是它们所标明的信息获取的具体来源不一样。比如,"据说"所依据的可以是耳闻的("据张三/广播说"),也可以是眼见的("据报纸/有关文件说")。但是,"听说"所标明的信息获取来源只能是有生命的对象,多是"说"的施事,我们不能说"听报纸/文献说"。这应该和言说动词"说"在这两个传信语中的语法化程度有关①,关于此很多学者已经研究过,在此不再赘述(参看汪维辉 2003;董秀芳 2003a;方梅 2006 等)。所以,相比较而言,"据说"所引导的信息的获取方式要多于"听说"。

5.4.5 小结

上文从篇章语体、句法表现、语义韵律和传信功能这四方面分析解释了传信语"据说"和"听说"的差异。我们发现语体、句法、语义和功能这些用于解释二者差异的参数是相互关联的:语体的不同会使得它们在句法上的分布有差异;句法上的特殊表现又使得语义韵律得以浮现;句法的差异又有其语用功能上的动因。

总之,用于解释传信语"据说"和"听说"的多条线索并不是条条泾渭分明的,这种多角度立体性的观察更有助于我们洞察它们之间的差异及其成因。现将传信语"据说"和"听说"在语言中的使用差异总结如下表 5-7②:

---

① 关于"说"的语法化,有的学者认为"说"具有传信标记的用法。比如李晋霞、刘云(2003)研究发现,"如果说"中的"说"是标志言者对所述内容的真实性持弱信任态度的传信标记,并认为这一传信标记很有可能来源于表示间接引语的"说"。但是"说"不光在"如果"句中有传信标记的作用。我们发现,它独立使用的时候也具有这一功能,例如:

  说,一个国王做了个梦,梦见自己的牙齿一颗颗地掉光了。国王醒来后,找来一个释梦者……

  据观察,这类例子中的"说"是可以删掉的,它后面的整个语篇都是对前面可能出现的名词"故事、传说"(有时这些名词可以不出现,一开篇就是"说,……")之类的叙述,这已经成为叙事性语篇的一种叙述方式。我们认为"说"在这里已经语法化为传信标记了,用于指明后面所述信息是靠传闻听说获得的。

② 该表中"+"表示偏爱的项目;"(+)"表示可以具有的项目但不偏爱;"-"表示不能具有的项目;"高、低、多、少"都是两者比较相对而言,因此该表呈现的都是带有倾向性的特点。另外,表中的"特殊结构"是指数量结构、比较结构和最高级结构,我们之所以没将它放在"句法表现"栏下,主要是为了显示这类结构和语义韵律之间的关系。

表 5-7 传信语"据说"和"听说"的使用差异

差异	篇章语体		句法表现				语义韵律		传信功能	
	口语	书面语	前带主语	邻接成分		后带体标	特殊结构	超预期	确信度	获取方式
				NP	clause					
据说	(+)	(+)	−	−	+	−	+	+	高	多
听说	+	(+)	+	+	+	+	(+)	(+)	低	少

5.5 余论

从研究对象看,以往关于传信范畴的研究多是关注各种语言的传信范畴体系的分类,而忽视了具有相同传信功能的同类范畴下不同成员在具体语言使用中表现出来的差异。因此,对比分析同类传信范畴下不同成员的表现,对于认识该语言的整个传信范畴体系是有益的。

从研究方法上看,基于一定规模的不同语体语料的研究,更有益于研究者在对比研究中发现有价值的线索。比如,通过对研究对象在不同语体语料中分布的定量统计,可以帮助我们较为准确地给研究对象定性。在本研究中,我们认为"据说"是专职的传信标记而"听说"是兼职的传信语,这一定性就是依据这两个动词在语料中所表现出的动词典型语法特征的多少和它们在语言使用中功能的浮现来确定的。

从研究理念来看,人们在语言使用中所要表达的意义就好比是一幅无形的地图。我们对它的捕捉是从语言的功能入手,然后在广阔的"语义－语用地图"上去找该功能对应的语法形式,再从语言使用的角度去比较"据说"和"听说"二者的异同。比如传信功能就是"语义－语用地图"上的一个坐标,它是世界语言普遍具有的语义范畴,使用不同语言的人们在交际中表达传信义所运用的语言形式不尽相同。即使是同一种语言,传信范畴不同次类的语言表现形式也会有差异。

从研究意义的角度看,本章研究的一个最大优势在于可以对语言教学和用法词典编纂有启发。外国学生学习汉语的难点之一就是区分意义相似的词语在语言运用中的差异。现在的工具书对近义词的解释多是互相释义,而对近义词用法上的解释和说明甚少,这给外国学生学习汉语带来了困难。若语言本体研究能在方法上对语言教学和用法词典的编纂等应用领域有帮助,那么其研究价值才会得以体现。

第6章 汉语口语中传信语"人说"和"说什么"的由来

6.1 引言

本章主要是通过个案研究来讨论汉语中和引语有关的引述类传信语的由来。国外的一些历史句法学家和语言类型学家都很热衷于探求各种语言传信标记的演变历程,关于该课题的研究已有丰富的成果。就引述类传信标记而言,有的语言是经过引语从句和主句的重新分析后,主句的言说动词语法化为引语传信标记的,像藏语(Tournadre 1994);有的语言中这类传信标记是作为言说动词补足语的引语句"去从属化(de-subordination)"获得主句的地位后,由提升为主句的引语句中谓语动词的分词结构(participle construction)演变而来,如标准爱沙尼亚语(Campbell 1991;Harris and Campbell 1995);还有的语言,如南美西班牙语和葡萄牙语,它们的引述类传信标记 *dizque* 是由言说动词 *decir/dizer* 与引语标句词 *que* 熔合而成(参看 Aikhenvald 2004)。

国内学界该领域的研究主要集中在汉语和少数民族语言中言说动词、标句词、引语标记和传信标记之间的演变问题上。李晋霞、刘云(2003)研究发现,汉语"如果说"类复句中的"说"是表明言者对所述内容的真实性持弱信任态度的传信标记,并推测它有可能来源于表示间接引语的"说"。谷峰(2007)在讨论上古汉语语气词"云"表示听说义和不确信义的由来时,谈到了这前后两种意义分别对应的引语标记和传信标记之间的关联及演变动因。刘鸿勇、顾阳(2008)认为凉山彝语的言说动词 di^{34} 先虚化为引语标记,引语从句去从属化成为主句后,原来句末的引语标记随着主句的丧失①演变为传信标记② di³⁴。Chappell(2008)考察了10种中国语言中言说动词"说"类标句词的演变特点,其中提到一些语言(如台湾闽南话)的"说"类标句词具有传信功能。刘丹青(2004)从共时和历时双向角度厘清了言说动词"道"语法化为内容宾语标句词的路径,并从类型学视角揭示了"道"是依附于动词的核心标注类标句词,它区别于英语的依附于宾语小句的从属语标注类标句词 that。张安生(2007)探讨了西宁回民话的引语标记"说着"和"说"的来源,通过考察它们的句法属性、分布、用法功能以及语序类型,认为它们是由言说动词语法化为与该方言 SOV 语序相和谐的后置从属语标注类引语标记。方梅(2006)考察了当代北京口语中言说动词"说"的语法化情况,揭示了其语法化路径之一是由言说动词经由引语标记演变成(准)标句词,并解释了"说"语法化的机制涉及重新分析和类推,从认知的角度讲这与隐喻和转喻相关。

综观上述汉语的研究成果可以发现,言说动词、标句词、引语标记和传信标记从前到后的演变是具有语言共性意义的。虽然后三位学者并未明确提到其研究的言说动词语法化之后的标记具有传信功能,但在它们的演变中都涉及引语标记和内容宾语标句词,其作用都在于引介言谈信息,标明信息是引述他人的,这与引述类传信标记的作用一致。

本章选取汉语口语中的"人说"和"说什么"作为我们讨论的对象。这两个传信语的形成正好反映了汉语引述类传信范畴的两个不同来源,它们的演变过程也具有代表性。"人说"是由引语中复合句的主句经过重新分析,丧失其主句地位后经历词汇化,逐渐演变为既有引述功能又有传信功能的标记词;而"说什么"是由都经过语法化的言说动词"说"和疑问代词"什么"词汇化而成。下面我们逐一论证。

---

① 这里"主句的丧失",刘鸿勇、顾阳(2008)解释道,由于说话人不愿意说明信息的具体来源,句法上就表现为主语的丢失,那么主句的动词"说"和标句词可以跟着丢失。这样就有利于主从句向简单句发展。关于此解释,我们的疑问在于,为什么主句的主语丢失,其谓语动词也可以跟着丢失呢?该文并未给予解释。在汉语里有这样的例子:
  a. 说你当头儿的不带头吃苦,我们小兵卒子傻卖什么劲儿啊。
  b. 说,一个国王做了个梦,梦见自己的牙齿一颗颗地掉光了。国王醒来后,找来一个释梦者……
这两例中,"说"前作为主语的信息来源丢失了,但是"说"还保留着。
② 本章所说的"传信标记"刘鸿勇、顾阳(2008)叫作"示证标记"。

6.2 北京口语中传信标记词"人说"的由来

在汉语的引语中,有些简单形式的引导句(reporting/introductory clause)可以演变为传信标记词,用来表达所言信息的来源。北京口语中固化了的主谓结构引导句"人说"就具有这一传信功能。例如:

(1) 个别跟医院的负责人谈,让人注点儿意。人说我们看不了。那看不了怎么办？居委会就研究,说那咱们就轮流值班。(北京口语语料库)

我们认为,上例中的"人说"是由"人家说"经历词汇化成为一个传信标记词的,用来标明后面引用句所表达的是来自转述他人的二手信息。在北京语言大学语言研究所的"北京口语语料库"(BJKY)中,我们搜集到22例含有"人说"的引语(其中说话人都是老北京人,年龄最大的生于1912年,最小的生于1965年)。下文分别从该结构的性质、语义功能和句法地位三方面的变化来考察"人说"是如何从引导句"人家说"演变为表达传信功能的标记词的。

6.2.1 由引导句到传信标记词:词汇化

北京口语中的传信标记词"人说"是由充当引导句的"人家说"经历词汇化而来。这一变化的一个重要原因是,"人家(rén·jia)"的"家"是轻读的,它在实际语流中很容易脱落。请看下面各例:

(2) 刘会元说,"不是警察,估摸是'明松'差来了那对宝贝儿,你不接人家i,人i自个杀来了。"(王朔《玩的就是心跳》)

(3) 换吧换吧,既然你答应人家i就给人i换吧。(王朔《玩的就是心跳》)

(4) 有点儿惋惜呀那种劲头儿,看上去又有点儿小孩儿那点儿劲头儿。所以呢,人,人家i有时候儿人i说一般六,到六十岁,七十岁啊,就把那个那个他那像那什么似的,他那个像老小孩儿老孩儿了。(BJKY)

(5) 行那就不行了,人家i到那儿一看,人,人i说,那最后没办法儿我说你能不能再给我们打一针强心针哪,好像在精神上给我们一个安慰呀,哈。(BJKY)

上面四例都是北京口语的例子,只不过前两例来自小说对话,而后两例来自真实的自然口语。例(2)和(3)中的"人家"和其后的"人"是同指的,若把后面的"人"换成"人家"也丝毫不影响句子的表达。同样,例(4)和(5)"人说"中"人"的指称可以从上下文语境中的"人家"看出来,"人"和"人家"也是同指的。由此可以判断,这里的"人说"其实就是"人家说",其中轻读的"家"已经弱化至脱落。

光杆的"人"做主语,从指称意义上讲,一般是不定指的,应该用"有人/别人/人家"等双音节形式来表达。在我们考察的真实北京口语中,"人说"的"人"几乎全是确指的,①可以从上下文中找到它的指称对象。例如:

(6) 见这个,有过路的<u>人 i</u>,我停车问一问,我说这是打仗的地方儿吗?
<u>人 i</u> 说打得最激烈的在前边儿。(BJKY)
(7) 家里有条件,<u>人 1i</u> 哪儿都去。所以,<u>人 2i</u> 讲起课来那就分外地生

---

① 这里之所以说"人说"的"人"几乎全是确指的,是由于语料库搜索的上下文最多各50个字符的限制。在我们搜集的22例中,有4例从已有的上下文中暂时找不到指称对象。另外,需要说明的是,"人说"的用例在近代汉语中也有,但是其中的"人"都是泛指的,例如:

    a. 陀氏著作,近来忽然复活。其复活的缘故,就因为有非常明显的现代性(现代性是艺术最好的试验物,因真理永远现在故)。<u>人说</u>他曾受迭更司(Dickens)影响,我亦时时看出痕迹。但迭更司在今日已极旧式,陀氏却终是现代的。(《新青年》周作人在介绍《陀思妥耶夫斯奇之小说》中的一段话)

    b. 说得世宗皇帝大怒起来,就对汝修道:"<u>人说</u>他倚势虐民,所行之事,没有一件在情理之中,朕还不信。这等看来,竟是个真正权奸,一毫不谬的了!"(清李渔《十二楼之萃雅楼》第三回)

    这两例为李计伟博士提供,在此表示感谢。这两例近代汉语的"人说"中"人"在上下文中都没有确指对象,相当于"有人说"。它不是由"人家"省略而来的,和先秦时期就有的"人"的旁指功能有渊源。因此,这一类"人说"应该是由古汉语沿留下来的旁指代词"人"和言说动词组成的,即:人+说→人说。所以,近代汉语的"人说"与北京口语中的"人说"的产生过程是不同的。但是,本章所讨论的那些还没有完全词汇化(其中"人"还不是泛指的)的"人说"的最终演变目标会和上述近代汉语中词汇化了的"人说"一样,其中的"人"已经泛指。比如正文对例(7)中"人说"的解读。

    另外,我们穷尽搜索了王朔的25篇小说,只找到了一例"人说":
    "你今天出去了?""下午没事上街做了头发。你没发现?"
    "特立尼达和多巴哥的头儿。"我放下报纸,看了她一眼:"难看死了,怎么还卷了刘海?"
    "<u>人说</u>这是今年世界上最时兴的发式。"
    "你不适合,你说的是今年世界上老年妇女最时兴的发式吧?芭芭拉似的。"(王朔《过把瘾就死》)

    此例中的"人说"从"人"的指称角度来说,有两种可能:(1)和近代汉语中的一样,是泛指的,信源指称对象不明确;(2)和我们讨论的北京口语中的例子一致,是确指的,这里的"人"有可能就是给她做头发的理发师。

动。人3说你i怎么讲这么生动?(BJKY)

例(6)中"人说"的"人"就是指前面说到的那位"过路的人"。例(7)中有三个小句的主语都是光杆的"人",单看此例,这些做主语的"人"的指称并不明确。可是,结合上下文发现,"人1"和"人2"与"你"同指,都是指代"讲课的那个人";而"人说"中的"人3"既可以理解为是上文提及的"一位听课人",也可以看成是一个泛指的成分,这样的话此处的"人说"已经词汇化了,因为"人"已经成为"人说"的词内成分,是泛指的。这种两可解读的情况与上页注释①中王朔小说中的那例"人说"类似。但是像例(6)中的"人说"还没有完全词汇化,正在经历词汇化的演变,因为其中的"人"还是确指的,并未成为词内成分。

另外,从词的产生和构词角度来看,"人家"的形成与先秦时期"人"的旁指有源流关系,而"家"作为词缀在古代汉语(翟颖华 2005)、近代汉语(吕叔湘 1985)、现代汉语和方言(邢福义 1996)中都有,主要是用在称谓名词或代词之后,因此"人家"是由古汉语中表旁指的"人"①与词缀"家"组合而成的派生词。正如吕叔湘(1985)指出的,"家"作代词语尾用,没有任何意义,有点像是赘疣,只是可以增加一个音缀而已。由此可见,意义虚灵、语音形式轻的词缀"家"在自然口语中很容易发生脱落或省略(吕叔湘 1985)。

词缀"家"的省略为"说"与"人"的词汇化提供了条件,因为汉语的词语构成具有双音化趋势,两个紧邻出现的成分有可能发生词汇化。根据"义轻则音轻"(孙景涛 2005)的原则,"人家"中的词缀"家"意义空泛,语音弱化,它不是一个完整的音节,所以"人家"不是一个标准的双音节韵律词。当轻声的"家"脱落后,后面的完整音节"说"填补前面标准音步后一音节"家"的空白,于是就词汇化成一个新的标准音步的二字组词"人说"。下面我们着重分析经历词汇化后的"人说"所具有的性质。

6.2.2 由言说行为到信息获取方式:语法化伴随主观化

方梅(2006:118)在分析言说动词"说"的虚化动因时,这样说道:"从言语行为的角度分析,任何我们所感知到的'话',都是被'说'出来的。因此'说'自身的词汇意义并不是特别重要,重要的是以哪种方式'说'。"同理,虽然在"人说"结构中强调的不是"说"的表达方式,但是作为具体的言语行

---

① 赵元任在《汉语口语语法》(Chao 1968,吕叔湘译 1979)中指出,"人"属于"指别人的代名词"。

为的"说"已不再重要,重要的是这里的"说"强调了后面所言内容是引述、转说他人而来的这种抽象的信息获取方式。因此,这里的"说"具有传信的作用,它标明了所引导信息的来源方式不是亲眼看见的,或者推测的,或者假设获得的,而是引述他人的二手信息。可见,"人说"的"说"从一个表示言说行为的具体概念转变成了一个表达信息来源方式的抽象概念,这个语法化的过程经历了概念的转喻。

引语中的引导句"人(家)说"在词汇化为传信标记词"人说"的同时也经历了语法化的过程,除了其构成成分"说"的虚化外,"人"的指称功能也发生了变化。"人说"中"人"承担了表达信源的功能,但是,"人"作为指称词一般是用来旁指言谈双方之外的他人,并且多是泛指而非确指的。上文已经说到,我们所搜集的北京口语语料中的"人说"都是有明确指称对象的,例如:

(8) 个别跟<u>医院的负责人 i</u> 谈,让人注点儿意。<u>人 i 说</u>我们看不了。那看不了怎么办?居委会就研究,说那咱们就轮流值班。(人说=医院的负责人说)(BJKY)

这一例中,"人说"的"人"与前面"医院的负责人"同指,"人说"后直接引用了该医院负责人的原话"我们看不了"。可见,这一信息的来源是明确的,但说话人为何要选用一个泛化的指称形式来指代明确的信源呢?为何不用一个第三人称代词或零形式①来指称"医院的负责人",或者直接用"张三院长"这样的人物称谓语使信源具体化呢?

上述这几种对信源指称的可选项如下所示,从左到右其"指称方式的具体程度"②(陶红印 2002)依次递减:

①张三院长>②医院的负责人>③他/她>④人

从当前言谈参与者与所述事件的关联来看,说话人认为听话人不是原事件的当事人,即患者本人或与患者有关联的人。因此,信源(也即"这话是谁说的")对于听话人来说不是那么重要,也就没有必要选择像"①张三院长"这么具体的信源指称形式③。而第二种选择"②医院的负责人"是用相同的名词性短语形式复指上文提及的信源,这样的选择不利于话语的连贯,因为前面刚刚提到相同语言形式的指称对象。如果需要再次提及,那么该指称对象就具有高可及性,应该选择形式轻的指称形式(参看 Givón

---

① 我们认为,这里用零形式指代是有可能的,但要保留"说",即"∅ 说……",下文 6.2.3 对此有论述。
② 信源的指称具体程度问题是陶红印老师提示笔者注意的,在此表示感谢。
③ 这里也有可能说话人根本不知道该医院负责人的姓名,因此不选择此类指称形式。

1983;Ariel 1991)。第三人称单数的指称形式相对于前两个选择似乎更合适,但是信源"医院的负责人"所代表的是工作单位院方,而不是其个人,因此"他/她"所说的话代表的是院方而非个人的意见,这样看来第三人称单数代词形式也不太好。这里说话人用泛指的"人(家)"来指代信源的一个重要作用是要从主观上区别医患双方。在当前言谈中,说话人和后面的"居委会"是站在患者一方的,与医院一方相对,这由下文居委会的研究决定中使用"咱们"一词也可以看出来。若用①到③这样的指称形式,说话人的立场就相对客观些,没有这种主观性的视角参与其中。可见,用"人(家)"来指称信源既符合口语的特点,又能表达当前说话人的主观视角和立场。因此,引语中的引导句"人(家)说"演变为传信标记词"人说"的语法化过程中也伴随了主观化。

6.2.3　由复合句到带有传信标记词的单句:去从属化

从引语的整体观出发,一般来说,一个完整的引语是由一个含有言说(或认知)类动词的引导句作为主句和一个表示引述内容的宾语从句构成的复合句①。如果其中的主句在语言的使用中形式逐步简化,其内部结构更趋于凝固,那么该引导句的主句地位就有可能发生动摇。因此,作为从属复合句主句的引导句"人(家)说"词汇化为一个简单的二字组词"人说"后,就丧失了主句的地位,后面的从句也就去从属化变成一个简单句,而这个简单句的句首带有传信标记词"人说"。这种句首传信标记的性质类似于 Biber et al. (1999)和 Conrad and Biber(2000)的"认识类立场(epistemic stance)",它主要用于指明信息来源,有时也暗含了说话人的主观态度等。

传信标记"人说"的演变和形成经历了如下一个重新分析的过程:

---

① 关于引语是否能作为从属复合句的宾语从句,学界是有争议的,一部分学者持赞同观点,如 Givón(1980)、Noonan(1985);而持相反观点的学者有 Longacre(1970;1985)、Partee(1973)和 Halliday(1985/1994)。相关的讨论可以参看 De Roeck(1994)的介绍。至于汉语的引语是否能算作宾语从句,这也是值得思考的,例如:
　　他低头抹到用铁丝扎着的前轮辐条时,突然双手抱住车轮抽泣起来:"老模范啊,你为大伙操尽了心……"(LCMC)
　　句中"抽泣"后接直接引语,这直接引语是否是"抽泣"的宾语从句就会有疑问,因为"抽泣"是一个不及物动词,按理说是不能带宾语的。关于这些疑问,我们不打算展开讨论,此处主要讨论的是言说动词"说"引导的引语,而"说"作为及物动词可以带宾语,因此我们将由"说"引导的引语视为宾语从句。

$$①\begin{cases} "人(家)"|"说"\|引用句 \\ A \quad\quad (BC) \\ 宾语从属复合句 \end{cases} \rightarrow ②\begin{cases} "人说"|引用句 \\ (AB) \quad C \\ 带有传信标记词的单句 \end{cases}$$

图 6-1　由"人(家)说"为主句的复合句到简单句的重新分析

丧失了主句地位变为传信标记词的"人说"具有如下特点：

首先，"人说"变为标记成分后读音已经很轻了①。它是"人家说"的弱化形式，而弱化形式不能携带强调重音(董秀芳 2003b)。"人说"丧失句子的身份后，也就不能负载句重音了。这些都从语音的角度说明"人说"已经由主句演变为标记性成分了。在口语中，这种形式简单的"主句"通常轻读，是句子的"衬头"，在整个句子中显得比较次要，语调构造中只充当了调冠，从句却成为句子的主要部分，充当调头和调核(参看陈玉东 2005)。郑秋豫(2005;2007)将类似的语言单位叫作韵律填充物(prosody filler)。

其次，"人说"作为一类传信标记，一般只能位于句首，它不像话语标记(如"我看/你知道")、认识立场标记(如"我认为/觉得")等那样可以位于句首、句中或句末，位置相当灵活。虽然我们在书面语中常遇见引导句位于引用句之后的形式，如"……，××说"，但是，无论是"人家说"还是"人说"，我们都未发现它们在口语中位于引用句之后的例子，这应该是和语体有关。

最后，"人说"是不能省略的传信标记。上文我们分析过，"人说"中表示信源指称的"人"是语境中确指的，而任何口语的引语都是以言说的方式表达的，那么"说"似乎也不重要，这是不是说"人说"这类传信标记可以省略呢？答案是否定的。例如：

(9) 怎么办呢？有味儿了，1 我问问[街坊吃不吃](间接引语)。2 我说[别糟践了呀](直接引语)。3 人说[给我们吧给我们吧](直接引语)，这也说给我们吧，都，都全给街坊送了。(BJKY)

例(9)的这一小段北京口语中，连用了三个引语，分别来自说话人的自我引用和对他人话语的引用。而且这三个引语是直接引语与间接引语的混用，是将"我"的话语视角和"我"所站的他人("街坊")的话语视角"糅合"在一起的一种现象。如果将第三个引语中的"人"省去，一是话语不连贯了，二是听话人很难或者无法判断"给我们吧给我们吧"这句话是来源于谁。当说话人将不同话语视角、不同类型引语混合使用时，对听话人的解读来说，有一个从 A 人物的心理空间到 B 人物的心理空间的转换过程(参看董秀

---

① 语音方面的证据是王洪君老师提示笔者注意的。

芳 2008),而此处的"人说"恰恰标明了心理空间转换的位置。

我们发现,在有些情况下"人说"的"人"可以省略,但"说"要保留。例如:

(10) 1 <u>说[今儿修好这儿了,明儿那儿坏了]</u>(间接引语)。2 <u>人说[你这个怎么回事儿啊]</u>(直接引语)? 这反映挺大。咱也承认。具体他不了解这事儿。(BJKY)

这一例中连着使用了两个不同话语视角的两种不同类型的引语,分别用"说"和"人说"标记,用于区分不同的人物心理空间下的话语。刘一之(2006)也谈到了北京话引语中的类似现象,例如:

(11) 姥姥说:"你二舅<u>说</u>:'他拳头大的字认不了半箩筐,还觍着脸当校长'<u>说</u>。就这样儿,他得得着好儿?"

(引自刘一之 2006:337,例 1)

该例中在"二舅"所说的话末尾处用了一个"说"字,关于它的作用,刘一之(2006:337)认为:"这个句末的'说'字就起到了引号的作用,告诉听话人'说'前边的话是引用的,后边的话是说话人自己的话。"这一例老北京话中"姥姥"说的直接引语里前后两个"说"同时使用,不仅说明了两个"说"之间的信息来源,而且也区分了该信息和第二个"说"后的信息来源不一样(一个是二舅说的,一个是姥姥说的)。

可见,北京口语中的"说"和"人说"不仅有表明所言信息是引述的作用,而且还起到了区分不同的人物心理空间下不同的引述内容的作用。关于单独的"说"字具有传信功能将在下文 6.3.1 一节进行讨论。

6.2.4　其他语言的例证及小结

"人说"最终演变为传信标记词,主要经历了引导句"人家说"词汇化成为"人说"的过程,该过程中还伴随了语法化和主观化。整个演变过程可以大致总结为下图 6-2:

```
⎡ 人      家      说        复合句主句  ⎤
⎢ [泛化]  [脱落]  [虚化]  →  [重新分析]  ⎥
⎣ 人      ∅       说        传信标记词  ⎦
```

图 6-2　传信标记词"人说"的演变

由上图可见,北京口语的"人说",是由作为复合句主句的引导句经过重新分析,丧失其主句地位后,词汇化为既有引语功能又有传信功能的标记词。这一演变机制在其他语言中也能找到例证。

(一) 格鲁吉亚语的引语标记的由来

(12) 格鲁吉亚语的引语标记 *metki*：
ase vtkvi, ca kuxs da mic'a ikceva-***metki***
thus I.say.it sky it.thunder and earth it.tremble-**QUO**
I said, 'The sky thundered and the earth trembled.' Or I said that the sky thundered and the earth trembled.
(我说，天空在雷鸣，大地在颤抖。)

（引自 Harris and Campbell 1995：169，例 44）

(13) 格鲁吉亚语的引语标记 *tko*：
hk'adre, iq'o-***tko*** aka ertisa c'amita
you.SG.say.it.to.him he.was-**QUO** here one moment
Say to him [respectfully], 'He was here for a moment.'
(恭敬地对他说："他在这里有一会儿了。")

（引自 Harris and Campbell 1995：169，例 45）

根据 Harris and Campbell(1995)的介绍，格鲁吉亚语的引语标记之一 *metki*，如例(12)，是专门用于引用第一人称说话人的话语的。它是由 *me vtkvi*（"我说"）演变而来，其中 *me* 是第一人称单数代词。而在 *v-tkv-i* 中，*tki* 是词根"说"，附着在词根上的 *v* 表示主语是第一人称单数，*-i* 表示过去时，*me vtkvi* 即 *I said*。在演变过程中由于语音和谐的关系，其中两个 *v* 脱落，然后词汇化为引语标记 *metki*。作者发现该结构(*me vtkvi*)是由言说动词所在的复合句的主句演变而来的。作者还分析了格鲁吉亚语中的另一个引语标记 *tko*，也是由作为主句的 *you say* 重新分析得到的，用于向听话人引述他人的话语，如例(13)。

(二) 非洲一些语言中引述传闻类传信标记的由来

根据 Güldemann(2008：409—410)对非洲语言的调查研究，Mandinka 语和 Yoruba 语的"说"类引导句也有语法化为传信标记的趋向，前者：*i ko* (they say)；后者：*wón ni* (they say)。这类表示引述传闻类的传信标记全都用在叙事语篇的开头，标明后面的语篇内容是通过传闻听说获取的。Güldemann(2008：410)认为："这类传信标记语法化程度较低，因为它们的词法结构很透明，有的还能用作独立的小句。"另外，像 Tigre 语的 *ləblo* (they say)和 Bedauye 语的 *edīna* (they say)也具有相同的传信功能。

(三) 英语的认识立场类标记的由来

英语表示认识立场的标记也经历了相似的演变机制。例如：

(14) a. ***I think*** that she is a lovely girl.
　　b. She is a lovely girl ***I think***.

Thompson and Mulac(1991)和 Thompson(2002)研究发现,说话者在言谈中使用这类宾语从句大多数是要表达话主对命题的主观立场态度。作者认为这类宾语从句的主句已经不再是自立的句子,经过重新分析后更像是立场标记语,与句子的状语类似,是表示主观性认识情态的固化了的立场标记。汉语的认证义动词(例如"我觉得")也有类似的话语功能和演变过程(参看方梅 2005a)。

虽然这里列举的格鲁吉亚语的引语标记、非洲语言的引述传闻类传信标记、英语的立场标记和我们讨论的汉语表示引述类的传信标记并不是完全相同的语言现象,但是,这些标记词(格鲁吉亚语的例子、非洲语言的例子和汉语的尤为相似)的演变机制是非常一致的,只是格鲁吉亚语的引语标记语法化的程度要高些,它已经是一个语法形态标记了。可见,这些由主句演变而来的主观性标记词是具有语言共性的,符合复杂句中主句容易发生创新(main clauses are innovative)而从句比较保守(subordinate clauses are conservative)的演变规律(参看 Bybee 2001)。

6.3　汉语口语中传信标记词"说什么"的由来

这一节主要考察汉语口语中"说什么"作为传信语的由来。首先,我们分析汉语引语中言说动词"说"的多功能性,它既是引语标记,又是标句词,同时也是传信标记,用于指明信息的来源和获取方式;然后重点分析用在引语中的"说什么"结构具有传信功能,它已经词汇化为一个传信标记。本节所用的语料主要来自北京大学中国语言学研究中心的语料库(CCL)。

6.3.1　言说动词"说"的多功能性

Chappell(2008)根据已有语言(包括汉语)关于言说动词"说"的语法化的研究成果,总结出语法化了的动词"说"所具有的 12 种功能[①],认为它

[①] 这 12 种功能分别是(Chappell 2008:49):(1)引语标记或标句词,内嵌问句标记;(2)条件从句连词;(3)原因(reason)或目的从句连词;(4)因果(causal)关系从句连词;(5)传闻听说类传信标记;(6)与拟声词连用(used with onomatopoeic words)的标记;(7)比较标记;(8)表示所言信息是出乎意料的惊异标记(mirative marker);(9)列举标记;(10)话题标记;(11)句末话语标记,表达不言而喻的断言(self-evident assertions)、警告或反问(echo questions)等意义;(12)表感叹的句首话语标记。

担负了高功能负荷(the high functional load)。其中"说"用作引语标记、标句词和传信标记这三种功能与本节的研究相关。

从汉语已有的研究看,言说动词"说"具有多功能性(multi-functionality)。"说"在话语中除了和一些成分(如人称)联合使用(如"你说""我说")成为话语标记以外,作为一个独立的成分,它还由言说动词语法化出了其他多种功能。比如方梅(2006)论证了"说"的如下功能演变:(1)言说动词 > 引语标记 > 准标句词 > 标句词;(2)言说动词 > 话题标记 > 列举标记 > 条件从句标记 > 虚拟情态从句标记。

"说"用作引语标记和标句词已经有了较好的研究(参看汤廷池 1989;方梅 2006;司马翎 2008;Chappell 2008 等),因此,这里主要着力分析"说"用作传信标记的功能。我们认为,汉语单个的言说动词"说"的传信功能是表达信息的来源方式,指明所言信息是引述或听说而来的,是源于"说"的引语标记的功能。请看下面例句:

(15) 说,一个国王做了个梦,梦见自己的牙齿一颗颗地掉光了。国王醒来后,找来一个释梦者……

据观察,这类例子中的"说"是可以删掉的,它后面的整个语篇都是对所讲故事、传说等的叙述。这种一开篇就用"说,……"①的格式已经成为叙事性语篇的一种叙述方式。我们认为"说"在这里已经语法化为传闻听说类传信标记,已经没有动词的语法特征,发生了去范畴化。与这种位于句首的传信标记"说"相反,上文 6.2.3 例(11)介绍了刘一之(2006)发现的北京话引语中有一类起引号作用的"说",它位于引语句末,用以区分不同的说话人,是一种具有区分信息来源功能的传信标记。

关于"说"语法化为传信标记,李晋霞、刘云(2003)认为"如果说"中的"说"是标志言者对所述内容的真实性持弱信任态度的传信标记,并指出这一传信标记很可能来源于表示间接引语的"说",这是该文作者的一个推测,并未具体证明。我们认为这种"对所述内容的真实性持弱信任态度"不是"说"本身所具有的,而是由"如果"这个表示非现实情态的假设类关联词赋予的。因此,更准确地说,是"如果说"这一类似于连词的结构具有这种传信功能。下文谈到的"说什么"也具有相似的特点。

另外,从其他语言关于言说动词语法化的研究来看(Lord 1993;Frajzyngier 1996;Heine and Kuteva 2002 等),动词"说"演变为传信标记都是

---

① 有时也用在"故事""传说"之类的名词后来讲述具体的故事、传说内容。

用于标明信息来源,暂时还未发现有确切证据显示"说"类传信标记能表达对信息的态度这一传信范畴的引申意义,除了 Aikhenvald(2004)报道的西班牙语言说动词 *decir*(或葡萄牙语言说动词 *dizer*)与标句词 *que* 组合成的引语类传信标记 *dizque*,它伴随有说话人对所言信息态度的意义,如下文 6.3.3 中的例(29)。但是,该标记词所表达的"对信息的态度"这一层传信引申义是不是言说动词所具有的,它是怎么获得该意义的,我们尚不清楚。而且这是一类合成式的传信标记,和这里讨论的单个的言说动词演变来的传信标记词不一样。还有一则例证,Frajzyngier(1996)报道了 Mupun(West)语中表示怀疑态度的标记词 *paa* 可能来自言说动词,但是这一推断是根据本族人的语感,作者承认"这种有趣的语感是基于还未在该语言中找到 *paa* 做言说动词的例证这一事实上的"(Frajzyngier 1996:182)。同时,作者还揭示了 Mandara 语中标句词 *ntsà* 也具有表示对信息持弱信任态度的意义,作者只是说明"该标记有可能由古老的言说动词演变而来"(Frajzyngier 1996:185),但没有给予论证。Chappell(2008)讨论了台湾闽南话的"讲$_V$讲$_{COMP}$①"结构具有言者对其后引介的信息持弱信任态度这一传信引申义功能,但作者并未将这一功能归为标句词"讲$_{COMP}$(*kóng*)",而是说整个宾语结构具有该功能。②

---

① 下文所用的逐词翻译的缩略语逐一说明如下。3M:第三人称代词(男性);3SG:第三人称单数;COMP:标句词;DOUBT:表对信息持怀疑态度的标记;REP:引语标记;1SG:第一人称单数;2SG:第二人称单数;PAST:过去时;FUT:将来时;PFT:完成体标记;PRT:句末语气词。

② 这一段提到的三种语言的例子,分别如下:
Mupun 语:
wu	sat	nə	ɗin	**paa**	ɗi	cin	hankuri
3M	say	COMP	3M. L	**DOUBT**	3M	do	patience

'He said that he was patient (but I have my doubts).'[他说他有耐心(但是我很怀疑)。]

(引自 Frajzyngier 1996:182,例 183)

Mandara 语:
à	bá-***ntsà***	nálì	ŋánè	màtsámé
3SG	say-**COMP**	Nali	3SG	hunter

'Nali said that he was a hunter (but I have my doubts).'[Nali 说他是一个猎人(但是我很怀疑)。]

(引自 Frajzyngier 1996:182,例 191)

台湾闽南话:
恁	厝叔仔	共	我	讲	讲,
lín	ban-chek-à	kah	goá	kóng	**kóng**
2SG:PL	youngest:uncle	COM	1SG	say	**SAY$_{THAT}$**

(转下页)

综上所述,汉语的言说动词"说"和其他语言一样具有多功能性,在众多功能中与本研究相关的是用作引语标记、标句词和用来表达信息来源的传信标记。下面在着重分析用于引语中的"说什么"结构也具有传信功能之前,先提出本研究的相关假设,之后再逐一进行论证。

6.3.2 与"说"相关的结构:"说什么"的传信功能

6.3.2.1 对"说什么"结构的性质特点的假设

我们对"说+什么+引语"①结构的相关性质和特点做如下假设:

(一)在"说+什么+引语"结构中,"什么"具有多功能性,既是标句词,用于引导宾语从句,并指明前后小句为主从关系;又具有传信范畴的引申意义,用于表达话主对所言引语信息的一种否定的负面态度。

(二)如(一)所说,在"说$_V$+什么+引语"和"说$_{COMP}$+什么+引语"两个结构中,"什么"都既是传信标记也是标句词。并且,在后一结构中"说"既是引语标记,又是表明信息是引述的传信标记,同时也是标句词。

(三)在"说$_{COMP}$+什么+引语"结构中,"说$_{COMP}$"和"什么"词汇化成一个既是标句词又是传信标记的成分。传信范畴表达了两层意义,即(1)核心意义:标明信息来源;(2)引申意义:说话人对所言信息的态度。这两层意义分别由"说"和"什么"承担。

(四)由"说$_{COMP}$"和"什么"词汇化的传信标记"说什么"来自"说$_V$+什么+引语"结构。

上述四方面的假设主要涉及两个重要问题:一是该引语结构中"什么"一词的性质与功能;二是"说什么"结构是如何演变为传信标记的。下文将围绕这两个核心问题展开论证。

(接上页)

我	还也	有	做	善事	啦。
goá	oân-á	ū	chò	siān-sū	là f
1SG	also	have$_{PFT}$	do	good-deed	PRT

'Your youngest uncle told me that I had also done some good deeds.'
(你的小叔叔告诉我,说我也做过一些善事。)

(引自 Chappell 2008:31,例 17)

这里,"我"是指父亲,表达父亲对小叔叔所言信息持怀疑态度。

① 本章只讨论"说什么"后接引语的情况,它后面还可以接名词短语、动词短语等。关于在其他句法环境中"说什么"的历时演变问题,程名(2008,未刊)在北京大学语言学讨论班上做过的题为《"说什么"的历时语法化》的报告中有所论述。

6.3.2.2 论证"说什么"是传信标记

（一）标句词是否具有传信功能？它可以具有传信功能。

标句词是可以具有传信功能①的。Frajzyngier(1995;1996)认为，在有些语言中标句词是情态标记系统的一个组成部分。标句词能够负载道义(deontic)、认识(epistemic)等类型的情态意义，而且具有情态功能的标句词和情态标记成互补分布状态。另外，上文 6.3.1 也介绍过，一些语言的标句词具有传信功能，比如 Mupun 语、Mandara 语和台湾闽南话。

当然，表达说话人对信息的态度这一传信引申意义，不仅体现在和言说动词相关的一类标句词上，也体现在其他来源（比如名词性成分）的标句词上，例如：

(16) Hausa 语：

an cêe [*yaa* bi wani maciijii]
one say **that** 3A follow some snakes

'It was said that he followed some snakes.'（据说，他跟踪了一些蛇。）

（引自 Dimmendaal 1989:97,例 28）

(17) Jacaltec 语：

xal naj *tato/chubil* chuluj naj presidente
say.PAST he **that** come.FUT the president

'He said that the president would come.'（他说总统会来。）

（引自 De Roeck 1994:333,例 2a，b）

上面两例中，第一例 Hausa 语的标句词 *yaa* 是由其名词义"传闻，谣言(rumor)"演变而来，可见它所表达的对所言信息不可靠的态度这一传信义源自它的名词功能。后一例中，标句词 *tato* 表示被引信息不可靠；而 *chubil* 则表示被引信息具有可靠性。这两个标句词的来源尚未证实，但它们分工明确，表达话主对信息不同的主观情态(subject modality)。

基于上述这些分析和例证，可以看出标句词具有传信范畴的引申意义，或者说一个语法化了的标记成分可以身兼数职，既是标句词，又是传信标记，还可以是引语标记。而这三种类型的标记是从不同角度进行的语言功能分工，所以具有多功能性。

---

① 这里所讨论的标句词所具有的传信功能，主要是指言者对所言信息的态度这一传信范畴的引申意义，这与认识情态是相当的。其实，标句词尤其是引导引语小句的标句词，也有指明信息是源自引述他人的二手信息的传信功能，这在上文有所介绍。

(二) "什么"具有什么性质和功能？它既是标句词又具有传信功能。

我们认为,汉语"说+什么+引语"结构中的"什么"具有多功能性,既是标句词,用于引导宾语从句并指明前后小句为主从关系；又具有传信范畴的引申意义,用于表达话主对所言信息的一种否定的负面态度。

首先来看"什么"的标句词功能。Chappell(2008)根据标句词已有的跨语言研究成果总结出了它所具有的七点结构特征[①]。在此基础上,她结合闽南语、台湾普通话、北京普通话、香港粤语和四县客家话中关于标句词的研究,归纳出中国语言(Sinitic languages)标句词的七点结构特征,简引如下(Chappell 2008:52—53):

(i) 在已经研究过的中国语言中,标句词都位于宾语小句之前。
(ii) 在不同的中国语言中,主句的主要动词(包括言说、认识、感知类等动词)能够带"说"类标句词引导宾语。
(iii) 在已经研究过的中国语言中,标句词都带句法完整的小句。
(iv) 除了闽南话以外,一般只有一个典型的标句词,即宾语小句标句词。
(v) 在调查过的拥有标句词的中国语言中,它不是强制性的语言范畴。
(vi) 不像英语,中国语言中由"说"类标句词引导的宾语还未发现是主句主语的扩充形式,就是说不是主语从句。[②]
(vii) 和英语一样,含有标句词的宾语小句结构在句法上不自足。

上述对标句词特征的归纳同样适用于言说动词后用于引导引语类宾语从

[①] 这七点结构特征如下：
  (i) 核心居首的标句词在宾语小句中与 VO 语序和谐,而核心居末的标句词则与 OV 语序和谐。
  (ii) 主句动词对标句词的类型有语义上的选择。
  (iii) 一些特别的标句词可以决定宾语小句是限定的还是非限定的。
  (iv) 一个复杂句一般只带有一个标句词。
  (v) 有的标句词可以选择使用,不是强制的；而有些标句词是必不可少的。
  (vi) 有的标句词,例如英语的主语从句标句词 that,是不能省略的。
  (vii) 标句词不允许使用在非内嵌句(non-embedded clause)中,比如主句中不能使用标句词。

[②] 关于这一点,我们发现了"说"做主语从句标句词的类似例子(该例由田源博士提供)：
  说[性别角色的标定以及按照性别角色规定的这些东西来行事]i,实际上 Øi 是我们生活中一个非常重要的内容。
  此例中由"说"引导的小句,正好是后面小句的空缺的主语。其中的"说"作为主语从句的标句词是符合标句词特点的。

句的"什么"。例如:

(18) 面对莎农的控告,掮客们为文莱辩护,说什么"没有必要强迫任何人去那里",还说什么"有很多姑娘随时准备乘飞机去那里"。(CCL)

(19) 前些年,有人在说什么乡镇企业与国有大中型企业争市场、争原料,一些地区稚嫩的乡镇企业纷纷下马。(CCL)

这两例中共有三个"什么"使用在引语前。其中例(18)的第一个"什么"是紧跟在语法化为标句词的"说"后,即"说$_{COMP}$+什么+引语";该例的第二个"什么"和例(19)中的"什么"都是紧跟在主要动词"说"后,即"说$_V$+什么+引语"。后两个"什么"前的"说"还有很强的动词语法特征,比如可以受副词修饰(如"还"和"(正)在"),再比如例(19)中的"说"后可以加"了、过"这类表示体范畴意义的助词。另外,例(18)"什么"后跟的是直接引语,例(19)是间接转述他人的话。

比照上述 Chappell(2008)归纳的中国语言标句词的七点结构特征,我们发现"什么"是逐条符合标句词特征的。这里要说明的是,一般认为一个句子只能带有一个标句词,我们下文认为"说$_{COMP}$+什么+引语"结构中"说"和"什么"都是标句词,但是这两个标句词连用在言说动词后,整体已经词汇化成一个标句词了,如下例:

(20) 海外唱片公司的老板便乘此机会大肆[宣传]$_V$,[说什么]$_{COMP}$邓丽君"风靡大陆"——这话不免过于夸大。(CCL)

另外,从跨语言的研究来看(Harris and Campbell 1995;Heine and Kuteva 2002;Chappell 2008),疑问代词也是标句词的来源之一①。例如下面格鲁吉亚语和德语的例子:

(21)格鲁吉亚语:
  da ara unda, ***raytamca*** icna vin.
  and not he:want **that** he:know someone
  'and he did not want that anyone know.'(他不想任何人知道。)
         (引自 Harris and Campbell 1995:298,例 42)

---

① 根据 Chappell(2008:48)的总结,标句词的主要来源有如下五类:(1)名词:"事实""谣言"等;(2)指示代词、疑问代词和关系代词;(3)格标记或介词;(4)言说动词;(5)相似类动词,如"像"。

(22) 德语:
　　Ich　　weiss　　nicht,　　***was***　　er　　will.
　　I　　know　　not　　**what**　　he　　wants
　　'I don't know what he wants.'（我不知道他想要什么。）
　　　　　　（引自 Heine and Kuteva 2002:250,*German*:例 b）

上面格鲁吉亚语的标句词 *ray -ta-mca* 就是来自疑问代词 *ray*(what)的；德语的疑问代词 *was*(what)也是用于引导宾语从句的标句词。可见,由疑问代词演变为标句词是一条带有普遍性的演变路径。

下面我们再来讨论"什么"具有传信范畴的引申意义。吕叔湘的《现代汉语八百词》(1980)和《现代汉语词典》(第 5 版)等工具书,都指明了"什么"表示否定,在引述别人的话之前加"什么",表示不同意的态度。姜炜、石毓智(2008)考察了否定标记"什么"的使用情况,确立了它的语法意义和使用条件,并探讨了它的历史成因。通过观察语料,我们发现"什么"的这一否定的情态,有时"什么+引语"的后续句中会明示出来,如上文例(20)中"这话不免过于夸大"表明了说话人对所言信息的怀疑态度。又如:

(23) 别告诉我说什么[大学四年不注重专业,就看文化的熏陶之类的],这个没有人相信。(CCL)

此例中的后续小句"这个没有人相信"也明示出说话人对引语内容持否定的主观态度。

Frajzyngier(1995;1996)研究发现,在许多语言中,标句词和认识情态标记呈互补分布。若一个句子中标句词承担了情态功能,就不会出现相同功能的情态标记；反之,若该句中有专门的情态标记来表达说话人的主观情态,那么其中的标句词就没有表达情态的功能。

上文谈到汉语"说+什么+引语"结构中,"什么"表达说话人对所言信息持否定的主观态度,这种认识情态(epistemic modality)属于传信范畴的引申意义。我们发现"什么"作为一种表示否定的传信情态不能与其他表示否定态度的手段同时使用,只能互补分布[1]。例[2]:

(24) 假设情景为:张三学习成绩很差,经常考试不及格。这是交际双

---

[1] 董秀芳老师向笔者指出:例(24)中"难以置信"是词汇性的,而 Frajzyngier 说的是情态标记,是虚化的形式,在这一点上汉语与外语情况不同。在此需要说明的是,Frajzyngier 强调的是标句词和情态标记所表达的意义是互补的,而从表示主观否定这一情态意义来看,例中的"什么"和"难以置信"是相同的。

[2] 这组例子为笔者自拟。

方共享的背景信息。在此情景下有这几句话：
a. 李四告诉我,说<u>什么</u>张三这次考试得了第一。
b. ＊李四告诉我,说<u>什么</u>张三这次考试不及格。
c. 李四告诉我,说张三这次考试得了第一/不及格。
d. ＊李四告诉我,说<u>什么</u>张三这次考试第一<u>难以置信</u>。
e. 李四告诉我,说张三这次考试第一<u>难以置信</u>。

这一组句子中,在假设的情景下,a 句表达了说话人对李四所说的"张三这次考试得了第一"持否定态度,蕴含有"我不相信"的话语意义。b 句中同样使用了"什么"表达了说话人的否定态度,但蕴含的意思是"我不相信张三考试会不及格",由于与之前假设的情景相悖,所以不能说。c 句没有使用"什么",整个句子相对客观,没有说话人否定的态度,因此不论是与假设情景相符的"考试不及格"还是相悖的"得了第一",都是可以说的,因为其中没有说话人的主观态度,只是陈述一则信息而已。d 句中有两个表示否定态度的表达形式:"什么"和"难以置信",光看这个句子没问题,其中蕴含了"张三学习很好,考第一很正常,没什么难以置信"的意义,这里"什么"是对李四"难以置信"的否定态度的否定,但这与假设的情景相悖,所以不能说。若要说符合假设情景的话,就不能将两个表否定情态的表达方式同时使用,只取其一即可,如 a 或 e。这说明了汉语此处的"什么"作为具有表达说话人主观否定态度(情态)这类传信引申意义的标句词,与 Frajzyngier(1995;1996)所揭示的一样,与表达相同情态的范畴呈互补分布状态。但是例 a 和 e 在意义上有差别:a 句"什么"表达的是当前说话人的主观否定态度,因此该句具有主观性;而 e 句中"难以置信"是说话人引用的他人"李四"的态度,不是当前说话人的主观态度,因此当说话人说出 e 句时不带有话主的主观性。

（三）"说什么"是如何演变为传信标记的? 词汇化、语法化并伴随主观化。

上文讨论了汉语言说动词是怎样语法化为表达信息来源和获取方式的传信标记的,又论证分析了"什么"表达说话人对所言信息持否定态度。当它们同时使用在主句动词之后,用于引导后面引语类宾语从句,并指明宾语从句的信息来源和说话人对该信息的态度时,它们已经词汇化成一个传信标记了,也由此获得了传信范畴的核心义和引申义两方面的意义。例如:

(25) 我蓝屏的时候系统<u>告诉</u>ᵥ我,<u>说什么</u>_COMP 程序出问题了,什么意思啊?（CCL）

当"什么"用作具有传信功能的标句词跟在主要动词"说"之后时,它是依附于后面的引语从句的,即:说$_V$+[什么+引语];它前面的言说动词也语法化为标句词后,与"什么"具有类似的功能。根据 Haiman(1983)提出的语言的象似性(iconicity)原则,概念意义相近的两个表达形式在语言的线性距离上也相近。因此,"说"和"什么"两个功能相近的成分在结构上也更加紧密,它们之间一般不能插入其他成分,已经词汇化成一个整体单位依附在后面的引语从句前,即:主句的 V+[[说什么]+引语]。

另外,我们还发现了与"说什么"功能相同的变体形式"说啥"和"讲什么",它们与"说什么"相比更加口语化。例如:

(26) 听说工人在哇哇叫,<u>说啥</u>生活难做,他怀疑工人是不是"揩油",有意叫生活难做,得到厂里亲自看看。(CCL)

(27) ……检察院的人,便浩浩荡荡"杀奔"省高级人民法院,求情说理,<u>讲什么</u>"纤检所的决定是错误的","纤检所这个单位不伦不类,算个屁"。(CCL)

最后,可以将"说什么"演变为传信标记的过程总结为下图 6-3:

"说":言说动词→传信标记(信息来源)(语法化) ⎫ "说什么":
⎬ (词汇化成
"什么":疑问代词→传信功能(对信息的态度)(语法化伴随主观化) ⎭ 传信标记)

图 6-3 传信标记词"说什么"的演变

6.3.3 其他语言的例证及小结

汉语中"说什么"这类合成式传信标记词的由来,在其他语言中也能找到类似的例子①。下面简要介绍三例。

Givón(1982)研究 Kinya Rwanda 语(简称 Rwanda 语)的传信范畴时谈到,该语言间接引语中,言说动词后接的具有传信功能的标句词有三个,如下:

(28) a. ya-vuze ***ko*** a-zaa-za
he-PAST-say **that** he-FUT-come
'He said that he'd come'

---

① 这里需要说明的是,此节我们列举了许多其他语言的例子作为旁证,虽然不能取代汉语现象的演变及特征的分析,但可以用来帮助解释汉语同类现象存在的可能性。

(and I have no comment. 对所言信息不加评论,中立的态度。)

b. ya-vuzu ***ngo*** a-zaa-za

he-PAST-say **that** he-FUT-come

'He said that he'd come'

(but I have direct evidence which makes me doubt it. 有直接的证据使我怀疑"他要来"。)

c. ya-vuze ***kongo*** ya-zaa-za

he-PAST-say **that** he-FUT-come

'He said that he'd come'

(but I have indirect/hearsay evidence which makes me doubt it. 有间接的证据使我怀疑"他要来"。)

（引自 Givón 1982:30,例 10）

该语言中的上述三个标句词 ko,ngo 和 kongo 同时又是传信标记,主要用于表达对所言信息的态度,分别表示中立、有直接证据的怀疑和有间接证据的怀疑。其中第三种传信标记是由前两个标记组合而成的。遗憾的是,Givón 并未介绍 ko 和 ngo 这两个传信标记的来源,所以从其来源上我们暂时无法与汉语的"说什么"做比较,但是这种合成方式十分相像。

另一则例证是,Aikhenvald(2004)在讨论引语标记语法化为传信标记的时候,谈到葡萄牙语和南美西班牙语如哥伦比亚西班牙语和拉巴斯西班牙语(La Paz Spanish)等语言中的传信标记 *dizque*。下面是哥伦比亚西班牙语的对话例子①(他们在谈论哥伦比亚一些地区是如何危险):

(29) Rosario: y   eso,   ***dizque*** es   peligroso   no?
              and   this   **REP**   is   dangerous   no
              que   atracan   y   todo…   No?
              that they.attack   and   all   No

'And it, it is said to be dangerous, isn't it? They attack and everything. Don't they?'(据说很危险,他们会攻击他人,不是吗?)

David: de   noche,   parece   que   sí
       at   night   seems   that   yes

---

① 例(29)中 REP 表示 reported,是转引类传信语的简称。

'At night it seems that they do'(在深夜里好像才会攻击。)

Rosario:No， y que ***dizque*** hasta de día
　　　　 no and that **REP** during of day
'No, and that it is said that even during the day'
(不，据说甚至白天他们都会发起攻击。)

（引自 Aikhenvald 2004:141,4.60 例）

上例哥伦比亚西班牙语的传信标记 dizque 是由言说动词"说"和标句词加合而成的。这与西班牙语言说动词 decir/葡萄牙语言说动词 dizer＋标句词 que→dizque 类似，该词正在语法化为引语类传信标记，并且伴随有说话人对所言信息是否可靠的主观态度。

最后是 Jacaltec 语的例证，Craig(1977)在描写 Jacaltec 语的语法时，说到该语言的标句词之一 tato 具有表示被引信息不可靠的传信引申义，如上文例(17)，该词是由 ta 和 to 组成的合成词。其中，ta 和 to 都可以单独用作标句词，且都有对信息持不可靠态度的传信引申义，但它们只能单独使用，不能与合成式标句词连用①。举例如下：

(30) mataj　　naj　　 xinmaka　　***to***　　　hawuxtaj
　　 not is　　cl/he　　I hit　　　　**conj**　 your brother
'It is not him that I hit but (rather) your brother.'（我打的不是他而是你哥哥。）

（引自 Craig 1977:270,例 3a）

(31) cochne　　***to***　　 chuluj　　　ha'　　nab
　　 it seems　**that**　 will come　cl/the　rain
'It looks like it is going to rain.'（看上去将要下雨。）

（引自 Craig 1977:233,例 7）

---

① 据 Craig(1977:232—233)介绍，Jacaltec 语是允许两个标句词连用的，比如 chubil 和 tato 分别为表示对信息不信任和信任态度的标句词。但是，连用的次序有要求，一定是 chubil 在 tato 之前。从所给的用例可以看出，这两个标句词连用后也有对信息持弱信任态度的传信引申义。例如：

xintxumiloj　*chubil*　*tato*　hin　　　　kumal　　xal　　heb　　ix
I suspected　that　　that　　my　　　 criticism　said　　pl　　 cl/they
'I suspected that they (women) were talking about me.'（我怀疑那些人在议论我。）

（引自 Craig 1977:233,例 8）

（32） xwabe   ta   chulij   naj   hecal
     I heard that   will come cl/he   tomorrow
     'I heard that he would come tomorrow.'（听说他明天要来。）

（引自 Craig 1977:233,例 6）

（33） xal   naj   tato   chuluj   naj   presidente
     said   cl/he that   will come cl/the president
     'He said that the president was going to come.'（他说总统会来。）

（引自 Craig 1977:268,例 2a）

上面这些 Jacaltec 语的例子中,例(30)中的 to 还未语法化为具有传信功能的标句词,它只是连词;而例(31)中的 to 已经演变成具有传信功能的标句词了;例(32)ta 是标句词,但其来源我们尚不清楚;例(33)中的 tato 是由 ta 和 to 合成的表示被引信息不可靠的传信义的标句词。这里需要说明的是,作者只是指明了这些标句词具有传信功能,但它们本身是不是传信范畴标记,根据文献的介绍尚不清楚,或许该语言有另一套成系统的传信标记,亦或它们具有多功能性,同时担任了这两种功能。

下表 6-1 将 Rwanda 语、西班牙语/葡萄牙语、Jacaltec 语和汉语的合成类传信标记词的形成做了对比总结。这些合成类传信标记的构成方式十分相似。尤其是西班牙语/葡萄牙语和汉语,它们都是由言说动词和代词词汇化而成,都既具有表示信息的来源,又表达说话人对信息的态度的双重传信功能。

表 6-1 Rwanda 语、西班牙语/葡萄牙语、Jacaltec 语和汉语的合成类传信标记的形成对比①

Rwanda 语	西班牙语/葡萄牙语	Jacaltec 语	汉语
——	decir/dizer：言说 V	to：连词	"说$_V$"：言说 V
ko：C；Q 中立	——	to：C；E 怀疑	"说$_{COMP}$"：C；Q 中立
ngo：C；Q 怀疑(直接)	que：C；Q 中立	ta：C；E 怀疑	"什么"：C；Q；E 否定
kongo：C；Q；E 怀疑(间接)	dizque：C；Q；E 怀疑	tato：C；E 怀疑	"说什么"：C；Q；E 否定

这一节我们分析了汉语引语中言说动词"说"的多功能性,它既是引语标记,又是标句词,同时也是用于指明信息的来源和获取方式的传信标记;

---

① 表 6-1 中 C 表示 Complementizer(标句词);Q 表示 Quotative marker(引语标记);E 表示 Evidential(传信标记)。

然后讨论了疑问代词"什么"的性质和它表达主观态度的传信功能；最后在此基础上重点论证了用在引语中的"说什么"已经词汇化为一个传信标记词了。我们将"说""什么"和"说什么"的多功能性总结为下表6-2：

表6-2 "说""什么"和"说什么"的多功能性特点

功能	引语标记	传信标记		标句词
		信息来源	对信息的态度	
说_{COMP}	＋	＋	－	＋
什么	＋	－	＋	＋
说什么	＋	＋	＋	＋

6.4 结语

本章讨论了汉语中和引语相关的两个引述类传信语"人说"和"说什么"的由来。首先论证了北京口语中的"人说"是复合句的主句引导句经过重新分析,丧失其主句地位后经历词汇化,逐渐演变为既有引语功能又有传信功能的标记词。然后从汉语引语中的引语标记角度出发,认为语法化了的言说动词"说"具有多功能性:它既是引语标记,又是标句词,同时也是用于指明信息来源和获取方式的传信标记;还讨论了与其相关的结构"说什么"的传信功能,并且重点论证了用在引语中的"说什么"已经词汇化为一个传信标记词。另外,从跨语言的角度证明了上述发现。

在本章的论证中,我们借助了很多其他语言的例证,来试图挖掘汉语的传信标记形成过程中的共性特点。学者们提倡在语言的研究中要"例不十,法不立;反不十,法不破",这是确保论证可靠、合理的一条法则。虽然本研究中其他语言例证的数量还不够,但是我们希望在能力范围内能够寻求出汉语蕴含的语言共性规律。

第7章 从信息知晓看人称与汉语传信范畴在话语中的互动

7.1 引言

7.1.1 现象观察

在现代汉语中,有些句子在一般情况下不能单说,但是使用了传信语(或传信策略)后,句子就合法了。请看下面(1)a 和 b 两组例子:

(1) a. ＊你去商店了。——我去商店了。——他去商店了。
    b. ＊你去商店了。——听说你去商店了。——我看见你去商店了。——你应该是去商店了。

上面(1a)中,"你去商店了"要想独立成为陈述句似乎很难。要么是变为问句,可以成立,要么还需要后续句作为话语的延续,它才能成立。但是将其中的第二人称代词换成第一人称或者第三人称就没有问题。在(1b)中,依旧是"你去商店了"不成立,但是在第二人称不变的前提下,添加表示信息来源或信息获取方式的成分"听说""我看见"或者认识情态词"应该",它就合法了。

上述语言现象的观察引发下面的问题:为什么表示信息来源或信息获取方式的成分可以改变上述句子的合法性?人称的使用和传信语的使用有何关联?我们将带着这些问题展开研究。

7.1.2 研究设想

这一章主要考察汉语句子主语的人称和传信语使用之间的互动关联。从上文的现象观察中,我们发现第二人称主语和"了$_2$"的搭配使用有限制,而传信语的使用能帮助消除这种限制。因此,下文将以不同人称"了$_2$"句为平台来讨论汉语传信范畴在话语中的使用情况。首先定量分析人称和传信语在汉语"了$_2$"句中的使用情况;之后再从话主对信息的知晓度和权威性角度来解释不同人称和各种传信语搭配使用呈现出来的差异;最后是一点余论。本章将汉语传信范畴中的传信标记词和传信策略统称为传信语。

本章使用的语料分别来自如下三部分:一是北京大学中国语言学研究中心 CCL 现代汉语语料库;二是电视情景喜剧《我爱我家》台词;三是搜集的真实口语对话语料。下文引用语料时分别用 CCL、TV 和 TALK 表示以上不同的语料来源。

7.2 不同人称与传信语在话语中的使用情况考察

7.2.1 人称的使用情况

我们以北京大学中国语言学研究中心 CCL 现代汉语语料库中的部分语料作为统计对象。统计方法是用检索工具自动检索"了。""了!"[①],从检索的"了。""了!"中各选取了 1000 条,共 174827 字符(不计空格)。在这些语料中,有的例子含有多个"了$_2$",有的不是"了$_2$"用例,我们对此进行了人工统计和排除。有些句末"了"是"了$_1$"还是"了$_2$"尚有争议,在此未加区分,由于只是很少一部分,应该不会影响本章的研究。最终我们得到"了$_2$"句 1961 例。

据统计,在这 1961 例"了$_2$"句中,不同人称主语的使用频率不同。按照出现次数和百分比由低到高依次是:第二人称主语[②](119;6.1%)<第一人称主语(630;32.1%)<第三人称主语(1212;61.8%)。

第二人称主语出现在"了$_2$"句中的频率最低,在我们所考察的语料中仅占 6.1%。这与开篇初步观察到的语言现象一致。下文将会解释这一小部分第二人称主语在"了$_2$"句中的使用条件。相比之下,第三人称(1212 例)和第一人称(630 例)主语在"了$_2$"句中的使用频率要高很多,分别约是第二人称的 10 倍和 5 倍。

进一步观察发现,第二人称和第三人称所在的"了$_2$"句,它们传达的信息有很多是和第一人称话主"我"相关联的。具体统计数据如表 7-1。

---

① 其实,"了$_2$"的检索还可以通过"了,""了……""了?""了+嘛/啦"等语气词获得。本章的研究只检索"了。""了!",我们认为这足以说明要研究的问题。

② 这里我们统计的第二人称主语的使用频率包括省略第二人称代词的句子。如:(你)再不撤就出不来了。

表 7-1　第二、三人称所在的句子与第一人称的关联数量

第二人称与 第一人称关联	第二人称关联句数量	>11	>9.2%
	使用第二人称句的总数	119	
第三人称与 第一人称关联	第三人称关联句数量	>143	>11.8%
	使用第三人称句的总数	1212	

从表 7-1 中可以清楚地看到,在仅有的 119 例第二人称做主语的句子中,有 9% 以上的与第一人称相关联。而在第三人称做主语的句子中有 143 例以上是与第一人称相关联,占第三人称句总数的 11.8% 以上。这里所谓的"相关联"是说第二人称和第三人称句所传达的信息有很多都关涉到第一人称话主"我",都是与"我"相关的人、事等信息。这可以从句子的主语、宾语、状语、前后小句等看出。例如:

(2) 你们"害得"我们快要昏倒了!(CCL)(宾语)
(3) 我弟弟打架最厉害了,他是全班最顽皮的。(CCL)(主语)
(4) 他们再也容不下我了。(CCL)(宾语)
(5) 对我来说,他已经很好了。(CCL)(状语)
(6) 我本能地用手捂住胸口,对方却生气了。(CCL)(上文小句)

这里需要说明的是,我们统计的都是像上面(2)到(6)例那样,从语言形式上可以观察到的与第一人称显性的关联,但还有一些像下面例(7)那样是隐性的关联,因此在表 7-1 中相应的数据前使用了大于号(>)。

(7) 一退休没几个月就生了小孙女儿,小孙女儿三岁多了。(CCL)
　　(第一人称话主"我"的小孙女)

由此可见,在第二、第三人称做主语的句子中,其中有一些信息关涉到第一人称,要么直接与话主相关,要么与话主所知晓的人、事等间接相关。因此,从语义关联的角度讲,我们所考察的句子中很多都和第一人称话主具有高关联性。

7.2.2　传信语的使用情况

在汉语话语中,传信语在不同人称主语的句子中都有使用。但是,经过统计发现,不同人称主语句中传信语的使用频率不一样,详见下面表 7-2。

表 7-2　不同人称主语句中传信语的使用频率

第一人称主语句		第二人称主语句		第三人称主语句	
＋传信语	总数	＋传信语	总数	＋传信语	总数
57	630	8	119	140	1212
9.0%		6.7%		11.6%	

根据上表,不同人称主语句中传信语的使用数量和百分比由高到低依次是:第三人称主语句(140;11.6%)＞第一人称主语句(57;9.0%)＞第二人称主语句(8;6.7%)。可见,第三人称关涉他人信息的句子使用传信语的比例最高;而第二人称关涉受话信息的句子使用传信语的数量最低。

仅仅对不同人称句使用传信语数量的统计还不太能说明问题,我们还对不同人称句使用传信语的类型做了量化统计。按照第 4 章关于汉语传信范畴性质和概貌的讨论,我们在所使用的语料中搜集到了感官亲历、确认性、主观认识、证据推断和传闻听说这五类表达信息来源和可靠性的传信语。它们在不同人称主语句中的使用频率各不相同,如表 7-3 所示。

表 7-3　各类传信语在不同人称主语句中的使用频率

	第一人称	第二人称	第三人称	语言形式举例
感官亲历	17(29.8%)	3(37.5%)	4(2.8%)	感官动词
确认性	18(31.6%)	0(0.0%)	24(17.1%)	也许、我肯定
主观认识	7(12.3%)	1(12.5%)	29(20.7%)	认识、认知动词
证据推断	14(24.6%)	3(37.5%)	46(32.9%)	推理关系的复句
传闻听说	1(1.7%)	1(12.5%)	37(26.5%)	听说、据说

首先,"感官亲历(sensory experience)"①类传信语主要是指信息来源于话主感官的亲身经历,是通过"看见、听见"等感官动词(sensory verbs)体现的。例如:

(8) 你唱得非常投入,我看到你都流泪了!(CCL)
(9) 孩子们都在睡午觉,我听见客人来了……(CCL)

这一类传信语使用在第一人称主语句中最多,在第二、三人称中都比较少。虽然感官经历所感知体验的对象,不仅可以是关于自身的,还可以是关于

---

① 汉语中的感官动词有的已经语法化为表示主观认识的动词,比如"觉得、看"等,我们对这两类进行了区分,后者归入"主观认识"类传信语。

他人的,但是似乎第一人称主语句更偏爱使用这类传信语来表达所言信息是自己经历的,这可以加强信息的可信度。

"确认性"传信语是表达话主对信息可靠度(the degree of reliability)的评价的一类传信语,这一类传信语多是借用其他范畴,如认识情态范畴,来表达传信引申意义的传信策略①。它在汉语中主要由一些情态词和一些表示确认语气的施为动词(performative verbs)体现,如"也许、其实、可能、好像②、确信"等。例如:

(10) 木星上最为壮丽的奇景,大概要数众多的卫星了。(CCL)

(11) 这时我已经知道,或者说已经确信自己能去 NBA 了。(CCL)

这里的"确认性"有一个度的问题,有的是十分肯定、确信甚至不容置疑,有的只是一种个人不确定的估计。其中有些暗含了言者是通过推测获取信息的传信意义,比如表推测的认识情态词。在使用了传信语的 57 例第一人称主语句中,有 18 例使用的是"确认性"传信语。而在这 18 例中有 15 例是表示高度确认性的传信语,如"肯定、确信"等。在第二人称主语句中没有使用这类传信语的用例。而在使用了该类传信语的 24 例第三人称主语句中,有 11 例是表示高度确认性的传信语。有意思的是,这 11 例中大部分句子传递的都是和第一人称话主相关联的信息。如:

(12) 确切地说,我弟弟文凭太低、资历太浅了,这样的工作不适合他。(CCL)

(13) 奶奶那时候肯定在家里头了。(CCL)

再来看"主观认识(recognition)"类传信语。这类传信语表明信息来自话主自己的认识、想法等,主要是由认知类动词(cognition verbs)(如"想、意识、认为"等)和语法化了的感官动词(如"看、说、觉得"等)体现。例如:

(14) 我全力以赴避免失败,但我认为最重要的是我努力过了。(CCL)

(15) 但是我觉得他对某些问题没有谈透,而对某些问题似乎还抓不

---

① "确认性"传信语所表达的意义也离不开言者的主观认识,它与下面介绍的"主观认识"类传信语的差异在于:"确认性"传信语带有对信息可靠度高低的评价这一传信引申意义;而"主观认识"传信语强调信息源自说话人主观的认识和想法等。

② "好像"是一个跨类的传信语,除了可以表示确信程度不高,还可以表示证据推断。我们在统计时都根据具体的语境进行了区分。

住要领。(CCL)

从表 7-3 中我们可以看到,这类传信语在第三人称主语句中使用得最多,有 29 例,约占总数的 20.7%。而在第一人称和第二人称主语句中使用的数量不多,分别只有 7 例和 1 例。

接下来是"证据推断(inference)"类传信语。这里要强调的是有证据的而不是凭空推断。最典型的是具有逻辑推断关系的假设、因果类复句,它们分别是演绎推理和归纳推理,如"那么……""因此……"等。另外,该类传信语还可以通过感官推测(如"看上去、看样子"等)来体现。例如:

(16) 那天我拿到驾驶执照,因此我终于可以开自己的车了。(CCL)
(17) 我看了看车里的人,"泰森"和"熟人"都在,只有那个操着东北腔的瘦子没有上来,看来是"落选"了。(CCL)

据统计,这类传信语在第二人称主语句中使用得最多,占总数的 37.5%。其次是第三人称主语句中有近 33% 使用"证据推断"传信语。使用频率最低的是第一人称主语句,只有不到 1/4 的数量使用该类传信语。

最后是"传闻听说(hearsay)"类传信语。这一类信息不是通过话主亲身经历获得,而是来自他人的传闻或他人的经历,主要通过"××议论/发现/说"等语言形式体现。例如:

(18) 村里人纷纷议论张兴把妻子忘了!(CCL)
(19) 听说他到加州去见了另外一些经纪人。(CCL)

"传闻听说"类传信语在第一人称主语句中基本没有[①]。这是符合常理的,因为话主在获取关于自身信息时一般不需要来自他人,自己最知晓和自己相关的信息。相反,第三人称主语句中使用这类传信语比较多,有 37 例。这同样符合常理,因为话主对关于他人信息的获取,一般不可能亲身体验,最常见的方式就是间接听说等。

上面是以传信语类型为标准,来横向比较不同人称主语句使用不同传信语的多寡。下面简要地以人称主语为标准,来纵向小结同一人称主语句中传信语使用的差异。如下表 7-4。

---

① 这里之所以说"基本没有",是因为还有像"听说我昨天晚上说梦话了"这样的在第一人称句中使用"听说"这类传信语的情况。关于这一问题我们在后面第 8 章 8.4.2 小节"第一人称句中非亲历类传信语的使用与事件的非意愿性"中详细论述。

表 7-4　不同人称主语句中不同类型传信语的使用频率

第一人称	确认性	>	感官亲历	>	证据推断	>	主观认识	>	传闻听说
数量(57)	(18;31.6%)		(17;29.8%)		(14;24.6%)		(7;12.3%)		(1;1.7%)
第二人称	证据推断	/	感官亲历	>	传闻听说	/	主观认识	>	确认性
数量(8)	(3;37.5%)		(3;37.5%)		(1;12.5%)		(1;12.5%)		(0;0.0%)
第三人称	证据推断	>	传闻听说	>	主观认识	>	确认性	>	感官亲历
数量(140)	(46;32.9%)		(37;26.5%)		(29;20.7%)		(24;17.1%)		(4;2.8%)

7.3 信息知晓度与传信范畴在话语中的互动关系

7.3.1 信息传递者/接收者和信息知晓者的关系

我们打算在对不同人称主语句中传信语使用所表现出来的差异给予解释之前,先弄清楚信息传递者(话主)、信息知晓者、信息接收者(受话)与信息知晓度的关系,然后再来讨论信息知晓度与传信范畴在话语中的互动关系。

信息传递者/接收者和信息知晓者/未知者并不是对应关系。作为信息传递者的话主并不总是信息的权威知晓者,只有当信息关涉自己或是与自己有密切关系时,他才是真正的信息知晓者。同样,作为信息接收者的受话也并不总是被动接收未知信息,当话主的信息是关于受话的或者是一些常识性信息时,受话就是权威的信息知晓者。如下图 7-1 所示:

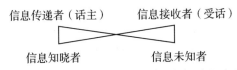

图 7-1　信息传递者/接收者和信息知晓者/未知者的关系

下面进一步举例说明话主、受话与信息知晓、信息共享的关系。例如[①]:

(20) a. 我今年 27 岁了。/我家有三口人。
　　 b. *我今年可能 27 岁了。/*听说我家有三口人。

---

① 文中未标明出处的例句为笔者自拟。

(21) a. ＊你要去美国了。/＊你妈妈去姥姥家了。
　　 b. 听说你要去美国了。/我看见你妈妈去姥姥家了。
(22) a. 医生对患者说：你可以出院了。
　　 b. 一位患者的朋友对患者说：＊你可以出院了。/听医生说你可以出院了。
(23) a. 话主仰头看着天空对受话说：今晚的月亮很圆。/＊今晚的月亮大概很圆。
　　 b. 一位中国人说：中国的首都是北京。/＊据说中国的首都是北京。

上面例(20)是关于话主自身的信息,话主是信息的权威知晓者,不能用不确定或者传闻听说的方式来传达这条信息。例(21)是关于受话的信息,受话"你"是信息的权威知晓者,话主在传递这条信息时一般需要交代信息来源。而例(22)涉及谁是信息的权威享有者,就关于患者病情的信息而言,虽然关涉到作为受话的患者"你",但是相比之下医生是该信息的权威享有者,因此(22a)不需要交代信息来源。若交际双方是朋友关系,就病情信息而言,朋友相对于患者来说不具有权威性,因此(22b)需要交代信息来源。(23a)是言谈双方共享的交际场景信息,(23b)是交际双方共知的常识信息,所以这两种情况中,话主和受话都是信息的权威知晓者。

基于上述对交际双方和信息知晓之间关系的认识,下文将以问答的方式对我们考察发现的不同人称句中传信语的使用差异给予解释。

7.3.2　对不同人称主语句中传信语使用差异的解释

7.3.2.1　为什么有些不使用传信语的第二人称主语"了$_2$"句也可以成立?

本章开头"你去商店了"这类第二人称句不成立,原因在于这则信息关涉的对象是对方而非自己。话主"我"对关涉听话人的信息一般不具有高知晓度,因此需要使用传信范畴来指明信息的来源(如"听说你去商店了"),从而能回答"我"有何证据断言说"你去商店了"。因此,按理说,不使用传信语的第二人称主语"了$_2$"句是不合法的。

但是,在我们统计的语料中,有一些没有使用传信语的第二人称主语"了$_2$"句也能成立。这主要是因为这里的第二人称"你"是和第一人称话主"我"相关联的,这在上文7.2.1有过介绍。下面通过真实口语例子来加以说明,如下例：

(24) 反正我们那,那老老太太就是脾气大,那会儿都,好那会儿都有脾气,不照这会儿工商户似的,好,儿媳妇都随随便便的。那会儿,都脾气大着呢。我乍一过门儿的时候儿,什么都不敢说。你要好比是住家去吧,这会儿走时候儿,还得给磕头。你(=话主"我")要好比结了婚以后哇,住家去了,住家去回头得先得给婆婆磕仨头给你几天是几天。说给你五天,你就得五天,你就得回来,你要不回来就不成。

(引自方梅2006)

(25) 当妻子的女人都这样儿,你(泛指,包括话主"我")下班回家晚了,她就不高兴了。(TALK)

上例(24)是媳妇在谈论自己的婆婆脾气很大,这不是好话。话主在表达关涉自己结婚以后出现的新情况时不用第一人称而用第二人称是有语用动因的。根据董秀芳(2005),这种用法是说话人在思想中脱离自身,用一个第二人称代词"你"的所指对象作为外在的被观察者,这样话主就对作为外在观察对象的自我降低了移情度。而例(25)中"你"是泛指任何一个丈夫,包括话主和受话,但从信息内容看,其实是话主的自身经历,这种经历他认为带有普遍性,于是用指称受话的"你"来拉近谈论对象"当妻子的女人"和受话的距离,以求得受话和话主的共鸣。可见,上述这些第二人称主语"了$_2$"句所表达的信息都是与话主相关的。

7.3.2.2 为什么第三人称主语句使用传信语的数量比第一人称多?

上文7.2.2中的表7-2显示,第三人称主语句中传信语的使用频率最高,其次是第一人称和第二人称。关于此,我们依旧可以从话主对信息的知晓度来解释。一般而言,关涉他人的信息对于话主来说是知晓度低的或未知的,除非该信息和自己相关联。说话要言之有据,不能断然说自己没有把握的话。因此,在第三人称主语句中常常会使用传信语说明信息的来源以及所言信息的可靠性,这也符合言语交际中合作原则的质的准则:不要说缺乏足够证据的话。下面分析几个口语材料来加以说明,例如:

(26) R:哪科考得不好?(笑声)

L:Mm,哪科考得都不好。最不好的就是,那个那个那个,咱先把窗户关上吧。

R:好吧好吧好吧(好)。其实,我觉得电工确实已经考得很简单了。我都会做。

L:哼=,你是看那么久肯定会做。我一晚上没睡光看那个。你知道吗,后来就是那天,完了之后,那个我下楼,不是送你吗,回来之后碰见Huor跟Xie Chen聊天儿呢。……(TALK)

(27) L:嗯,他们俩的贫可不一样,Cao Liang 那贫可烦死啦。整个一,哎呀,不说啦。Yang Yansheng 挺逗的。我,我第一次见着他,以前没见过他。

R:选修没见过?

L:没没仔细看。我一直觉得他长得那样,不是那样。昨天我一看,哟,挺像小姑娘儿的。

R:特好玩儿,<u>然后说如果我借他作业抄嘛,以后星期一来了,一周作业就可以搞定了。</u>(TALK)

上面两组对话中,例(26)话主 R 是站在自己的立场上来评价"电工"这门课程的考试难度的。R 认为"考试很简单"这条信息是自身亲历了考试后所言,是自己的真实感受,但是对于受话 L 来说则未必,因为从之前的言谈来看,L 这门课考得并不好,这门课对她来说有一定难度。所以,当话主 R 传递这则信息时,需要加上表示主观认识的传信语"我觉得"来阐明自己认为考试简单这一信息的依据,即是说话人亲身经历感受。同样,例(27)话主 R 不能毫无根据就说"一周作业就可以搞定了",话主之所以这么说是事出有因的,前面的"如果"假设条件句就是话主所言的依据,可见该信息是经过推理所得。

按理说,涉及第一人称主语的信息对话主来说应该是最具权威知晓性的,为什么它还会有那么多使用传信语来交代信息的来源或者是由信源暗示可靠性的用法呢?仔细观察表 7-3 会发现,第一人称主语句所使用的传信语大部分都是表示感官亲历、确认性和证据推断的,占 86% 之多。这些表示信息来源和获取方式的成分都是帮助话主增加信息可靠性的,这里不再举例说明,下文 7.3.2.3 会有讨论。

最后再来看第二人称的情况。在我们所考察的第二人称主语句中,大部分是感叹句和祈使句。感叹句是话主对受话的主观情感的表达和评价等,祈使句表达话主为强势权威的一方向受话发布命令。这些都和话主有密切关联,因此,话主对这些句子所传达的信息具有权威知晓性,一般不用传信语。若使用传信语则多使用表主观认识一类的,使主观情感、评价的表达比较委婉,例如下面两例:

(28) A:我课修完了,现在就是写就写毕业论文。

B:有机会出去还是好。

A:呃,在外面反正就是——是另外一种感觉。呃,<u>我觉得你还是应该出来</u>,反正到现在的感觉还是觉得外面反正不算白待。

B:就是啊,<u>我想最起码你在知识上和语言上根本就不会有任何</u>

问题了,过关了。(TALK)

(29) B:我天天就是上午上班,就是跟着主任啊,一起看病人。
A:诶,我觉得你这比当老师好几百倍了,而且你学一点具体的技术,到哪都行。
B:对。我觉得也是这样的。因为这个眼科,像我们这单位搞的显微眼科哈……(TALK)

前一例是话主 B 对受话 A 出国求学经历的认识和评价,句子前面用了表示主观认识的传信语"我想",使自己的评价认识更委婉;后一例是话主 A 对 B 目前职业的评价,同样使用了表示主观认识的传信语"我觉得"。这两例的传信语都可以去掉,不影响信息的交流。

还有一些第二人称主语句是陈述关于受话一方信息的,这时受话是信息的权威知晓者,因此,话主在传递这类关涉受话的信息时需要使用表信息来源的传信语,这样才不会违反语用合作原则中质的准则。例如:

(30) B:我上次碰到你弟弟了,他说你有孩子了,所以这一阵儿比较忙。
A:是啊,我一直没有给你们写信,乱七八糟一大堆事情。
B:我也没有。本来我想的那个给你写个信的,杂事情很多也比较忙。(TALK)

(31) 圆圆:我告诉您,我这速写啊是最快的,等到吃完晚饭啊我还准备画一张头像素描。
和平:不是,你打算画谁呀你?
圆圆:我无所谓呀,反正是你们中间的某一个……
(家人晚饭,圆圆吃完放下筷子,看众人,众人躲避)
圆圆:看样子你们是没有人自告奋勇给我当模特儿了,我先回屋准备准备,你们商量完了派个代表——别耽误我的宝贵时间。(TV)

上面两例,"你有孩子了"和"你们是没有人自告奋勇给我当模特儿了"都是关涉受话的。前一例对方生孩子了是听受话弟弟说的;后一例没有人愿意当模特儿了是圆圆看见大家躲避她而推断出来的。所以这两例分别使用了传闻听说类传信语"他说"和证据推断类传信语"看样子"。这两例中的传信语都不能去掉,去掉后显得很突兀。

7.3.2.3 为什么第一人称主语句偏爱主观传信语而其他人称偏爱客观传信语？

这里所谓的主观传信语和客观传信语是从我们搜集的语料所涉及的 5 类传信语类型来看的。从表 7-4 中可以看到，第一人称主语句偏爱使用"确认性"传信语；第二、三人称主语句则偏爱使用"证据推断"类传信语。

"确认性"传信语是表达话主主观上对信息可靠度的评价的，而"证据推断"类传信语是说信息的获得是通过客观证据推断而来的，这样就有了主客观之分。因此也就不难理解为什么不同人称主语句对传信语类型有不同的偏爱了。因为第一人称主语句所关涉的是话主自己的信息，虽然他自身就是信息的权威知晓者，但是仍然可以使用加强确信度的传信语来增加信息的可靠度。如上文例(11)，在此不再另举例说明。

而第二人称和第三人称主语"了$_2$"句偏爱使用"证据推断"类传信语，是因为它们所关涉的信息一般都是和话主不相关联或话主不太知晓的，需要通过一些证据推理获取。如例(32)：

(32) R：有，当然有啦。咱们，咱们那个考试不是说了，卷面儿不能就是有任何的那个，他可以说你这是做记号。
L：哦对啦，对对对对对对对对，想起来了。
R：要求可严啦！
L：卷面儿不能写东西，你可以在那个选择题那块儿写，对吧？
R：反正你就不能多一个字儿，你不能写。所以说呀，他很有可能平时做题做得太多了，拿出一道题就在卷子边儿上就写上了。你想，够快！肯定是。(TALK)

上例中，话主 R 所要传达的信息是要说明第三人"他"考试丢分的原因，但他不是该信息的权威知晓者，只能通过一些常识，比如谈话中提到的考试规则"不能在卷面上答题，否则会扣分"，以此作为证据来推断"他"考试丢分可能是因为在卷面上而未在答题卡上答题造成的。因此，话主 R 在此传递自己不知晓的信息时，应该使用表示因果推理的传信语来说明信息的来源。

7.4 余论

本章从信息知晓的角度出发，考察了人称和汉语传信范畴在话语中的互动表现。我们通过一定规模的语料，对不同人称主语句与传信语搭配使用的情况进行了定量分析,发现下列带有倾向性的规律:(1)第二人称主语句一般情况下应该使用传信语,用来表达说话人是通过何种方式知晓关涉受话人的信息的;(2)第三人称主语句使用传信语的数量要比其他人称多;(3)第一人称主语句偏爱主观传信语,而第二、三人称偏爱客观传信语。

上述规律都和信息的知晓度相关。原则上,当信息关涉说话人自己或是与自己有密切关系时,作为信息传递者的话主就是信息的权威知晓者;当话主所传递的信息是关于受话的时候,作为信息接收者的受话就是权威的信息知晓者;当话主所传递的信息是交际双方共享的时候,那么话主和受话都是信息的权威知晓者。

因此,回到本章开篇提出的问题,即为什么"你去商店了"要想独立成为陈述句似乎很难;但是将其中的第二人称代词换成第一人称和第三人称就没有问题,或者在第二人称不变的前提下,加上表示信息来源的成分就合法了,可以利用作为话主的"我"、信息关涉对象和交际双方对信息的知晓度之间的关系来回答。

我们认为,汉语的传信范畴还是一个语用范畴,或者说是广义的语义范畴,还没有语法化。它不像北美一些语言那样用具体的句法形态标记来表明"信息来源和可靠性",而只能通过一些词汇形式、句子类型或者借用其他语言范畴等手段来表达。之所以说汉语的传信范畴属于语用范畴,还因为它的使用与话语内容(语场:field)、交际方式(语式:mode)、交际双方的关系(语旨:tenor)等方面都有密切的关系①。

另外,我们认为从人称的使用来观照汉语传信范畴应该会有新的发现。说话人与所言信息关涉对象的亲疏有关,也就是与"信息的知晓度"相关。人称和传信语在真实交际中的配合使用情况能帮助我们对传信范畴有更深入的认识。因此,人称范畴是考察传信范畴在话语中使用的一个很好的角度。

最后,从研究方法上来看,基于一定规模真实语料的定量研究有助于我们对语言现象准确定性。就拿本章所涉及的研究对象来说,通过对一定数量真实口语的考察,可以从人称、信息传递等多角度研究汉语传信范畴在言语交际中的表现,它们之间的互动研究为我们动态考察传信范畴本身以及传信范畴与其他语言范畴的关系提供了有价值的视角。

---

① 关于语域理论中涉及的语场、语式、语旨三种变量,可参看 Eggins(1994)。

第8章　汉语认识情态词"应该"用于表达传信意义

8.1　引言

8.1.1　现象观察

在现代汉语中,有些语义范畴的表达是需要依靠和其他语言范畴的互动来实现的。比如,汉语一些词语的传信功能是在和情态、人称、体貌范畴的配合使用中得以表达的。请对比下列纵横12个例句:

	A	B	C
(1)	我去超市了。	你去超市了。	他去超市了。
(2)	我应该去超市了。	你应该去超市了。	他应该去超市了。
(3)	我应该去超市。	你应该去超市。	他应该去超市。
(4)	我应该是去超市了。	你应该是去超市了。	他应该是去超市了。

按照对例句的不同解读,我们对上面各例句的合理性做了如下归纳(下表中"?"表示有条件地成立):

表 8-1　例句解读分析

例句解读		A组	B组	C组
(1)对事件的断言		A(1):√	B(1):?	C(1):√
(2)	a.对事件可能性的推测(认识情态)	A(2):?	B(2):√	C(2):√
	b.对义务执行某事件的表达(道义情态)	A(2):√	B(2):√	C(2):√
(3)对义务执行某事件进行交代(道义情态)		A(3):√	B(3):√	C(3):√
(4)对所言事件信息来源及信度的表达		A(4):?	B(4):√	C(4):√

横向观察上面各例句可以看到,例(1)的三个句子的差别在于人称的不同。

若说话人是对"去超市"这个事件做断言的陈述,那么B(1)"你去超市了"要想独立成为陈述句似乎很难,除非是"你去超市了?"问句,或者是有后续成分。但是若将其中的第二人称代词换成第一人称和第三人称,变成A(1)和C(1)就没有问题。

例(2)的例句可以有两种解读。第一种解读a是关于认识情态上的,表示说话人对事件可能性的推测,B(2)和C(2)都没问题,但是当说话人是第一人称来表达该意义时,得有额外的含义。因为说话人对自己过去亲历的事件按理是不需要通过推测来判断的,除非对要遗忘的事件进行回忆,比如:"A:上上周今天的这个时候你在干什么?B:我应该去超市了。"第二种解读b是道义情态上的,是在道义上对义务地执行"去超市"这一事件行为的必然性或可行性的关注。比如,我们三个人约定每天轮流去超市买菜,说话人可以说"你应该去超市了,昨天和前天是我跟他去买的菜"。

例(3)的例句都应解读为道义情态意义,即说话人的所言能够对听话人的行为("去超市")直接起作用。比如说话人可以说"我/你/他应该去超市,怎么能让老人家自个儿去呢"。

例(4)的例句可以表达传信意义,即说话人对所言事件的信息是通过主观推测获取的;并且由该来源可以知道该信息所表达的情态的信度是中等的。对这一意义的解读,第二人称B(4)和第三人称C(4)两例都没问题。而第一人称A(4)句中,关涉自己亲历的事件信息却用的是主观推测中等信度的传信方式,可见这需要有额外的含义,这与A(2)的第一种解读相似。

上面是横向观察对比这些例句,下面再换个角度从纵向观察。之前观察到,B(1)做断言的陈述是不成立的,但若在其中添加或减少一些情态(如"应该、应该是")、语气或体貌(句末"了")成分,像B组纵向的(2)至(4)例那样,亦可成立。

将例(3)和例(2)的第一种解读a纵向相比,在语言形式上前者比后者少了位于句末的体貌成分"了"。在语义上,前者是对即将实施的事件行为的必然性或可行性的关注;后者是对已发生的事件信息或然性的主观推测,这与例(4)相当。这两者的差别既体现在情态上,又体现在体貌和传信功能上。

另外值得注意的是,例(2)在意义上的两种解读都对应着一种语言形式,那么其句末"了"在这两种解读中是否相同?纵看例(4)和例(2),在语言形式上只有"是"这一字之差。但是,例(4)表达传信意义,而例(2)的b类解读则没有传信意义。

8.1.2 问题提出

我们在上节中尽可能全面地观察分析了纵横 12 例句子在语法形式和意义上的异同。与汉语传信意义的表达有密切关系的问题有如下几个：

（一）汉语的认识情态和传信范畴所表达的意义有关联，能否说汉语认识情态的表达方式同时承担着传信功能？比如，上例中的情态助词"应该"是否具有传信功能？另外，不同类型的情态范畴和传信范畴的关联是怎样的？

（二）传信范畴的核心意义是表明所言信息的来源和获取方式。理论上说，关涉到说话人自身亲历的事件信息应该是一手信息，应该使用亲历型的传信方式，但有时会使用非一手信息的传信方式，原因是什么？比如上例 A(2)的第一种解读和 A(4)都使用了"主观推测"类传信方式。

（三）当说话人所言的事件信息是关于他者（第二或第三人称）时，例 B(1)的第二人称句不能说，除非添加表达传信意义的成分；而例 C(1)的第三人称句没有问题。这是为什么？

（四）事件信息本身的体貌意义对传信范畴的表达也是有影响的。比如例(2)的第一种解读 a 和例(4)与例(3)的主要差异在于体貌成分"了"的有无，而相应地也对应于传信功能的有无。可见，汉语传信范畴和体貌范畴之间的关联也需要合理的解释。

人类语言的传信范畴、时体范畴和情态范畴等是相互独立、自成系统的，它们还具有映射性联系的特点（参看张伯江 1997）。下文将根据上述语言现象的观察和相关问题的提出，分别讨论汉语传信范畴与情态、体貌和人称范畴的互动关联，进一步探讨汉语传信范畴的本质，并展示该范畴是如何与其他相关语言范畴配合使用来实现传信功能的表达的。

8.2 汉语可以借助认识情态来表达传信意义

在本书的前四章，尤其是第 4 章中，我们介绍了传信范畴和情态范畴的瓜葛。从以往的研究（Palmer 1986/2001；Frajzyngier 1985；Willett 1988；Bybee，Perkins and Pagliuca 1994 等）来看，学者们都未真正厘清这两个范畴之间存在联系的具体表现和内在原因。下文将从语义、句法的角度来讨论汉语传信范畴和认识情态之间的关联互动。

8.2.1 传信范畴与认识情态含义的异同

本书第 4 章已经对传信范畴的含义进行了讨论，其核心意义是指说话人对所言信息的来源和获取方式的交代。除此之外,它还包括暗含在信息来源和获取方式中的对信息可信度的表达。比如言者对所言信息的来源和获取方式可以是亲见的(visual)、根据一些证据推断的(inference)或者是转引的(quotative)。一般看来,这三类信息来源和获取方式暗含了信息可靠性的依次降低。而认识情态强调的是说话人的认识,它主要是指言者对所述命题的承诺(commitment),这一"承诺"表现在说话人对命题所承载信息的可能性或必然性的态度上。

由传信范畴和认识情态的含义可以看出,这两个范畴的相似点在于它们都关注"证据(evidence)",传信范畴强调说话人要"言之有据";而认识情态体现的说话人对所言信息可能性高低或必然性强弱的判断也是基于证据的。另外,不同的证据暗含了信度的高低,因此,这两个范畴也都表达"可靠性(reliability)"这层意思。

虽然这两个范畴都涉及"证据",但是它们在处理"证据"的方式上不尽相同,这体现了传信范畴和认识情态的差异。前者只是将所言信息的证据(来源和方式)相对客观地展现出来,即有某类证据能让我说出这样的话来,能回答"何出此言"这类问题;而认识情态是要表明说话人对所言信息可能性或必然性的态度,态度的评价是说话人根据某些证据在主观上给予信息的。例如:

(5)小张∅在家,因为他家的灯亮着。　　　信　证
(6)小张<u>一定</u>在家,因为他家的灯亮着。　度　据
(7)小张<u>应该</u>在家,因为他家的灯亮着。　递　相
(8)小张<u>可能</u>在家,因为他家的灯亮着。　减　同

上面例(5)—(8)都表达相同的命题,即前一分句"小张在家",并且言者都有着相同的证据,即后一分句"他家的灯亮着"。但是,在相同的证据下,言者对所言命题的态度各不相同。例(5)的前一分句中没有使用情态词(或者说使用了零形式情态词),可它反映了言者对命题最肯定的态度。而例(6)—(8)的前一分句分别使用了"一定""应该"和"可能",它们反映的说话人对命题所承载信息的可能性的态度呈递减趋势。这正如 Halliday (1985/1994)在谈到语言情态问题时说到的,即使是高值的情态词也不如极性形式(不加任何情态词)那么确定(determinate),因为只有当你不确定时,你才会想着使用情态词来表达对命题的主观态度。

言者在面对相同的证据时,对命题的信度会做高低强弱不同的判断,可见,认识情态所表现的言者基于证据而赋予所言信息的承诺度(the degree of commitment)或信任尺度(the confidence measure)是具有主观性的。

总之,从语义的角度看,传信范畴和认识情态都涉及"证据"和"信度"两个要素。前者强调相对客观地交代证据,不同证据所反映的信度可以看作是传信范畴的引申义;后者强调言者的态度,而态度的评价是基于某类证据的。这两个范畴意义上的关联,使得没有语法化形态标记的汉语传信范畴可以借用认识情态来表达传信意义。认识情态是汉语传信表达的策略之一。

8.2.2 用于表达传信意义的情态范畴类型的鉴别

在各种不同类型(认识、道义、动力等)的情态范畴①中,认识情态之所以能够成为汉语传信表达的一种策略,除了它在意义上和传信范畴有关联之外,还在于它们在句法表现上具有相似性,而它本身又与其他类型的情态范畴具有相异性。这一小节将以情态词"应该"为例,分别用否定和强调这两种语法鉴别手段来分析讨论"应该"的多义性,以及它作为认识情态词的时候与传信范畴在句法上的相似性。

8.2.2.1 鉴别手段之一:否定

否定这一语法鉴别手段的作用主要表现在两个方面:一是能够帮助分辨"应该"属于哪一类情态范畴,是认识情态还是道义情态;二是否定词在句子中的辖域可以帮助发现认识情态和传信范畴的相似之处。

(一)否定可以消解情态词"应该"的多义性

情态词"应该"既可以表达认识情态,又可以表达道义情态。前者是说话人从主观上推断事件有较大的可能性,其核心意义是"盖然(probability)";后者是说话人发出义务,要求听话人使句子表达的事件成为事实,其核心意义是"义务(obligation)"。(参看彭利贞 2007;徐晶凝 2008)情态词"应该"的多义性对应于例(2)的 a 和 b 两种解读,再次呈现如下例(9):

(9) a. 对事件可能性的推测　(认识情态:可能性)
　　 b. 对义务执行某事件的表达　(道义情态:义务性)

(A)否定可以使多义情态词"应该"单义化

当否定算子和具有多义性的情态词搭配使用时,可以把其中的某个意

---

① 关于情态范畴的类型,不同的学者有不同的分类体系,关于这方面的详细介绍可以参看彭利贞(2007)和徐晶凝(2008)等。

义过滤掉,使多义情态词单义化。(参看汤廷池 1976;彭利贞 2007)根据例(9)我们可以对情态词"应该"的否定做如下两种解读:

(10) a. 对事件可能性的否定推测　　(认识情态:可能性)
　　　b. 对义务执行某事件的否定　　(道义情态:义务性)

上述这两种解读分别对应下例(11)中的两个例子:

(11) a. 外面下大暴雨了,<u>他应该不去超市了</u>。　(认识情态:可能性)
　　　b. <u>他不应该去超市了</u>,按约定今天轮到你了。　(道义情态:义务性)

在此通过添加否定词"不"消除了"应该"的情态歧义。在情态词"应该"之后加上否定词"不",如例(11a),此时的"应该"只能表达认识情态意义,即说话人从主观上推断"他不去超市"事件有中等强度的可能性;在情态词"应该"之前加上否定词"不",如例(11b),此时的"应该"只能表达道义情态意义,即说话人发出要求让"他"不执行"去超市"这一行为。

可见,通过否定词在不同的句法位置上与情态词"应该"的搭配使用,可以帮助厘清该情态词的多义性。当否定词位于"应该"之后时,"应该"应解读为对否定性命题所描述的事件做较大可能性的主观推断,这里的否定是命题的否定;当否定词位于"应该"之前时,"应该"应解读为道义情态,它和否定词一起表示对执行命题所述行为义务性的否定。通过否定手段对情态词"应该"的多义解读分别概括如下:

(12) 应该(认识:可能性)＋[否定＋命题]:否定命题;对否定命题所述事件可能性的推断

(13) 否定＋[应该(道义:义务性)＋命题]:否定情态;对执行命题所述行为的否定

(B) 否定消除多义情态词"应该"歧义的局限

上文已经讨论了,当否定词用于情态词"应该"之前时,"应该"为道义情态。但是,下面例(14)可以有例(14a)和(14b)两种语境下的解读:

(14) 他不应该去超市。
　　　a. <u>他不应该去超市</u>,今天轮到你去了。
　　　b. 天都已经黑了,外面又下雨,这会儿<u>他不应该去超市</u>,应该在家才是。

按照上面(13)总结的规则,例(14)应该理解为(14a)语境中"应该"呈现的道义情态。但是,我们发现它还可以理解为(14b)语境中"应该"呈现的认识情态,它表达说话人基于某些证据,从主观上对"他去超市"这一事件的可能性做否定推断。

再来比较下面两例与上面例(14)的差异:

(15) 你<u>不应该</u>去超市。
(16) 他<u>不应该</u>去超市<u>了</u>。(他不应该去超市了,这次该你去了!)

例(15)较之例(14),只是人称的不同,但是,使用第二人称的例(15)中的"应该"只能解读为道义情态;例(16)和例(14)相比,前者多了体貌标记"了",也只能理解为道义情态。可见,虽然例(14)的否定词用在情态词"应该"之前,但并不保证其中的"应该"只能解读为道义情态,还需要例(15)和(16)中诸如人称、体貌标记"了"等要素来保证情态词意义解读的唯一性。因此,否定对多义情态词"应该"的消歧具有局限性,上面规则(13)是有例外的。下文会谈到"了"和人称与作为传信策略的认识情态词"应该"的关联。

(二) 认识情态词"应该"的否定域和传信范畴的否定域是一致的

(A) 情态词"应该"的否定域考察

上文分析了认识情态的"应该"和道义情态的"应该"在否定形式上表现出来的差异。认识情态词"应该"如下 D 组例子,先否定①命题(17D)成为(18D),然后再对(18D)中否定命题所述事件的可能性进行推断成为(19D);而道义情态词"应该"如下例 E 组中,先表达对执行命题(17E)所述事件的义务成为(18E),然后再对执行命题所述事件的义务进行否定成为(19E)。如下所示②:

D		E	
(17) 他去超市了。	P	他去超市了。	P
(18) 他<u>没/不</u>去超市了。	N+(P)	他应该去超市了。	M+(P)
(19) 他应该<u>没/不</u>去超市了。	M+(N+(P))	他<u>不</u>应该去超市了。	N+(M+(P))

一个使用中的句子或小句由两部分内容组成,即表达基本的客观语义信息

---

① 关于否定词"不"和"没"的差异,许多学者都有很好的研究。详细请参看:吕叔湘(1942);石毓智(1992,2001);郭锐(1997);沈家煊(1999);戴耀晶(2000);聂仁发(2001);宋永圭(2007);彭利贞(2007)等。本章在考察情态范畴和传信范畴的否定时对这两个否定词不做区分。

② 此处例(17)—(19)和下例(33)—(35)中大写字母 P,N,M 和 E 分别为命题(Proposition)、否定词(Negative)、情态词(Modal)和传信语(Evidential)的简称。

的命题和在命题之外表达说话人观点和态度等主观语义信息的情态成分。由上述分析和D、E两组例子可以看出:含有认识情态词"应该"的句子的否定是对命题的否定,否定域位于情态之内,是内部否定,即"应该_{认识情态}＋否定词＋命题",此时的"应该"具有表推断的传信意义;而含有道义情态词"应该"的句子的否定是对情态本身的否定,否定域位于情态之外,是外部否定,即"否定词＋应该_{道义情态}＋命题",此时的"应该"没有传信意义。可见,表达认识情态的"应该",其否定域是在它情态域之内的。换言之,"应该"的认识情态域在其否定域之外。

(B) 传信范畴的否定域考察

这里要考察的传信语都是指专职传信语,而非传信策略。比如下面这三组传信语,它们的核心功能就是用于指明其后信息的来源或获取方式。

(20) 传说;据说;据闻;据悉;据传;耳传;谣传;听闻;耳闻;风闻……
(21) 据××说;据××报道……
(22) 说什么;说是;人说……

第(20)—(22)例都是引述传闻类的传信语。其中,第(20)例从词汇形式本身看不出信源,只表明信息的获取方式;第(21)例都是插入语,其中包含有信源;第(22)例都是固化结构,只有"人说"从语表上可以看出信源①,其他两个有时可以在入句后找到信源。它们虽然存在一些差异,但有一个共同点是都不能被否定。例如:

(23) *不/没[传说;据说;据闻;据悉;据传;耳传;谣传……]
(24) *不/没据××说;*不/没据××报道;*据××不/没说;*据××不/没报道……
(25) a. *外面有人议论,<u>不/没说什么</u>中国的政策是不是又要改变……
   b. *许多人一次买了五六本,<u>不/没说是</u>要带回去给没来的亲朋好友。
   c. *我说我陪你进去一块儿也听听,<u>不/没人说</u>门口儿要两块钱,那我不进去了。

如果要否定,只能对传信语后面引介的信息进行否定,如下面各例:

---

① 传信语"人说"的信源所指是有差别的,这里的"人"可以是上文确指的某个人,也可以是不确指的某个人。详细的讨论请参看第6章。

(26) 据说许多城堡不设北门就意味着不为北方来的威胁设门铺路。(CCL)
(27) 据《现代快报》报道很多保健用品店没有办理任何许可经营的证件。(CCL)
(28) 说是一天没吃饭叫了人家"大爷",人家才给了一口饭汤喝。(CCL)

通过上述对带有传信语句子的否定形式的考察,我们发现传信语能引介否定性的信息,即"传信语+否定性信息";而不能对传信语自身进行否定,即"*传信语的否定+所言信息"。因此,带有传信语的句子的否定是在传信语的辖域之内,换言之,传信域在否定域之外。这和具有推测意义的认识情态词"应该"的否定域是一致的,见图 8-1①。

```
认识情态   +   所言命题      传信语    +   所言信息
  |               |               |              |
(*Neg)         (√Neg)         (*Neg)         (√Neg)
```

图 8-1　认识情态词和传信范畴的否定域

8.2.2.2　鉴别手段之二:强调

在句中某个适当的位置添加焦点标记"是",可以起到强调某部分信息的作用。"是"和情态词搭配使用可以帮助分辨"应该"是属于认识情态还是道义情态。另外,通过考察焦点标记"是"在句子中的强调辖域,可以发现认识情态和传信范畴的相似之处。

需要说明的是,这里和"应该"搭配使用的"是"可以理解为一个"词内成分",依附于之前的"应该",融合为"应该是"一个单位,这一个单位的两个成分之间没有语音停延,"是"在语音上也弱化了,是轻读的。(参看董秀芳 2004)还可以将"是"理解为焦点标记,此时它与其前成分之间可以有语音停延,需要重读表示强调。在此,我们用后一种具有强调作用的焦点标记"是"来考察"应该"作为认识情态词和道义情态词在句法上的差别,以及认识情态词"应该"和传信语在句法上的一致性。

(一) 强调可以消除情态词"应该"的多义性

从上文引言中,可以看到例(4)和例(2)只有"是"这一字之差。但是,有"是"字的例(4)中,"应该"只有认识情态这唯一的解读;而没有"是"字的

---

① 图 8-1 中 Neg 是"否定(Negation)"的简写形式;(*Neg)和(√Neg)分别表示不能否定和可以否定。

例(2)中,"应该"既可以表达认识情态,又可以表达道义情态。例如:

(29) 他应该去超市了
    a. 购物袋不在家,他应该去超市了。(认识情态)
    b. 他应该去超市了,昨天是我去的,今天该轮到他了。(道义情态)

但是,如果在例(29)中"应该"的前或后加上具有强调功能的焦点标记"是",则可以帮助消除例(29)的多义解读。如例(30):

(30) a. 他应该是去超市了,车和购物袋都不在家。(认识情态)
    b. 他是应该去超市了,若再让我们两位老人去就太不像话了。(道义情态)

例(30a)中将有强调功能的"是"用于情态词"应该"之后,此时的"应该"只表达认识情态;而例(30b)中将具有强调功能的"是"用于"应该"之前,那么"应该"只表达道义情态。因此,"应该是"是对命题所述事件进行肯定推断的强调,强调的是命题;而"是应该"是对执行命题所述行为的义务性的强调,强调的是道义情态。分别概括如下:

(31) 应该(认识:可能性)＋[强调＋命题]:强调命题;对命题所述事件的肯定推断的强调

(32) 强调＋[应该(道义:义务性)＋命题]:强调情态;对执行命题所述行为的义务性的强调

(二) 认识情态词"应该"的强调域和传信范畴的强调域是一致的
(A) 情态词"应该"的强调域考察

上文已经分析了认识情态词"应该"和道义情态词"应该"在强调手段上表现的句法差异。前者如下面F组的例子①,先对命题(33F)"他去超市"这件事情的可能性进行推测,通过添加认识情态词"应该"生成为例(34F),再对命题所述事件的肯定推断进行强调,通过在"应该"后加"是"实现为例(35F)。而对道义情态"应该"的强调如下面G组例子所示,先通过添加道义情态词"应该"生成例(34G),表达执行例(33G)中命题所述行为的义务性,再通过用"是"与"应该"的前项搭配使用[如例(35G)]来实现对执行命题所述行为的义务性的强调。

---

① 例子中大写字母C是表肯定的判断系词(Copula)的简称。

	F		G	
(33) 他去超市了。		P	他去超市了。	P
(34) 他应该去超市了。		M+(P)	他应该去超市了。	M+(P)
(35) 他<u>应该</u>是去超市了。	M/E+（C＋(P)）	他是<u>应该</u>去超市了。	C+(M+(P))

由上述分析和 F、G 两组例子可以看出：对含有认识情态词"应该"的句子的强调其实是对命题的强调，强调域位于情态之内，是内部强调，即"应该认识情态＋强调词＋命题"，此时的"应该"表推断的传信意义；而含有道义情态词"应该"的句子的强调是对道义情态本身的强调，强调域位于情态之外，是外部强调，即"强调词＋应该道义情态＋命题"，此时的"应该"没有传信意义。可见，表达认识情态的"应该"的强调域是在它情态域之内的。换言之，"应该"的认识情态域在强调域之外。

(B) 传信范畴的强调域考察

像上文 8.2.2.1 考察传信范畴的否定域一样，我们来考察上文例(20)—(22)三组引述传闻类传信语的强调域。在信息的表达中，这三组传信语不能通过添加"是"被强调。例如下面各例：

(36) *<u>是据说</u>，有些大仙人掌的寿命可达数百年。

(37) *<u>是据国家电台报道</u>，救援人员 31 日发现了 11 名幸存者。

(38) *我问一问过路的人，说这是打仗的地方儿吗？<u>是人说</u>打得最激烈的在前边儿。

下面例(39)和(40)中的"据说"和"据……报道"可以用"是"来强调，但它们并不是传信语，并没有指明(39)和(40)这两条信息的来源，而是用于指明这两条信息中所关涉的"事件"和"新闻"的来源。例如：

(39) 这件事情是<u>据说</u>而非他亲历的。

(40) 这则新闻是<u>据央视新闻报道</u>的，而不是杜撰的。

如果要强调，只能对传信语后面引介的信息进行强调，如下面各例：

(41) <u>据说</u>，有些大仙人掌的寿命是可达数百年。

(42) a. <u>据国家电台报道</u>，是救援人员 31 日发现了 11 名幸存者。
  b. <u>据国家电台报道</u>，救援人员是 31 日发现了 11 名幸存者。

(43) 我问一问过路的人，说这是打仗的地方儿吗？<u>人说</u>打得最激烈的是在前边儿。

通过上述对传信语所在句子的强调形式的考察,我们发现传信语能引介被强调的信息,即"传信语+强调的信息";而不能对传信语自身进行强调①,即"*传信语的强调+所言信息"。因此,带有传信语的句子的强调是在传信语的辖域之内,换言之,传信域在强调域之外。这和具有推测意义的认识情态词"应该"的强调域是一致的,见图 8-2②。

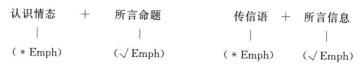

图 8-2 认识情态词和传信范畴的强调域

8.2.2.3 小结

（一）认识情态词"应该"与传信范畴在句法、语义上的相似点

从语义的角度看,传信范畴和认识情态都涉及"证据"。前者强调说话人对所言信息的证据做交代;后者是在对某类证据评价的基础上强调说话人对所言信息的态度(如信度)。可见,这两个范畴在意义上具有相似的关联。

从句法的角度看,具有推测意义的认识情态词"应该"所在句子的否定域和强调域都在认识情态的辖域之内,换言之,认识情态域在否定域和强调域之外。而带有传信语的句子的否定域和强调域也都是在传信语的辖域之内,换言之,传信域也都是在否定域和强调域之外。可见,认识情态词"应该"与传信范畴的否定域和强调域是一致的,而与道义情态有差异。如下表 8-2 所示:

表 8-2 认识情态和传信范畴在句法表现上的相似之处

比较项目	内部否定	外部否定	内部强调	外部强调
道义情态	−	+	−	+
认识情态(推测)	+	−	+	−
传信范畴	+	−	+	−

正是由于这两个范畴在上述句法、语义方面的相似点,没有语法化形

---

① 这里,不考虑重音的强调手段,比如将"据说,有些大仙人掌的寿命可达数百年"中的传信语"据说"重读用以强调后面信息的获取方式。

② 图 8-2 中"Emph"是"Emphasis(强调)"的简写形式;(*Emph)和(√Emph)分别表示不能强调和可以强调。

态标记的汉语传信范畴可以借用认识情态来表达传信意义。因此,认识情态是汉语传信表达的策略之一。

(二) 情态词有演变为传信语的潜力

不同类型情态范畴意义的发展存在类型学上的共性(Traugott 1989):它们沿着"动力＞道义＞认识"的路径发展,这条路径在历时和发生学上都得到了验证(参看 Goossens 1985;Shepherd 1993;Bybee and Pagliuca 1985 等)。这条关于情态范畴语义演变链条的每一截都有可能演变为传信范畴的成员①。这可以在荷兰语、丹麦语、德语中找到。例如:

(44) 荷兰语:(认识情态＞传信范畴)
Het ***moet*** geen geode film zijn.
It must.3SG.PRES not.a good movie be.INF
'It is said not to be a good movie.'

(De Haan 1997:151)

(45) 丹麦语:(道义情态＞传信范畴)
Peter ***skal*** være en dårlig forsker.
'Peter is said to be a poor researcher.'

(Palmer 1986:72)

(46) 德语:(道义情态＞传信范畴)
Er ***soll*** steinreich sein.
'He is said to be extremely rich.'

(Palmer 1986:72)

上述三种语言的"传闻听说"类传信语 *moet*、*skal* 和 *soll*(be said to be),原

---

① 这里可能会有如下相关问题:既然这条关于情态范畴语义演变链条的每一截都可能演变为传信范畴的成员,为什么汉语的道义范畴和传信表达的句法会有显著差异?按照意义的理解,认识情态应该是最容易发展成传信范畴的,为什么有些语言的动力或道义范畴能越过认识范畴这一步发展成传信范畴?汉语中却没有?首先,从搜集的语言材料来看,由动力或道义情态发展为传信范畴相对少见:由动力情态演变为传信范畴(非亲见的感官)有阿卡语一例;由道义情态演变为传信范畴("传闻听说"类)有丹麦语和德语两例。认识情态发展为传信范畴是更普遍的。另外,关于动力情态发展到传信范畴,笔者根据该情态的语义特点做了如下猜测,但未经证明:动力情态强调的是小句参与者的能力,一般来说,该情态应该是谓第一论元或对事件起控制作用的参与者(通常是施事)具有的属性。但是,当小句所述事件中拥有能力的并不是主语而是一个没有显现的控制性参与者时,其中的动力情态词就有可能演变成非亲见的传信范畴。道义情态演变为传信范畴的机制和动因,还有待于考察更多的相关语言。这些都是值得我们继续深入研究的课题。

来都是情态动词,分别对应英语的 must,shall① 和 shall。例(44)荷兰语的 moet 和否定词搭配使用原本表示一种对命题所言事件否定推断的认识情态意义,如 Het **moet geen** geode film zijn.['It **must not** be a good movie.(这肯定不是一部好电影。)]后来 moet 的认识情态意义的解读已经被"传闻听说"类传信意义的解读所取代。而例(45)和(46)中,丹麦语和德语的"传闻听说"类传信语分别是由道义情态词 skal 和 soll 演变而来。

另外,根据 Frachtenberg(1922:388)的研究,美国俄勒冈州的北美库斯语(Coos)中,表推测的传信语 cku 是由两个表示认识情态的词语 cə(表超预期的:slight surprise)和 ku(表怀疑的:dubitative)合成的:cə + ku → cku(认识情态＞传信范畴)。Schlichter(1986:50)报道了温图语(Wintu)中表示引用的传信语-ke(le)-来自 *kEl(maybe),这也是由认识情态到传信范畴的演变。而阿卡语(Akha)非亲见的感官传信标记-nja 是由动力情态词 nja(able to)发展而来(参见 Thurgood 1986:218)。

从上述其他语言的例证可以看出,传信范畴的来源之一是情态范畴。在这些语言中,某种类型的情态词已经语法化为传信语了,之前的情态意义已不复存在。这样看来,不同类型情态范畴意义的演变链可以进一步跨范畴发展为传信范畴的某类成员:情态范畴[动力＞道义＞认识]＞传信范畴。上文讨论了汉语认识情态词"应该"具有传信功能,虽然它目前还属于情态范畴,鉴于它在句法、语义上和专职的传信语具有一致性,我们猜测它有潜力和可能演变为传信语。正因如此,在完全语法化为传信范畴的成员之前,还只能将它称为传信策略。

8.3 体貌标记"了"在传信表达中的作用

上文引言中已经指出了例(2)—(4)的主要差别在于:例(3)末尾没有体貌标记"了",并且只能理解为道义情态;而例(2)和(4)句末都有体貌标记"了",都可解读为具有推测类传信意义的认识情态,并且这是例(4)的唯一解读。可见,体貌标记"了"和推测类传信范畴是有关联的。因此,这一节首先回顾、梳理体貌范畴和传信范畴关联的已有研究,在此基础上分析讨论体貌标记"了"在认识情态词"应该"表达推测类传信功能中的作用。

---

① 情态助词 shall 用于第三人称时,表示道义情态,是说话人表达某人执行命题所述行为的义务。例如:He *shall* stay in bed.(他必须躺在床上。)

8.3.1 体貌范畴和传信范畴关联研究的回顾

从已有研究来看,学界讨论最多的是完成体①和推测类传信范畴之间的关联②。根据 Comrie(1976)的研究,完成体表达的意义是过去发生的整个事件现在无法展现,只是和现在某一状态有关联,而表推测的传信义是现在无法呈现过去发生的事件,但可以从其遗留的不那么直接的行为结果(some less direct result of the action)推知。其实在 Comrie(1976)之前,Serebrennikov(1960)和 Lytkin and Timušev(1961)都对这两个范畴之间的相似关联给予了解释③。像土耳其语、保加利亚语、爱沙尼亚语(参看 Comrie 1976)和格鲁吉亚语(参看 Comrie 1976;Harris and Campbell 1995)中完成体范畴和推测类传信范畴之间都有密切的关联。

另外,和完成体意义相近的结果体(resultative)以及属于完成体小类的经历体(experiential perfect),也都与推测类传信范畴有关。在有些语言中,像 Agul 语(Maisak and Merdanova 2002)和 Newari 语(Genetti 1986)④,它们的结果体或者结果义完成体(resultative perfect)⑤所表达的传信意义,是说话人根据事件发生后的结果状态进行推测而获取的信息。Chappell(2001)认为,根据语义特点应该将汉语的经历体标记("过")重新归为传信标记,其传信意义是表达说话人对之前发生事件的肯定性推测。这种肯定性可以来自说话人的直接观察和认识,也可以是从可观察的结果状态推知的。

---

① 根据 Comrie(1976),"完成体(Perfect)"和"完整体(Perfective)"是两个不同类型的体范畴,但是从笔者查阅的已有研究来看,有些学者将这两个术语混淆使用。从他们的论述看,有些使用"完整体(Perfective)"术语的地方其实应该是"完成体(Perfect)"。
② 本小节关于体貌范畴和传信范畴关联研究的回顾,只梳理介绍完成体和推测类传信范畴关联的已有研究。因为,这与下文要讨论的汉语的体貌标记"了"和推测类传信范畴的关联互动很有关系。除此以外,据 Dahl(1985)的研究,有7种语言的完成体承载着表达引证类(quotative)传信范畴的功能,即 Beja(贝扎语,东北非苏丹民族的语言)、Quechua(盖楚瓦语,一种南非印第安部落语言)、Kurdish(库尔德语)、Bulgarian(保加利亚语)、Japanese(日语)、Eskimo(爱斯基摩语)和 Turkish(土耳其语)。另外,Huang(1988)发现东亚美尼亚语的起始体和表一手信息的传信范畴有关联。本小节不对这些研究做详细介绍,可参阅相关文献。
③ 参见 Comrie(1976)第 110 页注释 1。
④ 参见 Aikhenvald(2004)第 115 页的介绍。
⑤ Newari 语有两个完成体标记,*tõl* 原义是"keep(保持)",它作为完成体标记是表明事件结果的持续,隐含有表示结果状态的意思,是结果义完成体标记;而 *dhun(-k)*-原义是"finish(完成)",它作为完成体标记本身不含有表示结果状态的意思,是非结果义完成体(non-resultative perfect)标记。

关于完成体和结果体的差异,以及它们和传信范畴之间的演变关系,在 Bybee,Perkins and Pagliuca(1994)中有过讨论。他们认为结果体注重强调过去行为产生的状态(the state resulting from the past action),而完成体(anterior)①强调过去行为与现实的相关性(current relevance)。因此,作者认为很多语言表示推测意义的传信范畴是由表结果体的范畴发展而来,这与他们认为的完成体由结果体演变而来的发展模式一致,两个发展过程都强调"事件结果"的意义内涵。

有些语言的完成体和第一人称搭配使用,这时的完成体标记与表示亲历的传信范畴相关。比如 Chappell(2001)考察多种汉语方言发现,第一人称句中的经历类完成体标记是只能表示基于亲身经历而直接获取信息的传信标记。另外,Agul 语完成体表示过去的行为和现在有关联,其结果意义已经消失;若完成体与第一人称合用,其传信意义是表达说话人所言的事件是他亲见的。

这一小节着重回顾了完成体和推测类传信范畴关联的已有研究。在此需要说明的是,汉语的体貌标记"了"和推测类传信范畴之间的关联点与上面这些语言不同。上述语言中完成体和推测类传信范畴的关联点在于它们之间有前后演变的源流关系,也就是说,这些语言中的完成体标记已经演变为传信标记了;而汉语的体貌标记"了",目前还没有确凿的证据显示它可以演变为传信标记。下文主要是考察汉语体貌标记"了"对认识情态词"应该"在表达推测类传信功能时的促成作用,这才是它们的关联点之所在。

8.3.2 从"了"和"应该"的搭配看体貌标记对传信表达的作用

在此把上文引言中的例句(2C)、(3C)和(4C)重新排列如下:

(47) 他应该去超市。　　　(一认识情态:推测;+道义情态:义务)
(48) 他应该去超市了。　　(±认识情态:推测;±道义情态:义务)
(49) 他应该是去超市了。　(+认识情态:推测;一道义情态:义务)

通过观察可以看到,上面三个句子随着"了"和"是……了"的顺次使用,其表达推测的认识情态意义经过了从无[例(47)]到有[例(48)],再到只有[例(49)]的变化;同样可以说,这三个句子表达的道义情态意义依次经过

---

① 根据 Bybee, Perkins and Pagliuca(1994),这里的 anterior 就是 perfect(完成体),表示过去的行为与现在有延续的相关性(an action in the past which continues to be relevant for the present)。

了从只有到有,再到无的变化。这里有一个关键的问题:例(48)既可以表示推测的认识情态意义,又可以表达道义情态意义,那么分别用于表达这两个意义的"了"有何异同?只有解答好了这个问题,才能更深入地揭示"了"对认识情态词"应该"在表达推测类传信功能时的促成作用。

下文在讨论"了"的语义特点时,不使用学界已有的术语"了$_1$"和"了$_2$",而使用"了$_{推测}$"和"了$_{义务}$"①来区分用于认识情态词"应该"句里和道义情态词"应该"句里的不同"了"。这么处理原因有二:一是学界对"了$_1$"和"了$_2$"的区分和界定是有争议的;二是本节的目的不是为了将和情态词"应该"搭配使用的"了"进行"了$_1$"或"了$_2$"的归类,而是为了解释为什么"了"的使用能使"应该"具有的推测类传信意义浮现,或者说能使它具有的道义情态意义消逝。

学界关于"了"的体貌意义的研究成果已有很多,但各家的观点和所用的术语不尽相同。刘勋宁(1985;1988;1990)先后论证了"了$_2$"的体貌意义是与"了$_1$"相同的"实现体",强调事态的出现。Li, Thompson and Thompson(1982)认为"了$_2$"的基本功能是已然体,特点是具有"当前相关性",即表示一个事态跟某个参照时在当前具有特定的联系。王伟(2006)提出"了$_2$"是"命题"层级上的虚词,它是"事态-语气"标记,而"了$_1$"的语法意义是"完整体"[参看王洪君等(2009)的介绍]。我们暂时不对本节讨论的"了"进行术语上的命名,而从具体的体貌意义出发来看它和情态词"应该"搭配使用时的表现。

本节将在吕叔湘(1980)对"了"的界定的基础上来讨论其意义。吕先生认为"了"表示"肯定事态出现了变化或即将出现变化"。这里要讨论的与不同类型情态共现的作为体貌标记的"了",其基本意义是表示事态的变化。这里的"事态"可以是整个事件,也可以是事件的情态;而"变化"可以是事件和情态的发生与否或者是从无到有的变化。

上文例(48)"他应该去超市了"的道义情态和认识情态两种解读中的"了"基本意义相同,都是表示事态的变化,但是具体的句法语义特点有差异。就"了$_{义务}$"而言,彭利贞(2007:291)在讨论道义情态词"应该"与"了$_2$"的同现时认为,若把"情态"也看成是"一种新情况"的话,那么"和表达道义情态词'应该'同现的'了$_2$'则表示'义务'的出现,或者是'义务'从无到有的变化"。我们赞同这一观点,但作者没有讨论认识情态词"应该"和"了"

---

① 要注意的是,这里所说的"了$_{推测}$"和"了$_{义务}$"是依据"了"所出现的"应该"句的句子意义来区分的,而不是说"了"本身带有"推测"和"义务"这两种意义。

共现时"了$_{推测}$"的语法意义。虽然 Alleton(1994)谈到了"应该"和完成貌(completive aspect)"了"结合时,会有认识情态意义的解读,但并未深入分析认识情态意义解读和道义情态意义解读中的两个"了"的差异。请看下面例(50)—(51):

（50）他应该去超市。　　　　　（＋道义情态:义务）
（51）他应该去超市了。　　　　（±道义情态:义务）

就道义情态而言,例(51)中的道义情态的解读是在例(50)的基础上添加了"了$_{义务}$"形成的,表示义务从无到有的变化和实现。这个"了$_{义务}$"是依附于整个句子的,即:[NP＋应该＋VP]＋了(＝S$_{(50)}$＋了)。和例(50)相比,同是表达"义务"的道义情态,带有"了$_{义务}$"的例(51)在语气上要缓和得多,它含有言者主观建议、提醒的口吻。试比较:

（52）时间不早了,他应该去超市了,否则就要关门了。
（53）时间不早了,他应该去超市,否则就要关门了。

例(53)带有命令的口吻,在语气上比例(52)要强硬些。另外,只看例(50)和(51)我们还能体会到,前者是说话人对"他"需要执行命题所述行为的义务性的一种宣告;而带有"了$_{义务}$"的后者则表明说话人要求"他"即将执行命题所述的行为,使他的义务得以实现,这就更加凸显了"了$_{义务}$"的语义特点。

下面着重讨论和表示推测意义的认识情态词"应该"共现的"了$_{推测}$"的语法意义。"了$_{推测}$"与"了$_{义务}$"的不同在于:它是要对已经或将要完成和实现的事件进行推测,因此,它所在的事件命题需要有"事件行为的完成和实现"这一命题意义,而"了$_{推测}$"能为命题提供该意义。例如:

（54）他应该去北京了。
（55）明天的这个时候,他应该去北京了。

上面例(54)中没有任何时间成分,是以默认的当下的说话时间为参照点的。说话人说出该句时,是对"他去北京"这个事件的完成和实现的可能性进行肯定的推测。而例(55)中有表将来的时间成分"明天的这个时候",说话人说出该句时,是对"他去北京"这个事件的将要完成和实现的可能性进行肯定的推测。这两句中无论是事件的已经完成还是将要完成这一意义,都是靠"了$_{推测}$"贡献的,去掉"了"上面两句则都变为道义情态了。可见,"了"和道义情态词"应该"的共现不是强制的;而要表达对事件行为实现或完成的推测这一意义时,"了"和认识情态词"应该"的共现却是强制的。

"了_{义务}"和"了_{推测}"在语法意义上表现出来的不同,在形式上也会有差异。上文讨论了"了_{义务}"是依附于整个句子的,与之不同的是,这里的"了_{推测}"是依附于句子的动词或动词短语的。由于认识情态词"应该"是对已经或将要实现或完成事件行为的推测,而"事件行为的实现或完成"这一语义在语法形式上是靠谓语和体貌标记"了"的搭配使用来承载的:既可以是"V+了+NP",又可以是"VP+了"。分别如下面两例:

(56) 他应该去了超市。　　(+认识情态:推测;—道义情态:义务)
(57) 他应该去超市了。　　(±认识情态:推测)

例(56)只能表示推测意义的认识情态,其中的"了_{推测}"是依附于动词的:NP+应该+V+了+NP。而当例(57)也表示认识情态时,其中的"了_{推测}"是依附于动词短语的:NP+应该+[VP+了]。可见,"了_{推测}"是通过和动词或动词短语的结合使用来贡献"事件行为的实现或完成"这一语法意义,进而帮助认识情态词"应该"来表达推测类传信意义的。

另外,"了_{义务}"和"了_{推测}"所依附的句法层次的不同还可以从理论上进行证明。上文谈到道义情态解读时,认为例(51)是在例(50)的基础上添加了"了_{义务}"生成的。当说到例(51)是在例(50)的基础上生成的,其前提条件是例(50)在句法语义上要合法。就表道义情态这层意义来说,例(50)无论在句法还是语义上都没问题,因此可以说例(51)是在一个合理的句子例(50)的基础上通过添加"了"而形成。但是,当说到认识情态解读时,我们不能说此时的例(51)也是在例(50)的基础上添加了"了"生成的,因为例(50)根本没有认识情态的解读,在语义上不合法,因此例(50)就不是个合理的句子,也就更不能说认识情态解读中的"了"是添加在这个句子之上的。因此,"了_{推测}"不是依附于句子层次的。

最后需要简要说明的是,例(49)中的"是"使得原本有歧义的例(48)消歧了,只剩下表达推测类传信策略的认识情态义解读。这主要是由于"是"作为判断词,具有对命题事件进行肯定判断的功能,是对命题所述事件可能性的肯定判断。因此,它对情态词"应该"的两解具有消歧作用[①]。

8.3.3 小结

这一小节主要通过对比讨论了"了"分别与表道义类和认识类情态词

---

① 这里所说的"是"对情态词"应该"的多义具有消歧作用,和上文 8.2.2.2 所论述的强调功能的焦点标记"是"对情态词"应该"的多义具有消歧作用不矛盾。因为这与"是"从判断词演变为焦点标记的语法化过程具有相关性,可参看董秀芳(2004)的相关论述。

"应该"搭配使用时呈现的句法语义差异,从而揭示了体貌标记"了"在认识情态词"应该"表达推测类传信功能中的作用。

(58) NP+应该+VP+了
  A. [NP+应该+VP]+了$_{义务}$　(道义情态)
  B. NP+应该+[VP+了$_{推测}$](NP+应该+V+了$_{推测}$+NP)(认识情态)

从上面(58)的归纳可以看到,不同情态意义的"应该"与"了"的共现,在"了"的依附层次上表现出了语法差异:"了$_{义务}$"是依附于整个句子的,如(58A);而"了$_{推测}$"是依附于动词或动词短语的,如(58B)。这与曹广顺(1995)发现"了$_1$"指向谓语,而"了$_2$"指向句子的整个命题具有一致性。

就体貌标记"了"在认识情态词"应该"表达推测类传信功能中的作用而言,"了$_{推测}$"和动词(短语)的配合使用为"应该"表达推测类的传信功能贡献了必要的命题意义,因为这里的"推测"是指对事件行为完成或实现的可能性的推测。

8.4　人称对传信语使用的限制

说话人所言信息所关涉的人称对传信语的选用是有限制的,这在上一章已经讨论过。这一节在人称和信息知晓的互动关联的基础上,讨论第一人称句中非亲历类传信语的使用在句法语义上的表现。

8.4.1　人称和信息知晓

在第 7 章我们讨论了人称和信息知晓的关系。从原则上来说,当信息是关涉说话人自己的或者是与自己有密切关系的时候,作为信息传递者的话主就是信息的权威知晓者;当话主所传递的信息是关于对方受话的时候,作为信息接收者的受话就是权威的信息知晓者;当话主所传递的信息是交际双方共享的时候,那么话主和受话都是信息的权威知晓者。在此,将上文引言中例(1)—(2),重新编号为下面两例:

(59) 我去超市了。　　 ？你去超市了。　　他去超市了。
(60) ？我应该去超市了。　你应该去超市了。　他应该去超市了。

这两组例句中,例(59)中的三例都没有使用情态词"应该"作为表示推测的传信策略,第二人称句就会有问题,它很难用于表达说话人对"你去超市"这个事件做断言陈述。只有加了表推测的"应该"(或者其他传信语)才能成立,如例(60)的第二句,因为说话人对"对方是否去了超市"而言不是信息的权威知晓者。再来看第三人称句,按理说,说话人对第三人称他者的相关信息来说也不是权威知晓的,可例(59)和(60)中加没加表推测的"应该"都可以成立。没有使用该类传信策略,说明"他"有可能是与说话人有密切关系的人(比如"他"是说话人的父母),这样说话人可以知晓"他"的相关信息;但是,当"他"是一个对于说话人来说完全陌生的人时,例(59)的第三句也很难合理。

当所言信息关涉的是第一人称说话人自己时,也就是当说话人表述的是自己亲历的事件信息时,他可以不用任何传信语。因为说话人作为事件的亲历者,对所言信息的证据和来源是"自证(self-evidence)"的,也就是不证自明的。但是例(60)的第一句在某些条件下是可以使用推测类传信策略"应该"的。关于这一点,下文将专门从事件的非意愿性角度来讨论。

8.4.2 第一人称句中非亲历类传信语的使用与事件的非意愿性

当说话人谈到关涉自己经历的事件时,却使用了非一手信息传信语,这似乎违背常理。在这种情况下,非一手传信语的使用往往蕴含着该事件涉及的是说话人非意愿的行为(参看 Aikhenvald 2004)。较早讨论动作行为"意愿性(volitionality)"的是 Hopper and Thompson(1980)。他们在讨论及物性理论时谈到,意愿性是衡量及物性高低的十项重要参数①之一。

所谓意愿性是说行为的施事者是否有意识地对受事施行动作,如果某一行为的实施是缺乏意图和控制力的,那么该行为是非意愿性(nonvolitionality)的。根据 Curnow(2003)的研究,使用传信语表达所言事件信息的非意愿性与两个要素相关:一是第一人称语境;二是所言事件发生在说话时间之前(events which took place before the moment of speech)。因为意愿性的判断取决于事件行为实施者能否认识到自己实施的行为是否有意。一般而言,只有当说话人自身是行为的实施者时,他才能判断自己的动作行为是否有意,因为他者的意图说话人是无法体会的。另外,也只有当事件已经在说话之前发生了,说话人才能判断该事件发生之初是否有意。若是一个尚未发生或将要发生的动作行为,说话人事先是很容易使该事件成为具有意愿性的。

基于上述对意愿性的认识,我们来分析下面的例句:

---

① 这十项重要参数分别是:参与者(participants);动作性(kinesis);体貌(aspect);瞬时性(punctuality);意愿性(volitionality);肯定性(affirmation);情态(mode);施动性(agency);宾语受动性(affectedness of O);宾语个体性(individuation of O)。[说明:其中"情态"这一参数在张伯江(2009)中翻译为"语态",原英语文献为 mode,主要指现实(realis)和非现实(irrealis),因此,我们认为选择"情态"这一术语更恰当。]

(61) 我应该去超市了。（我忘记我去没去超市了。）

(62) 昨天晚上我应该是喝醉了。/听说昨天晚上我喝醉了。

(63) 我可能/好像记错电话号码了。/后来才听说原来是我记错电话号码了。

(64) 我应该是感冒/发烧了。

上面各句从两方面来表现事件的非意愿性，一是将自己有意识经历过的事件遗忘了，这种对信息的遗忘状态是非意愿性的，如例(61)；二是自己经历的事件信息中用非自主动词①来表达事件行为的非意愿性，如例(62)—(64)中的"喝醉""记错""感冒"和"发烧"。

先来看例(61)，按理说"去超市"是一个自己经历的可控的意愿性的动作行为，但是由于说话人遗忘了发生的事件，只能凭着有限的记忆去回忆该事件是否发生过。可见，说话人对该事件的遗忘不是有意的，是不自主的，所以具有非意愿性。后三例所表述的信息本身就是非意愿性事件，"喝醉""记错""感冒"和"发烧"都是说话人经历过但不可控的非意愿性动作。DeLancey(1990)认为，原型的意愿性的动作行为是由一个事件链(a chain of events)构成：一个行为实施的意图导致某一行为的实施，之后产生行为结果。在非意愿性事件的链条中，意图都是无意识的，它可以导致事件链后面环节的无意识。最典型的非意愿性事件是"遗忘"，没有人为了遗忘而遗忘，也不可能经历整个遗忘的过程，最终遗忘的结果也有待他人的提醒才能知晓。

而有些非意愿性事件链条中，虽然其意图是无意识的，但是与意图相关的行为或结果可以是有意识的。以上面(62)—(64)为例，总结为下表②：

表 8-3　非意愿性事件链分析

动词	事件链		
	意图 →	行为 →	结果
喝醉	−	＋	±
记错	−	＋	−

---

① 自主动词(volitional verbs)和非自主动词(non-volitional verbs)这一动词分类的详细讨论请参见马庆株(1988)。马庆株先生的"自主/非自主"就是我们这里讨论的"意愿/非意愿"，这从英语术语的一致性上可以看出来。

② 在考察该表中动词的"事件链"时，对"行为"和"结果"环节的意愿性或自主性的判断可能会因人而异，但是对"意图"环节的判断应该没问题。因为对一个事件行为的"意图"知晓与否最能反映该事件是意愿的还是非意愿的。

续表

动词	事件链		
	意图 →	行为 →	结果
感冒	−	+	+
发烧	−	+	+

例(62)中的"喝醉",说话人一般不会是奔着"喝醉"这一意图而喝酒的,喝酒这一行为他经历了,但是"喝醉"这一结果可以是自己根据酒醒后的身体反应而推测的,也可以是他人告诉的,所以可以使用"应该"和"听说"两类传信方式来说明信息来源;例(63)中的"记错",说话人一般也不会故意记错电话号码,虽然记录电话这一行为经历了,但是"记录错误"这一结果不是自己意识到的,只可能基于某些征兆推测或他人告知,因此可以使用和例(62)相似的传信方式;最后例(64)"感冒/发烧"这类生病类行为也都是无意识、不可控的,但是病人可以清楚知道自己正在生病,而且会随着自己病症的增加进行结论性的诊断。这其实反映了自己所亲历的事件从无意识的发生到有意识的推断知晓的过程,这是一种"延迟的意识(deferred realization)"(参看 Aikhenvald 2004)。可见,在表达关涉到第一人称说话人的自身经历的事件信息时使用非亲历类传信方式,这多是与该事件的非意愿性有密切关联的。

8.4.3 小结

这一节在人称和信息知晓的互动关联的基础之上,通过对所言事件的非意愿性的分析,揭示了第一人称和非亲历类传信语的使用在句法语义上的表现:一是将自己有意识经历过的事件遗忘了,这个对信息的遗忘状态是非意愿性的,因此可以在第一人称句中使用非亲历类传信方式;二是自己经历的事件信息在句法上由非自主动词来表达事件行为的非意愿性,在此情况下也可以使用非亲历类传信语。

8.5 结论

首先,本章认为认识情态词"应该"可以用来表达汉语传信范畴的意义,它是传信表达的一种策略。

(1) 从语义的角度看,传信范畴和认识情态都涉及"证据"。前者强调说话人对所言信息的证据做交代;后者是在对某类证据评价的基础上强调说话人对所言信息的信度。可见,这两个范畴在意义上具有相似的关联。

（2）从句法的角度看,具有推测意义的认识情态词"应该"所在句子的否定域和强调域都在认识情态的辖域之内,而带有传信语的句子的否定域和强调域也都是在传信语的辖域之内。可见,认识情态词"应该"与传信范畴的否定域和强调域是一致的。

我们还发现认识情态词"应该"是配合体貌和人称等相关语言范畴来表达传信意义的。

（3）不同情态意义的"应该"与"了"共现时,"了"所依附的句法层次有差异:"了$_{义务}$"是依附于整个句子的,而"了$_{推测}$"是依附于动词或动词短语的。

（4）就体貌标记"了"在认识情态词"应该"表达推测类传信功能中的作用而言,"了$_{推测}$"和动词（短语）的配合使用为"应该"表达传信功能贡献了必要的命题意义,即对完成或实现的事件行为进行推测。

（5）关涉说话人的第一人称信息能够使用非亲历类传信语,这与事件的非意愿性相关。主要表现在:一是将自己有意识经历过的事件遗忘了,这个对信息的遗忘状态是非意愿性的;二是自己经历的事件信息在句法上含有非自主动词,用来表达事件行为的非意愿性。在这两种情况下可以使用非亲历类传信语。

最后,或许会有这样的疑问:是不是所有的表推测的认识情态词都可以看作是传信表达的策略？这些词语是否和"应该"一样具有与专职传信语一致的句法语义特点？对于第二个疑问,我们不敢给予肯定回答,因为本章只着力考察了认识情态范畴中的一个具有代表性的成员"应该",至于其他成员还有待进一步考察。而第一个疑问,我们认为,并不是说一定要在句法语义上和专职传信语表现出高度一致性（像认识情态词"应该"一样）才能算是传信策略。在此,我们需要再次强调这样的语言学观点:任何一个语言范畴都不是离散的,而是一个有典型与非典型之分的连续统。就传信范畴而言,专职的传信语是该范畴连续统的典型一端,而借用其他范畴的传信策略是连续统的非典型一端。汉语的认识情态词"应该"虽然也只是一种传信策略,但是鉴于它与专职传信语句法语义上的一致性,我们可以将它放在连续统靠向典型范畴的位置上。

第9章 汉语引语的传信功能及相关问题

9.1 引言

Bakhtin(1981:338)说过:"在现实生活中,人们谈论最多的是关于他人所谈论的。人们对他人的话语、观点、主张、信息进行传递、回想、权衡或评价。同时,人们会对他人的话语表示不安、赞同、质疑或者参考引用等。"[1]这一小段话揭示了四层意思:一是,引语是日常言谈交际中最常用的表达方式之一;二是,引语所引述的内容有多种(如观点、主张等);三是,引语的表述方式不只限于言语行为(如评价),还可以是内心的思维活动(如权衡、回想);四是,话主在引述他人话语的同时也会表达自己的主观态度。

每种语言都会有各自不同的方式来引述他人的言语,要么用自己的话去转述,要么直接引用他人的原话。不管采用怎样的引述方式,也不管所引述的内容是什么,有一点是明确的,那就是所引述的信息是源自他人而非自己亲历的一手信息。从语言的传信角度来说,这属于引述类传信范畴。Aikhenvald(2004)对世界上500多种语言的调查研究发现,大多数语言的传信体系中都含有此类传信范畴[2]。可见,引述类传信范畴具有普遍性。

引语和传信是学者们研究的热门课题。这两个语言范畴是密切关联的,研究的切入点不同,所关注的具体问题也就不一样。语言类型学家们通过田野调查着力捕捉和描写世界范围内各种语言中用于标记引语的不

---

[1] 此处引文的原文为:(I)n real life people talk most of all about what others talk about—they transmit, recall, weigh and pass judgment on other people's words, or agree with them, contest them, refer to them and so forth。

[2] Aikhenvald(2004)谈到的引述类传信范畴包含传闻(hearsay)和引用(quotative)两类。它们之间的区别在于:前者没有明确的信息来源,只是说信息是传闻听说获取的,至于谁说的是不明确的;后者有外显的信息来源,引用或引述的信息源自哪里是清楚的。

同手段，也即用于标明所述信息的来源是引述的、语法化了的形态标记（Aikhenvald and Dixon 2003；Aikhenvald 2004 等）。一些话语功能学家从采集的真实语料中分析发现，传信是引语在言谈交际中表达的重要话语功能之一。Philips(1986)通过考察法庭审判的语料发现，引语可以表达信息可靠性这一传信范畴的引申意义。因此，英语直接引语所引述的信息被用作指控的参考要素（the elements of the charge），而间接引语的转述内容多用作背景信息。作者认为这里存在一个文化假设（cultural assumption），即直接引语相对于间接引语更准确可靠，所以律师多以此为有利的证据来进行辩护。而在自然口语言谈中，Mayes(1990)和 Holt(1996)都讨论了引语的传信功能。前者研究发现，直接引语的使用能作为交际的传信手段，用于提供可靠的信息来源，从而增加言谈信息的可靠性。后者采用会话分析的方法论证了直接引语在言谈中常用来为上文的交际或评论提供证据，比如，它能使言谈具有客观性，能够为上文的评论性信息提供证据。另外，还有学者讨论了直接引语的客观性和真实性，并且强调直接引语所表达的信息来源的保真度（fidelity）要高于间接引语（参看 Li 1986；Wooffitt 1992）。相比之下，汉语学界关于引语和传信范畴的互动研究甚少，主要集中在对汉语和少数民族语言中言说动词、标句词、引语标记和传信标记从前到后的演变研究上，这在第 6 章已经做过介绍。

通过回顾梳理学界关于引语和传信范畴相关联的已有研究，我们发现大部分学者都热衷于研究与这两类语言范畴相关的句法形态标记（引语标记、标句词和传信标记）的演变问题，而对引语在实际语言运用中如何表达传信功能的关注还不够。另外，即使是从实际的语言运用角度来研究引语的传信功能，也主要是集中在对引用句（quoted clause）的研究上，而它只是引语的组成部分之一。鉴于以上认识，我们将从引语的整体观出发，利用真实的语料分别考察其各组成部分在语言使用中的传信功能，回答"引语如何传信"这一问题。

本章使用的语料主要来自：(1)英国兰卡斯特大学汉语语料库（LCMC），共约 100 万词；(2)美国加州大学洛杉矶分校汉语书面语语料库（UCLAWC），共约 100 万词；(3)北京大学中国语言学研究中心的语料库（CCL）；(4)笔者转写的自然口语对话语料（TALK）。还有一些引自其他文献的语料，行文中都会一一以简写方式注明。

9.2 引语的组成结构

一般情况下,在各种语言中,不管是哪种引语类型①,是直接引语还是间接引语,它们都可以由引导句(reporting /introductory clause)和引用句(reported /quoted clause)构成。有些语言还有语法化了的引语标记(quotative marker)来连接这两部分,或者是用于指示引用句部分。例如下面各种语言的引语:

(1) 汉语直接引语:
这么着就告诉那个家人说,你先回去告诉你们老爷说,我明儿个打发人,把银子送了去罢。那个家人说没法子,就答应了一声回去了。(《谈论新编》)

(引自方梅 2006:110,例 5)

(2) 凉山彝语直接引语:
mu^{33}　ka^{55}　hi^{21}　ko^{33}　　i^{33}　a^{21}　-la^{33}　o^{34}　di^{34}
木　　呷　　说　（标句词）　我　不　　来　　了　（引语标记）
木呷说:"我不来了。"

(引自刘鸿勇、顾阳 2008:18,例 11a)

(3) 日语间接引语:
Tarô　wa　Harumi　o　nikundeiru　to　　　　itta.
Taro　TOP　Harumi　Acc　hate　　　Com/Quot.　said
Taro said that he hated Harumi. (Taro 说他恨 Harumi。)

(引自 Coulmas 1986:164,例 3)

(4) Idoma 语间接引语:
n　　je　　k-o　　　　　ge　　　wa
I　　know　Com(Say)-he　FUT　　come
I think he will come. (我想他将要来。)

(引自 Lord 1993:200,例 356)

上面这些语言的引语的共同之处在于,都含有引导句和引用句两部分,并且都含有引语标记;但这些语言的引语标记在来源、句法位置、强制

---

① 学界关于引语类型的已有研究可以参看吴中伟(1996)和辛斌(2009)的介绍。另外,本章只涉及直接引语和间接引语,其他类型的引语暂不予讨论。

性、形态和功能等方面都表现出了明显的差异。比如,一般认为汉语是没有引语标记的,但是近来研究发现,在北京口语中,如例(1),言说动词"说"作为连动结构后项动词,正在演变为一个非强制性的引介言谈内容的引语标记(参看方梅 2006)。而在例(2)凉山彝语直接引语中,句末的引语标记 di^{34} 不能省略,是强制性的(参看刘鸿勇、顾阳 2008)。另外,像例(3)和(4)两种语言的引语标记具有多功能性:一是作为标句词,能够起到标识或连接小句的作用;二是作为引语标记,既能引介言谈宾语小句,又能指明言谈信息的来源是引述他人的。我们发现,引语标记在句法形态上也有差异,像北京口语、凉山彝语等都是由言说动词演变为引语标记的功能词(functional particle);而 Idoma 语的引语标记是由言说动词演变成为依附于宾语从句主语的前置形态标记(clitic)。在句法位置上,有的语言的引语标记位于引导句和引用句之间,起连接作用,如汉语、英语;有的语言的引语标记是在句末,依附于引用句,起指示作用(如凉山彝语);而日语的引语标记则出现在主句动词和从句动词之间,如例(3),这和该语言的语序类型有关。

从引语的结构组成来看,对于某些语言来说,在某种语体中引导句可以不出现,也可以没有引语标记,而只有引用句。但是我们认为,从引语整体观出发来考察其不同组成部分是如何传信的,这一方面有利于更全面地认识引语自身的特点,另一方面又有助于挖掘出更多的传信手段。因为我们初步观察发现,汉语一些引述类传信功能在引语不同的组成部分中都有所体现。下文将从引语的引导句和引用句两部分来考察汉语引述类传信策略是如何塑造的,引语的传信功能是怎样表达的。

9.3 引导句用以传信:以谓语部分含有"说"的引导句为例

这一节主要考察谓语部分含有"说"的引导句在不同语体中的传信差异。引语中的引导句在语言的实际运用中会表现出如下三方面的差异:(1)相对于引用句,引导句可以出现在不同的线性位置上;(2)引导句一般标明信源,而对信源指称的明确度也会有差异;(3)在引导句中的言说动词前,会有一些修饰成分来表达言说的情状,从而表明言者对信息的不同态度这一传信范畴的引申意义。

我们穷尽统计了 LCMC 和 UCLAWC 中的新闻和小说两类不同语体

语料中含有"说"的引导句的使用情况。如下表 9-1①：

表 9-1　引语中含有"说"的引导句在新闻和小说类语料中的使用情况

语料	原始未加工的含"说"的引导句用例					
	新闻			小说		
	数量	频率(每万字)	语料总字数	数量	频率(每万字)	语料总字数
LCMC	620	35.22	176036	1814	77.52	234004
UCLAWC	582	41.27	141023	1825	59.25	308017
语料	加工筛选后的含"说"的引导句用例					
	新闻			小说		
	数量	频率(每万字)	语料总字数	数量	频率(每万字)	语料总字数
合计	760	23.97	317059	1799	33.19	542021

从上表可以看到，汉语引语中含有"说"的引导句在新闻和小说类语料中的使用数量分别为 760 例和 1799 例。它们的使用频率分别为每万字 23.97 次和每万字 33.19 次。可见，"说"类引导句在小说中的使用频率要高于新闻类语体，这和英语的相关研究结果一致。Biber et al.(1999:923)研究的结果是，英语小说中的引导句使用频率要高于新闻，分别是每万字 50 次和每万字 20 次。②

下文将以这部分语料的统计为基础，分别从"说"类引导句的位置分布、信源指称和言说情状三个角度来考察它在新闻和小说两类语体中的传信差异。

9.3.1　位置分布与信息来源的重要性

汉语"说"类引导句可以位于引用句之前、之中和之后。分别举例如下：

(5) 切尼说，他不认为日本大规模扩充军力是需要的或合适的，因为

---

① 我们将 LCMC 和 UCLAWC 合并统计，主要是考虑到这两个汉语语料库的构建方式是一致的，并且都对语料做了 15 类不同文体的一致区分，其中新闻类包括新闻报道、社论和评论；小说类包括一般小说、侦探小说、武侠冒险小说、科幻小说和爱情小说。在本研究中不区分这些次类，这主要是便于和英语的相关研究做对比。

② Biber et al.(1999)和我们的统计有一些差别，他们所统计的引导句不限于"说"(say)类，但是含有"说"的引导句使用得最多，因此，与汉语还是有可比性的。

这样做不仅在日本国内会引发政治问题,而且可能对地区安全构成不稳定因素。(LCMC,新闻)

(6) 他一把拉住我,就像海格力斯抓住了一头怪兽,让我一点动弹不得。"小姑娘,"<u>他和蔼地说</u>,"走路看着点儿,这里可不是奥运会女子100米赛道。"(UCLAWC,小说)

(7) "你父亲,在茂州庙拿谢虎,叭蜡庙拿费德功,"<u>霍亮说</u>,"诛过七珠、九黄、于六、于七,在恶虎村镖伤二友,杀兄,送嫂。"(LCMC,小说)

(8) "这儿的工作比托儿所难做,"<u>前来探病的家属如是说</u>。(LCMC,新闻)

上例中,例(5)的引导句"切尼说"位于间接引语之前,该类引导句也可以位于直接引语之前。例(6)和(7)都是引导句位于直接引语之中,但有差别:前者的直接引语分为两部分,用于引导句一前一后,这类情况多是用引导句将直接引语中的称呼语与相关信息隔开;而后者引导句的前后直接引语是相对完整的信息。例(8)是引导句位于直接引语之后。一般来说,当引导句位于引语之中或之后时,引语的类型一般只能是直接引语。

根据不同的位置分布类型,我们分别统计了新闻和小说类语体中"说"类引导句的使用频率。如下表9-2:

表9-2 "说"类引导句在新闻和小说类语料中的位置分布

语体	新闻(760)			小说(1799)		
位置分布	前	中	后	前	中	后
数量	739	5	16	1673	37	89
比例	97.2%	0.7%	2.1%	93.0%	2.1%	4.9%

根据上表的统计数据发现,新闻和小说中"说"类引导句的位置分布都呈现出了如下偏爱情形:前＞后＞中。"说"类引导句出现在引用句之前(即:××说+引语)的分布类型占绝对优势,都超过了90%。

上述这一统计结果和英语有差别。Biber et al.(1999)研究发现,英语引导句偏爱的位置分布呈现如下情形:后＞前＞中。作者认为,这两种语体的引导句都偏爱出现在引用句之后是因为:"大多数被引用的信息都是主要的交际点(main communicative point),引导句只是贴在其后的标签。当口头说出整个引语时,引导句一般获得相对弱的重音。"(Biber et al. 1999:924)我们认为,应该从引导句所负载的信源的重要性这一角度来给予解释。

就汉语的新闻语体来说，引导句也应该是"主要的交际点"。首先，引导句一般承载着信息的来源，比如所引用的新闻消息是谁说的，是什么机构发布的，这直接体现了新闻报道的真实性和权威性。其次，很多新闻报道为了显示其权威性和真实性，往往会非常详细地交代信息的来源，这样引导句就会相对复杂，倘若口头播报出来不可能没有重音或弱重音。例如：

(9) <u>日本富士综合研究所调查部长高木胜说</u>，可以肯定美元坚挺仅是暂时的 。(LCMC，新闻)

(10) <u>国际奥委会主席萨马兰奇今天在墨尔本称赞说</u>，墨尔本申请1996年奥运会的准备工作是他所见到的最好的准备工作之一。(LCMC，新闻)

这两例中的引导句都非常详细地交代了后面引语信息的来源，具体到国籍、工作机构、职务、姓名、时间、地点、言说的方式等这些信息。这些关于信源背景信息的介绍对于新闻语体来说尤为重要，因为它有助于听者或读者更好地接受和阅读后面所要引述的新闻内容。关于信源的指称问题，下一小节会详细讨论。

相对于新闻语体来说，信源对于小说似乎没那么重要。但是，小说语体的一个重要特点是，其中会涉及多个人物关系，而人物对话又是小说的主要组成部分。小说情节的推进需要借助人物会话的交替来展开。这样看来，对不同人物不同话语的区分尤为重要，尤其涉及多重人物对话时，就很有必要先清楚地交代说话人。①

另外，新闻和小说中"说"类引导句偏爱使用在引用句之前，这与引用句的类型也有关系。上文说到，在搜集的语料中，我们发现引导句既可以用在直接引语前又可以用在间接引语前，而没有发现引导句用在间接引语之中或之后的例子。② 可见，从信源的重要性来讲，引导句用于引用句之前，可以帮助新闻信息增加真实性和权威性，可以帮助理清小说中人物的对话关系。这些对于听话人或读者理解和接受信息尤为重要。

---

① 小说中也有很多直接写出引语的对话，而没有交代是谁说的，即话语的来源。这需要读者通过上下文语境去区别每轮对话是哪个人物所言。

② 在日常口语中，引导句似乎可以出现在间接引语之后，但也不常见。比如张三对李四说："他明天要去医院看病，<u>小王昨天告诉我说</u>，还让我帮他请假呢！"

9.3.2 信源指称与信息来源的明确度

引导句用以传信,其关键在于对信息来源的交代上。在"说"类引导句中,信源一般占据主语的位置,表示对言说行为发出者的一个指称。而指称明确与否直接影响到说话人传信意义的表达。关于信源指称的明确度我们大致做了高、中和低三类相对区分。

所谓明确度高就是指对信源做具体详细的交代,在语言形式上一般表现为具体的人名、机构的专名等。例如:

(11) 但俄通社塔斯社报道说,这名男子想要 500 万美元。(UCLAWC,新闻)

(12) 彭玉泽说,如果一定要找一个归宿,石冷比赵一有趣得多。(LCMC,小说)

上面两例分别使用了新闻单位的名称和具体的人名,信源的指称是明确的。更为详细具体的交代信源,例如上文(9)(10)两例。小说中会使用大量的人称代词,这些代词都是在上下文中有所指的,所以也是明确地交代了信源指称。

明确度中等是指对信源的交代相对概括,在语言形式上一般用不定指形式的居多。例如:

(13) 塔利班一位官员说,大约有 500 名美国和其盟国的士兵在阿富汗同反塔联盟一起活动。(UCLAWC,新闻)

(14) 有(一)个同学说,干脆叫几个男同学,把那个家伙揍一顿,黄映红不出声地拔腿。(LCMC,小说)

上述这两例都使用了"一量名"不定指结构来交代信源所指,没有明确说明是哪位官员、哪个同学。

明确度低的信源指称主要是采用"有人""有消息""据报道"等相对模糊的语言形式,不明确交代信源。例如:

(15) 有消息说,在今后数年内,约有 70 万苏联及世界各地的犹太人将移居以色列。(LCMC,新闻)

(16) 有人说他快做爸爸了,厂里就给他这个快做爸爸的可相信的人一趟重要公差。(LCMC,小说)

下面表 9-3 是对"说"类引导句在新闻和小说类语料中的信源指称明确度的统计。

表 9-3 "说"类引导句在新闻和小说类语料中的信源指称明确度

语体	新闻(760)			小说(1799)		
指称明确度	高	中	低	高	中	低
数量	654	79	27	1706	56	37
比例	86.1%	10.4%	3.5%	94.8%	3.1%	2.1%

从这个表中可以发现,不论是新闻语体还是小说语体,其引导句中关于信源的指称明确度都是相当高的。若将高明确度和中明确度两项合在一起统计,两类语体中引语的信源指称明确度都超过了 96%。关于高明确度其实在上节 9.3.1 中已经分语体给予了解释。下文主要讨论中、低明确度的信源指称是如何传信的。

中、低明确度的信源指称都有一个特点,即将信源做模糊处理。这么做有两种可能:一是说话人或作者根本就不知道信息的来源,只能以模糊的方式来交代,或者索性不做交代;二是说话人或作者有意选用弱明确度的指称形式来交代信源。例如:

(17) <u>有人说</u>失恋了就去不停地跑步,因为跑步可以将你身体里的水分蒸发掉,而不会那么容易地流泪。(UCLAWC,小说)

(18) <u>有消息说</u>,"选址时,开发区领导指着一大片土地请外商随意挑选,而且报价很低"。(UCLAWC,新闻)

(19) <u>一位居民对记者说</u>,在过去几个月里,巴格达市民吃够了苦,这种苦日子还看不到尽头,盼望尽早取消对伊拉克的经济制裁和贸易禁运,让居民生活好过一些。(LCMC,新闻)

(20) <u>一位名叫艾哈迈德的青年对记者说</u>:"赶走了侵略者,我们太高兴啦!"(LCMC,新闻)

例(17)"有人说"并未具体交代是哪一个人说的,或许是作者根本就忘记了谁说的,或许认为谁说的并不重要,关键在于说了什么。例(18)有可能作者知道消息来自谁,但由于对消息的引用是直接引语的形式,并且"低价出售土地"这一消息是对"开发区领导"不利的,因此为了免去自己对该信息的责任而故意不明确指明信息的来源。例(19)也是负面的新闻,作者就用了一个中明确度的方式来指称信源,避免坏消息的明确来源,这或许是为了保护信源所指的人物,当然也有可能作者确实不认识这位居民。但是例(20)是一则好消息,记者指名道姓交代了信息来源。可见,有时候选择不同语言形式来交代信源体现了作者的交际策略和意图。

9.3.3 言说情状与对信息的主观态度

我们观察语料还发现,有一些表示言说情状的修饰性成分可以用在引导句的动词"说"之前,例如"坦率地说"。虽然这些修饰成分的使用频率极低(如"坦率地说"2例),但它们都帮助表达了传信范畴的引申意义,即"可信度"(参看董秀芳 2003a),所以,在此只做简要论述。例如:

(21) 51 岁的中美合资无锡华美糖果有限公司总经理佛雷德·高尔文<u>坦率地说</u>:"与东南亚一些国家相比,中国有关外资的法规和政策不够多,也不细,我们从中受益不大。"(LCMC,新闻)

这一例中"坦率地说"表达了说话人对所引述的他人的话语内容持信任的主观态度,增加了引语这种传信方式的可靠性。这属于传信范畴的引申意义。

9.3.4 小结

上文通过真实的语料考察,从"说"类引导句在引语中的位置分布、信源明确度的高低等方面,对引导句在新闻和小说语体中的使用情况做了定量统计,着重从引导句所负载的信源指称的角度分析了引语中的引导句是如何传信的。下文将主要讨论引语的另一组成部分引用句是如何传信的。

9.4 引用句用以传信

引语中的引用句承载着引述的信息内容,要么是直接引用他人的原话,要么是用当前说话人自己的话语来转述。以往的引语研究对引用句的讨论着力较多,很多学者(Li 1986;Philips 1986;Mayes 1990;Wooffitt 1992;Holt 1996)都发现,直接引语相对于间接引语而言,其保真度要高,因此由直接引语这种传信方式获取的信息内容要更可靠。在这一节我们将从汉语直接引语和间接引语的差异着手,利用真实的自然口语语料①来分析不同类型引用句的传信功能在言谈会话中的具体表现。

---

① 本节使用的汉语口语言谈语料的音像资料来自陶红印教授,由笔者转写。原语料是按照韵律单位(intonation unit, IU)分行转写的,还标注了重叠、停顿、笑声等口语特征。由于本研究不涉及这些因素,另外为了节省篇幅,下面的语料是以话轮(turn)为单位呈现的,也没有将口语特征的标注展现出来。又,语料中涉及的真实的人名和地名,出于保护隐私的考虑,我们一律用大写字母代替。

9.4.1 汉语直接引语和间接引语的差异

直接引语和间接引语的差异主要表现在句法特征和语用功能两方面。前者对有形态变化的语言来说表现得很清楚，后者主要体现在一些语用交际因素上。下文分别举例展开讨论。

9.4.1.1 句法表现的差异

关于直接引语和间接引语在句法表现上的差异，学界讨论得已经很多了(Li 1986;Mayes 1990;Holt 1996)。这里我们只举一组例子做简要说明。例如①：

(22) a. 张三对李四说："我 a 明天上午 b 要到王五 c 那里 d 去 e。"
　　 b. 第二天，李四向王五转述这条信息说，<u>张三说他 a 今天上午 b 要到你 c 这里 d 来 e</u>。

上面两例分别是直接引语和间接引语。两者句法上的差异主要表现在人称(pronominalization)(成分 a 和 c)和指示成分(deictics)上，如时间指示(成分 b)、地点指示(成分 d)和方位指示(成分 e)。这些都和视点取向有关，即是取向当前说话人还是原说话人(参看董秀芳 2008)。

9.4.1.2 语用功能的差异

上述关于直接引语和间接引语在句法上的差异并不能完全将两者分开。尤其是对汉语这种缺少形态屈折变化的语言来说，这些句法上的差异主要通过词汇形式来承担，而不像有些语言那样，可以通过一些句法形态来区别。比如②：

(23) a. 张三对李四说，王老师要去上海开会了。
　　 b. 张三对李四说，哦，对了，王老师要去上海开会了。

上例 a 句在不考虑标点符号的情况下③，无法辨别引用句"王老师要去上海开会了"是直接引语还是间接引语；英语则可以通过引用句动词和引导句动词时态的一致变化来辨别。而 b 句毫无疑问就是直接引语，这样看来，a 句是对 b 句的间接转述。因为理论上直接引语是对原说话人话语的表达方式(甚至包括语调)、信息内容毫不改变的引用。上面 b 句中"哦，对了"这样的话语标记性成分正是出现在原说话人话语中，而不能出现在间

---

① 该例为笔者自拟。
② 该例为笔者自拟。
③ 汉语的直接引语也可以不使用引号。

接引语中,因为间接引语是以当前说话人为视角的。再比如:

(24)R:他就是精神达到那种状态了。他小时候我妈老说[要我向他学习](间接引语),然后说[你看人家每天晚上多做两道数学题](直接引语)……(TALK)

此例中,前后使用了间接引语和直接引语各一例,前者通过人称的指代可以看出来;而后者的判断主要是通过话语标记"你看"辨别的,因为它不能出现在间接引语中,更不能将其变成"我看"出现在间接引语中。倘若去掉其中的"你看",这个引语的类型就不好判断。

除了话语标记这类语用性成分以外,Banfield(1973)、Green(1976)和Mayes(1990)的研究发现,在言语交际中,还有很多其他的"表情成分"(expressive elements)只能出现在直接引语中,比如疑问成分(interrogatives)[①]、祈使成分(imperatives)、感叹成分(exclamations)、前置副词成分(preposed adverbs)、呼语成分(vocatives)等。这些成分更能表达言语交际中除命题信息外的"情感信息"(affective information)。这里不再一一举例说明。

9.4.2 从语用功能的差异看引用句的传信功能

从上文的分析可以看出,直接引语和间接引语在语用功能上的差异对汉语来说尤为重要。若从叙事学和戏剧表演的角度来看,直接引语是当前说话人扮演原说话人的角色,从语言表述方式和信息内容上进行全面展示(showing);而间接引语则是当前说话人以自己为视角对原说话人的信息内容进行讲述(telling)(参看王洪君等2009)。这就好比前者是戏内,在舞台上表演;后者是戏外,在幕后以画外音的方式做独白。这样看来,直接引语在于客观真实地"重现"原说话人的所言;而间接引语在转述的过程中可以融入转述者对原说话人信息的主观态度等因素。基于上述认识,下文将通过真实的言谈材料,着重从语用功能差异的角度来讨论汉语引用句的传信功能。

9.4.2.1 直接引语的传信功能

由于直接引语是对原说话人的话语原封不动的再现,那么它的保真度

[①] 这里的"疑问成分"主要指疑问语气、语调。汉语相对特殊,因为有专门的疑问语气词,而汉语的疑问语气词是可以出现在间接引语中的。比如张老师问我小李的情况说:"小李明天去参加研讨会吗?"(直接引语),我向小李转述张老师的话语,我可以说:
  a.张老师问,你明天去参加研讨会吗?
  b.张老师问,你明天去不去参加研讨会。

是很高的。其中所反映的都是原说话人视角的信息,而当前说话人的主观因素就不能融入其中。所以,直接引语是忠实于原说话人的,也正因如此,它能帮助当前说话人回避对直接引用的信息可靠性的责任。例如:

(25) 1R:哦,对了,好像说英语分儿出来了。我不知道啊,WL说的,他让我帮他看英语分儿。

2L:在哪儿看啊?一教里边儿啊。

3R:嗯

→ 4L:哦,对了,四级好像是出来了,昨天我坐三十四,然后听见有一男生,冲外边儿说,诶,也不谁,谁就骂他来着。他说=说,[喂,英语四级出来了,你小子过啦,都六十七呢](直接引语),然后就说他来着。

5R:真[的]?

6L:[不过]肯定是,我当时一听[四级]

7R: [肯定不是国家的]。

→ 8L:对,我一听四级我说不可能,我说这人肯定是骗他的,就是骗那人的。我说谁那么傻呀?四级,八=八月份儿不才出来吗?肯定不是,后来我一想有可能是,呃,学校四级。

上面这段对话,R和L正在谈论英语四级考试。在第4个话轮中,L采用直接引语的方式,引用了那位男生的话语,来告诉R"四级考试成绩出来了"这一信息。但是,在谈话的过程中发现,这不是国家的英语四级考试,而是学校的四级考试,因此那位男生的信息有误,这从第8个话轮L的言谈中可以看出。由于说话人L是原话引用他人的信息,即使信息有误,责任也在他人,而不在自己,自己只是客观展现别人的原话。再比如下例:

(26) 1R:他那同学,然后,上学第一天,一看到那教材,傻了,

2L:英语的。

→ 3R:美国空运来的,全英文,够吓人吧,结果我那朋友就说,[啊,全英文的教材,好,诶哟,你们那同学有多好啊你说,他就是一上这个英语也会了,日语也,也会](直接引语)。

4L:这好啥呀,没准儿语言也没学好,专业也丢了。

5R:就是呀,这多累呀,要比,比别人多花两倍的时间来消化,不划算!

例(26)这段对话谈论一位第一外语是日语的同学在专业课程学习中使用全英文教材的事情。其中的第3个话轮R直接引用了她一位朋友的

原话来说明使用全英文教材对这位同学的好处。从第 4 个话轮可以看出 L 不同意 R 那位朋友的观点,而接下来的一个话轮 R 也表达了和 L 一致的立场。可见,R 之前使用直接引语的作用是为了在"使用全英文教材利弊"的问题上与 L "求同",而与她的那位朋友"存异"。这样一来,直接引语的使用就拉开了与那位朋友的距离,从而在话语立场上与 L 趋同。

通过分析上述两例,从传信功能的角度来看,直接引语这种传信方式的使用能够拉开与所言信息的距离,从而消除当前说话人对直接引证信息的可靠性的责任。可见,直接引语这类传信策略有它额外的语用价值。

9.4.2.2 间接引语的传信功能

间接引语只需采用当前说话人的视角来转述他人信息的命题内容即可,那些表情成分不需展示出来。在转述的过程中可以伴随有当前说话人的主观因素,这个主观因素要么是话主的态度,要么是由于自身的原因(如记忆的问题)而使用一些模糊形式使原信息多少有些失真,从而降低信息的可靠性。如下例:

(27) 1R:对,科社咱们下礼拜下午上吗?
  2L:不知道,到现在一点儿都不知道呢。
→3R:那个 WL 说[他们那些就是基本上交什么好像,就交那种上机的题](间接引语)。
  4L:嗯
  5R:交,那个交,就编,让你编个东西,基本上都是,他们班只有仅有四个人,或者只有少数那几个人真正是自己编的。

这段对话 R 和 L 正在谈论计算机上机考试的话题。在第 3 个话轮中,R 间接转述了 WL 的话语,其中"基本上""什么"和"好像"这些成分都反映了当前说话人在转述他人信息时的不确定态度。因此,这条信息哪怕之前在 WL 那里确实是真实可靠的,但是历经转述,掺入转引者的主观态度后,其可靠性就大打折扣了。再比如:

(28) 1R:呃,对,好像就考 X 大学了,然后说,对了,他们宿舍的人说,说,他们宿舍人有一次,还有一个人跟他们,跟他们跟他打起来了。然后就是,然后,就是说,可能他,就说,[在别人眼里挺傲的什么的,但是觉得他们就是不如自己,怎么,怎么样](间接引语),说[他每天坚持背五十个单词,然后背那新东方的那叫什么,什么红宝书,那叫什么,一天背五十个](间接引语),然后说,[认识一个刘博士好像要去剑桥](间接引语),

他,他好像说[他高考之前,前一个月,

2L:没睡觉。

3R:就没睡觉](间接引语),呃,不,前一个星期,一个星期每天晚上他都不睡,不知道是不是这样。

上例(28)中的第 1 个话轮 R 间接引用了几条他人的信息,其中都用到了表示模糊的语言成分,如"什么""怎么样"和"好像"。这些主观性的成分大大降低了所引用信息的可靠性,以至于在第 3 个话轮中言者使用了"不知道是不是这样"这类评价信息来表示怀疑。

从上述分析可见,间接引语的使用可以伴随着当前说话人对信息的主观态度。该类传信方式的使用能够影响信息的保真度,降低信息的可靠性。

9.4.3 小结

这一节主要对比分析了汉语引语中引用句的两种类型,即直接引语和间接引语在句法表现和语用功能上的差异,并通过真实的言谈材料,着重从语用功能差异的角度讨论了两类引用句的传信功能。下面将直接引语和间接引语在句法表现、语用特点和传信功能三方面的整体差异总结为下表 9-4:

表 9-4　直接引语和间接引语在句法表现、语用特点和传信功能方面的差异

差异对比		直接引语	间接引语
句法差异		涉及人称、指示成分(时间、地点、指代)等的转换	
语用差异	表情成分	＋	－
	非语言成分(如语调等)	＋	－
	信息内容	＋	＋
	表达方式	展示(showing)	讲述(telling)
传信差异		拉开与所引信息的距离,消除对其可靠性的责任	伴随转引者的主观态度,降低了信息的可靠程度

9.5 结语

9.5.1 回答:引语如何传信

本章的主要目的是从引语的整体观出发,分别考察其组成部分即引导句和引用句在语言使用中是如何表达传信功能的。下面从这两方面简要地对"引语如何传信?"这一问题做出回答,以此作为对本章的一个总结。

从汉语引语中的引导句来看,本章以"说"类引导句为例,着重从信源指称的角度对比分析了它在新闻和小说两类语体中的使用差异。我们发现两类语体都偏爱使用信源指称度高的形式来传信,并对此给予了解释。

从汉语引语中的引用句来看,我们主要从直接引语和间接引语在句法表现和语用功能上的差异入手,通过真实的言谈材料,着重从语用功能的差异角度讨论了两类引用句的传信功能。研究发现,直接引语这种传信策略的使用能拉开与所言信息的距离,从而消除当前说话人对信息可靠性的责任;间接引语这类传信策略的使用常伴随有当前说话人对信息的主观态度,它能降低信息的可靠性。

9.5.2 研究启示

引语和传信范畴都是语言学研究的热门课题,分别研究这两方面课题的学者和成果都不胜枚举,但是,将两者结合起来进行互动研究的还不多。本章提倡将相关语言范畴结合起来进行互动研究,这种研究范式既有利于对单个语言范畴特点、性质的深入挖掘,也有利于从互动关联中去探究语言范畴之间的普遍联系。引语和传信都是话语表达范畴,而引语为传信意义的表达提供了广阔的平台,因为从本章的研究看,其各组成部分都能用于表达语言的传信功能。而在塑造传信表达手段的同时,又能窥测到引语在语言使用中呈现出的特点。

另外,我们主张对汉语语义范畴表达形式的挖掘应该以真实的语料为媒介,对研究对象要进行定量、定性研究。任何语义范畴的表达形式都是在真实的语言运用中逐渐积淀而成的,因此从话语功能的角度结合其共时演变的研究,更有助于我们认识语言范畴的本质特点。

第10章 传信范畴作为汉语会话话题生成的一种策略

10.1 引言

30多年来①,语言学家采用不同的研究范式对传信范畴进行多角度研究的成果日益丰富。语言类型学家们(Willett 1988;Lazard 2001;Aikhenvald 2003,2004等)比较关注不同语言是如何用具体的语法形态来表达信息来源这一语义范畴的,并对世界语言的传信范畴体系进行分类,而且还考虑到了不同类型传信语的历史来源和演变等问题。儿童心理语言学家们(Aksu-Koç 1988;Courtney 1999;Fitneva and Matsui 2009等)从儿童语言习得的角度来讨论不同母语的儿童是如何掌握传信语的,并且以此来洞察语言的发展和儿童认知能力形成的相互作用。还有一些语言学家(Chafe 1986;Kamio 1997a,1997b;Trent 1997;Fox 2001;Kärkkäinen 2003等)从语言功能、互动交际和社会行为等角度来研究语言的传信范畴,这一派学者认为,传信范畴除了表明信息来源之外,还表达说话人对所言信息的态度。因此,他们还关注那些没有专门的语法标记来指明信息来源的语言在言语交际中是如何表达上述两种传信意义的。

以上关于传信范畴的三种研究范式中,最后一种是近些年来发展比较快速的。首先,该研究范式涉及多学科的交叉研究,比如功能语言学、会话分析、社会语言学、人类语言学等。其次,这些学者研究传信范畴的共同特点是:不限于传信范畴的句层面表达,不限于那些有具体的语法形态来标记传信范畴的语言。更为重要的是,他们将传信表达视为一种交际双方互动的活动,并且非常重视语言实际运用中的传信表达,重视对传信范畴的人际和社会功能的挖掘。这种研究思路大大拓宽了传信范畴研究的视野

---

① 该年限的计算是以1981年春,在美国加州大学伯克利分校由Wallace Chafe和Johanna Nichols两位教授组织的关于语言传信范畴的专题研讨会的召开和1986年他们编著的该会议论文集 *Evidentiality: The Linguistic Coding of Epistemology* 的出版为标准的。该会议和论文集是语言学家们第一次以传信范畴为题进行学术交流的成果,是大家公认的语言学传信范畴研究的第一座里程碑。

和范围。因此,我们的研究将沿着这一范式展开。

以往关于话题研究的著述不胜枚举,就汉语话题研究而言,不论是结构主义语言学(Chao 1968;朱德熙 1982;陆俭明 1986 等)、形式语言学(Huang 1984;徐烈炯、刘丹青 1998;Shi 2000 等),还是语言类型学(Li and Thompson 1976 等)和功能语言学(Tsao 1979;张伯江、方梅 1996;乐耀 2007 等)视角下的话题研究,他们更多的是将话题视为一个静态的句层面的语言范畴。虽然有的学者已经注意到从语言运用的角度来研究汉语的话题,但是其研究焦点还是集中在将话题的语言实现形式局限于名词性成分,讨论它的信息地位和它与其后句法成分之间的语义关联等问题。近些年,随着功能主义语言学思潮的兴盛以及会话分析、互动语言学研究的日益发展,越来越多的学者(Keenan and Schieffelin 1976;Button and Casey 1984;沈家煊 1989;Geluykens 1988,1991,1992,1993,1995,1999;Tao 2001a)开始从真实的言谈互动交际着手,来研究话题是怎样被建立和理解的,更加关注话题的交际功能和话题生成规律与会话结构的关联。这些研究者都认为,在言语交际中,话题的生成是一项言谈双方交互合作的动态活动。

通过对传信范畴和话题已有研究的简要回顾和梳理,我们发现这两个不同语言范畴的近期研究发展趋势有一个共同点,即将传信和话题放在真实的言谈交际中去探讨研究,并将传信的表达和话题的生成都视为言语交际双方通力合作的过程(collaborative process)。基于这些认识,我们选择了会话话题(conversational topic)作为与汉语传信范畴互动研究的对象。

本章采用会话分析(Conversation Analysis,CA)的方法,利用真实的汉语言谈材料来分析传信范畴在会话话题生成过程中的作用,并揭示传信范畴在汉语会话中的不同交际功能。本章使用的言谈会话语料包括如下两部分:(1)20 世纪 90 年代,朋友之间电话录音转写语料,386685 字,电话交谈双方都是母语为汉语的中国人,每段电话录音 10~20 分钟不等;(2)北京某高校寝室言谈对话语料,约 35 分钟,共计 12845 字。

下文我们首先对会话话题进行界定,厘清会话话题在言语交际中不同的生成阶段,同时给汉语传信范畴进行分类;然后逐一分析汉语传信范畴在会话话题不同生成阶段中的表现和作用;另外,提出一些我们在汉语传信范畴和会话话题互动研究中得到的启示;最后是对本章的总结。

10.2 会话话题生成的阶段和汉语的传信范畴

在展开汉语传信范畴和会话话题互动研究之前,我们有必要先对本章的两个主要研究对象汉语的会话话题和传信范畴,在理论上做一些说明。因此,下文首先总结会话话题的特征及其生成的三个阶段;然后对汉语传信范畴进行界定,并对其进行分类。

10.2.1 会话话题及其生成阶段

10.2.1.1 会话话题的特征

一般认为,汉语的话题在句法位置上是位于句首的;韵律上其后可以插入语气词,有停顿;信息结构上是有定的已知信息;话语功能上是言谈所关涉的对象。这些参照普通语言学从理论上对汉语话题特点的研究和介绍难以尽数(参看 Tsao 1979;徐烈炯、刘丹青 1998;石毓智 2001;张新华 2006 等)。上述这样定义"话题"是立足于句子层面的,虽然从形式上确定话题似乎容易了,但确定之后对于话题在会话交际中是如何触发、引入、延续等方面的分析所起的作用并不大。

可见,从句子层面界定话题并不能满足篇章和会话分析的要求。Keenan and Schieffelin(1976)提出了篇章话题(discourse topic)的概念,她们认为篇章话题是预设的一个命题而非简单的名词短语形式,而说明部分是由命题引发的评说。她们非常强调篇章话题在对话语篇中的互动性。另一位关注会话话题研究的学者是 Geluykens,他在相关研究中明确提出了新的会话话题的两个特征,即不可恢复性(irrecoverability)和延续性(persistence)。下文我们将在此基础上结合汉语的研究对会话话题的特征进行修正。

Geluykens(1991;1992;1993)认为话题在会话交际中的引入和延续是言者和听者双方互动合作的过程。考虑到会话分析的可操作性,作者明确提出,"新的会话话题是具有不可恢复性和延续性的指称表达"(Geluykens 1991:182;1993:182)。他进一步指出,那些可以通过上文会话语境(preceding discourse context)直接或间接推导出来的信息不能作为会话的新话题。作者认为,只有上文未提及并且听话人不能依靠语境恢复的新信息,才能在会话中作为首次引入的话题成分。但是我们发现,作为会话话题的信息可以不是在言谈中首次提及的,也可以具有可恢复性。分别举例如下:

(1)(下面的言谈,R 和 L 在谈论她们的同学 Yang Yansheng 和 Cao Liang。)①

1R:然后碰见Yang Yansheng 了。Yang Yansheng 说,对对对,我碰见就是她,就指 Zhao Xin。然后说,说上自习的时候碰见的。我怎么认识他的,就是我们俩上选修,他坐我前边儿,然后,他老回头儿看我。

(由于篇幅原因省略了第 2—11 个话轮,省略部分都是在谈论交际双方的同学 Yang Yansheng 的。)

12L:把我跟 Zhao Xin 给逗的,他说话特[逗]

13R: [你看]你看Cao Liang 就知道了。他们俩都是幺零幺的。

(此处省略了第 14—17 个话轮,省略部分都是在谈论交际双方的同学 Cao Liang 的。)

18L:嗯,他们俩的贫可不一样,Cao Liang 那贫可烦死啦。整个一(……),哎呀! 不说啦。(……)Yang Yansheng 挺逗的。我,我第一次见着他,以前没见过他。

19R:选修没见过。

20L:没,没仔细看。我一直觉得他长的那样,不是那样。昨天我一看,哟,挺像小姑娘儿的。

21R:特好玩儿,然后说如果我借他作业抄嘛,然后说好,以后星期一来了,一周作业就可以搞定了。

例(1)这一段对话中,R 和 L 在谈论她们的同学,其中第 1—12 个话轮所谈论的对象是 Yang Yansheng,是这一部分的会话话题;接下来的第 13—18 个话轮,她们在谈论另外一个同学 Cao Liang,这是第二部分的会话话题;最后的三个话轮,她们又重新以 Yang Yansheng 为会话话题进行交谈,该话题是由 L 首先发起的。在第 18—21 个话轮这一段对话中,话轮 18 里的"哎呀! 不说啦"标志着上一话题言谈的结束,预示着新的话题的开启或者是整个会话的结束。此时,在话轮 18 的后半部分,言者 L 再次引入上文提及的 Yang Yansheng 作为接下来 19—21 三个话轮延续的会话话题。虽然 Yang Yansheng 对于交际双方来说不是一个新的话题,但是后

---

① 为了保护隐私,转写语料中凡涉及真实姓名之处全用汉语拼音代替。转写符号说明如下:[ ]方括号中的内容表示上下话轮重叠的部分;( )圆括号表示停顿;(……)圆括号的省略号表示括号内的言谈内容分辨不清,故省略;{笑声}大括号内为笑声。另外,文中引用的语料由于篇幅的原因,我们会做一些省略说明。

面关于话题的说明部分,尤其是话轮21中言者R围绕该话题所陈述的关于"抄作业"的事件,对于听者L来说是新的信息。

可见,在言谈交际中,上文没有提及的信息也可以作为新的话题引入会话,这里的"新"是关于话题的说明是新的,是上文未提及的,而不是话题本身。再来看例(2):

(2)(在本例言谈之前,L和R正在谈论她们的同学,然后她们开始谈论英语四级考试。)

1L:哦,对了,四级好像是出来了,昨天我坐三十四,然后听见有一男生,冲外边儿说,诶,也不谁,谁就骂他来着。他说＝说,喂,英语四级出来了,你小子过啦,都六十七呢,然后就说他来着。

2R:真[的]?

3L:[不过]肯定是,我当时一听[四级]

4R:　　　　　　　　　　　　[肯定不是国家的]。

5L:对,我一听四级我说不可能,我说这人肯定是骗他的,就是骗那人的。我说谁那么傻呀?四级,八＝八月份儿不才出来吗?肯定不是,后来我一想有可能是,呃,学校四级。

上面例(2)中,L和R正在谈论英语四级考试,"四级"是会话话题。在此之前,她们谈论的是关于几位同学的情况,直到话轮1中,L利用新话题提出前的信号语(the pre-signal)"哦,对了",开启了接下来的5个话轮,即关于英语四级考试的言谈。话轮1中的"四级"是第一次引入会话的、上文未提及的新信息。但是,这个新信息只是表面上的,它可以被听者根据语境激活恢复。因为交际双方都是国内高校的在读大学生,"四级"虽然在会话中第一次提到,但是可以毫不费力地推导出这是指"国内的大学英语四级考试",不是别的什么四级。可见,此例中的会话话题"四级"是一个可恢复的信息。

基于上述分析,我们认为会话话题是一个具有新闻价值并且可以在后续言谈中延续下去的指称成分。所谓"新闻价值(newsworthy)",不在于新引进的话题本身是否是新信息,而在于引入的话题是否具有可以维系后续言谈的新信息价值。也就是说,围绕该话题展开的言谈说明中所提供的关于该话题的信息是上文未涉及的,一般也是听者闻所未闻的,比如例(1)的话轮18—21中,围绕会话话题"Yang Yansheng"展开的言谈;所谓"延续性(persistence/continuity)"是说,当一个指称表达被引入会话后,它只是潜在的会话话题,只有当后续言谈围绕它展开时,它才能真正成为会话话题,例(2)的整个会话就是围绕"四级"这一话题延续展开的。会话话题延续性的考察,可以通过后续言谈对该话题的回指和复现频度来测量,关于此我们不打算展开讨论,相关研究可参看 Givón(1983)①和方梅(2005a)等。上述修正的关于界定会话话题的两个特征都说明,话题是否具有新闻价值以及是否可以延续,都需要交际双方协商合作去完成,而这一过程就是会话话题的生成过程。

10.2.1.2 会话话题生成的三阶段

关于会话话题生成的模式和阶段,有些学者已经做过研究。Keenan and Schieffelin(1976)分别从听者和言者的角度提出了在交际中话题建立的四个步骤:(1)听者要参与言者的言谈,而言者要确保听者的参与;(2)听者要能听辨言者的话语,而言者要清晰表达自己的话语;(3)听者要能识别在建立篇章话题②中发挥作用的实体、个人、观点和事件等,而言者应该提供足够的信息便于听者识别话题;(4)听者要辨别指称和篇章话题的语义关系,而言者应提供足够的信息便于听者重构这种语义关系。作者认为上述第(1)和第(2)步是任何成功交际都应该遵守的,而(3)和(4)对成功地建立篇章话题尤为重要。

Levinson(1983)在讨论话题在语篇中的连贯和衔接时说到,篇章话题的研究应该集中在下面这些重要问题上:(1)潜在的话题是如何被引进并得以批准继续作为言谈对象的;(2)一个新信息的指称形式是如何被触发为话题的;(3)话题引入后又是如何和其他指称形式竞争从而延续下去的;(4)围绕话题展开的言谈又是如何在交际双方的合作下完成的。这些先后提出的关于话题研究的重要问题正好反映了篇章话题生成的过程:话题触发——话题引入——话题确认——话题延续——话题结束。

Button and Casey(1984)明确提出了会话话题的生成由三部分组成:(1)用疑问形式包装的话题触发语(the topic initial elicitor)提出一个有新闻价值的事件信息;(2)正面积极回应(1)中的疑问触发语,并提出一个有新闻价值的潜在话题;(3)将(2)中提出的潜在话题"话题化(topicalize)",即以此为言谈对象展开会话交谈。

与 Button and Casey(1984)相似,Geluykens(1988;1991;1992;1993;

---

① Givón(1983)提出的三种测量话题延续性的方法是:回数法(lookback)、歧义法(potential ambiguity)和衰减法(decay)。笔者认为,这三种方法更适合用于测量书面语篇话题的延续性,而口语会话话题延续性则通过后续言谈对话题成分的回指和复现频度来测量会更合适。关于这个问题,我们会另文讨论。

② Keenan and Schieffelin(1976)提出的篇章话题是指预设的一个命题而非简单的名词短语形式。

1995;1999)提出了建立会话话题的原型三部曲①[在此我们以 Geluykens(1999)为准]:

(3) 步骤1:会话话题的预备阶段(topic-preparing sequence)(可含有话题触发语)

步骤2:会话话题的引入阶段(topic introduction)(首次提及潜在话题)

步骤3:会话话题的延续阶段(topic-negotiating sequence)(围绕话题展开言谈)

纵观上述评介,我们发现各位学者关于话题生成模式和阶段的讨论有很多相似之处,它们都可以概括为上述 Geluykens(1999)的三个相对简练的步骤。这种话题生成的原型模式(prototypical model)对汉语也是适用的。例如:

(4)(A 和 B 正在打电话。)

1 A:那个,诶,你,其他有没有那个什么新闻呐?

2 B:嗯,什么新闻?

3 A:对啊,那个 Guangming 他们怎么样?还好吧?

4 B:Guangming 最近大概在抓紧谈恋爱吧。

5 A:是吗?{笑声}嘿!

上面例(4)就很好地反映了汉语会话话题生成的三个阶段:首先,言者 A 用疑问形式包装的话题触发语提出一个有新闻价值的事件信息,以此来引导听者 B 提出一个潜在的话题;而 B 用回应语"嗯"回应并重复疑问"什么新闻",要求 A 对此做进一步解释;然后 A 用"对啊"回应 B 的疑问,接着直接用疑问的方式第一次提出潜在的话题"Guangming";后面两个话轮是对 A 提出的话题进行合作言谈。这段对话的话题生成模式可以详细地概括为:

(5) 第1步 A:提出话题触发语。

第2步 B:对话题触发语回应并提出疑问。

第3步 A:用疑问形式首次引入话题。

第4步 B:接受潜在的话题并继续言谈。

---

① 这里之所以说是"原型三部曲",主要是因为在真实的言谈交际中,话题的生成还会遇到其他复杂情况,而这里提出的三个步骤是最典型、最常见的情况。这方面的相关研究可进一步参看 Geluykens(1988;1991;1992;1993;1995;1999)。

第5步 A:围绕话题展开言谈。

其实,(5)的总结是会话话题生成的原型模式(3)的扩充版。上面(5)中前面两个话轮对应着会话话题的预备阶段;第三个话轮是会话话题的引入阶段;而最后两个话轮是会话话题的持续阶段。本章将以会话话题生成的原型步骤模式(3)为基础,对传信范畴在汉语会话话题不同生成阶段的作用进行研究。

10.2.2　汉语传信范畴及其类型

正如本章开篇所言,广义的传信范畴既可以表明信息来源,还可以表达说话人对所言信息的态度。我们和大多数从事汉语传信范畴研究的学者一样,也是沿着这一理解展开的。虽然不同的学者在对传信范畴的认识上基本达成了共识,但是对汉语传信范畴的类型划分上还存在差异。下面我们首先简要地回顾已有的重要研究,然后在此基础上提出本书对汉语传信范畴类型的划分。

胡壮麟(1995)从知识来源的角度将汉语的传信范畴分为感官、言语、假设和文化传统四类;然后从对信息的获取方式的角度,将汉语传信范畴分为归纳、传闻、演绎和信念四类。这两个角度属于狭义的传信范畴,信息的来源和获取方式是有关联的,比如可以通过感官推断进行归纳,通过引用他人的言语作为传闻方式等。另外,作者提出广义的传信范畴还包括信度和预期,这些都表明说话人对信息的态度。这一分类对我们的研究很有启发。

张伯江(1997)认为,汉语中的传信表达主要有如下三种:(1)对信息来源的交代,如插入语;(2)对事实真实性的态度,如副词;(3)对事件的确信程度,如句末语气词。这一分类确实能反映汉语传信范畴的特点,但是第(2)和第(3)两类只是在语言手段上有差异,前者用副词表达传信范畴,而后者用语气词,而在意义上如何区分"真实性的态度"和"确信程度"似乎是个难题。

另外,朱永生(2006)根据是否明确交代信息来源,将汉语传信范畴分为目击型和非目击型两大类,还对汉语传信范畴的程度(可信度)和取向(主观/客观)进行了讨论。陈颖(2009)运用主观性理论,将汉语传信语分为直接体现信息来源和间接体现信息来源两大类,并做了较为全面的分类描写。

本章对汉语传信范畴的分类,首先立足于对传信范畴内涵的理解,然后在上述已有研究的基础上,结合我们研究的实际,做了如图10-1的分类：

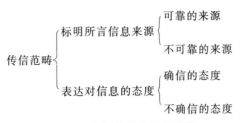

图 10-1　汉语传信范畴的分类

上图 10-1 中,我们首先将汉语的传信范畴分为标明所言信息来源(如来自感觉器官)和表达对信息的态度(如认识情态)两大类。然后再以"信"和"疑"为标准,将信息来源分为可靠的和不可靠的;对信息的态度分为确信的和不确信的。这里需要特别强调的是,信息来源、信息获取方式和确信度三者之间的关系,以往的研究有所忽略。

首先,信息来源和信息获取方式的异同。信息来源是指所言信息的发源地是来自何处;而信息获取方式是言者如何将所言信息从发源地获取成为自己认识的一部分。这两者是有重叠的。如下两例:

(6) 听王老师说,你这次考试得了全班第一。
(7) 我看见小张把那本书借走了。

例(6)中"你这次考试得了全班第一"这条信息的来源是"王老师",而说话人获取这条信息的方式是"听说"。在例(7)中,"小张把那本书借走了"这条信息的来源是"我",更准确地说是"我"的视觉感官,而"我"获取这条信息的方式还是"我"的视觉感官经历,所以,该例中言者所言信息的来源和获取方式是重合的。

另外,信息来源和信息获取方式与对信息的确信度之间并不是绝对的对应关系。一般认为"眼见为实,耳听为虚",其实有时亲身经历的未必就是可靠的,传闻听说的未必就是值得怀疑的。例如:

(8) 非洲是世界上语言种类最多的大陆,本族使用者超过 100 万人的非洲语言有 30 种以上。

若上述例(8)这条信息是说话人听他的一位普通朋友说的,或者是听一位语言学家说的,那么,试比较一下,哪一位所言更可信?虽然都是通过"听说"的方式所得,但一个是来自普通朋友,一个是来自语言学家,由于所获取信息的来源不同,所以说话人对于出自不同人之口的信息的确信度也会不一样。

可见,信息来源和信息获取方式与对信息的确信度之间没有必然的关联。确信度是传信范畴在言语交际中很值得考量的,它和信息的来源、获取方式以及对信息的态度都有着密切的联系。这也是下文在考察汉语传信范畴在会话话题生成中的作用时要着力研究的。

10.3 传信范畴在汉语会话话题生成中的作用

10.3.1 传信范畴在会话话题的预备阶段

在会话话题的预备阶段,说话者一般会使用疑问形式包装的话题触发语提出一个对受话具有启发的、开放式的问题,以此来激发受话在下一话轮正式选择并提出会话话题,而即将提出的话题又与话题触发语所涉及的问题相关。Button and Casey(1984)认为,从会话结构的角度看,话题触发语可以出现在如下三个会话接续环境(sequential environments)中:(1)会话的开篇位置;(2)话题的接续位置;(3)话题的转换位置。下面我们用具体的会话材料来逐一分析汉语传信范畴在话题触发语所出现的这三个环境中的表现。

10.3.1.1 会话的开篇位置

人们在言谈交际中往往会使用寒暄语来开启谈话,或者相互问候,或者询问对方近来的个人情况等。Schegloff and Sacks(1973)认为这些开篇要素(opening components)可以帮助会话话题的第一次引入。我们发现在这些作为话题触发语的开篇要素中有使用传信范畴的情况。如下例(9)(例中话题触发语所在话轮用箭头标出):

(9)(下面这段对话是开篇的一段,R 和 L 在谈论考试的事情。)
→1L:<u>最近怎么样啊,你看上去好像特别累啊,还好吧</u>?
2R:我啊,是啊,特累,考试累。
　　我觉得房屋特别<u>房屋建筑</u>考得特惨,然后[但　　]
3L:　　　　　　　　　　　　　　　　　　　　　　[啊,对]
4R:但是他们说,四个班就一个不过的。
5L:真的啊,判完了?
6R:谁说的,Xu Bowenr 呗,Xu Bowenr 说的。
7L:我觉得不会,我觉得那个挺难的,能不能就一个人不过呢。

上例的谈话以 L 询问 R 的近况(immediately current event)开始,并

以"你看上去好像特别累啊,还好吧"作为话题触发语。这可以从第2个话轮 R 的回应"是啊,特累,考试累"看出。在会话话题准备阶段的话题触发语中,言者使用了视觉感官("看上去")和不确定的推断("好像")两类传信语,它们的使用是相关联的,因为推断是基于 L 对 R 的视觉观察。使用这种不确定意义的传信语,是为了向对方确认自己的推断是否正确,这其中还隐含了 L 想进一步知道 R"为什么会这么累",传信的表达使得受话逐步向会话话题的引入靠拢。R 接续的第2个话轮中,前半部分是对 L 话题触发语提问的回答,确认 L 推断的正确性,然后在此基础上提出后续言谈的话题。在此,交际双方使用了逐步缩小策略(step-wise strategy, Tao 1996),即 L 推测 R 很累(暗含询问原因)——R 确认 L 的推测并告知原因(因为"考试累")——确立具体的会话话题("房屋建筑考试")。交际双方在互动合作中逐步缩小话题的范围,直到一个具体话题的提出。这里传信语的作用在于用不确定的方式提出推测和疑问,以此来增加和对方互动的机会,引导对方逐步缩小话题范围并最终提出话题。

10.3.1.2 话题的接续位置

话题的接续是指当一个新的话题确立后,可以围绕着它展开多方面多角度的谈论。当关于话题 T 的某一方面的次话题 T1 谈完后,还要进一步提供新信息(provide for newsworthy-event-report to be further for the conversation)谈论关于话题 T 的另一方面次话题 T2 时,就有一个 T2 接续 T1 的位置。在次话题 T2 引入前,言者也会在话题准备阶段的话题触发语话轮中使用传信范畴。如例(10):

(10)(前面 R 和 L 在谈论另一门课程的考试情况。)
→1L:我好像记得谁跟我说,说是,还有一门课的分儿也出来了,是不是啊?
2R:哦,对,好像说英语分儿也出来了。我不知道啊,Wang Wei 说的,他让我帮他看英语分儿。
3L:在哪儿看啊?一教里边儿啊。
4R:嗯,我还挺担心呢!
5L:啊——?哦,是出来了。

例(10)是关于"考试"这一话题展开的言谈的一部分,在第1个话轮之前是 R 和 L 在谈论另一门课程的考试情况,而第1—5个话轮是在谈论"英语考试"的情况。在第2个话轮 R 提出"英语分儿"这个次话题之前,言者 L 用了话题触发语来引导对方提出接续言谈的次话题。在这一触发语中,L 使用了不确定类("好像")和传闻类("××说,说是")两种传信表达方式,其作用主要是避免说话人对所言信息的责任(avoid responsibility),拉开言者自身与即将提出的话题的距离(distant the speaker from the topic)。一般而言,在语言形式上使用间接的传信表达方式(如间接引语"××说"),使用附加疑问句(如"是不是啊"),或者使用低确信度的词汇形式(如"好像"),都能使言者避免对所言信息的确认性和责任。就上例而言,从上文可以知道"考试成绩"是 R 很担心的话题,因为 R 考试发挥得不好。那么,言者 L 在试图触发对受话 R"不利"的话题时,尽量避免自己直接提出,而是用间接迂回的方式引导对方提出,所以在话题的触发阶段使用低确信度的传信语能起到如上作用。

10.3.1.3 话题的转换位置

这里要谈论的话题的转换,和上一节所讨论的两个相关联的次话题转换接续的情况不同,指的是由话题 A 转换到下一个不相关联的新话题 B 上。在这前后两个话题转换的位置上,也即上一话题结束、下一话题即将引入的位置上,说话人在会话话题的预备触发阶段也会使用传信范畴。如下例:

(11)(下面第 2 个话轮之前,A 和 B 在谈论关于国外买房子的事情。)
  1A:就这样,反正以后再说了。
  2B:嗯,嗯,那当然啦,一点点弄起来哦。
→3A:嗯,我看我们说点儿别的吧,别说这烦心事儿了。这两天怎么样?听说你特别忙,都忙啥呢?
  4B:这两天也没什么。我呐,帮 Yu Ren 东西买好了,买好了么,我先得听听。
  5A:嗯。
  6B:因为他要的东西还是蛮多的啦。
  7A:哦。

例(11)的对话中,上一话题是谈论在国外买房子的事情,话轮 1—2 预示着上一话题的即将结束,例如 A 在话轮 1 所言"就这样,反正以后再说了"表明 A 想结束当前话题,话轮 2 中 B 也作了回应。在引入话轮 4 中提到的"Yu Ren 要的东西"这一新话题之前,说话人 A 在话轮 3 的话题预备阶段提出了话题触发语,该话题触发语前半部分使用了表主观认识(recognition)的传信方式"我看",后半部分使用了表传闻的传信方式"听说"。前者表明说话人自己的主观想法、建议等,A 用该类传信语建议 B 不要再谈论"买房子"这一烦心事儿了,也就是建议结束上一话题,预示着准备开启新的话题"说点儿别的"。而后者主要是对听说到的信息"你特别忙"进行确认,从而引导对方从"忙的事情"中选一个作为即将开启的话题。因此,此处两类传信语的使用起到承上启下的作用:承上终止旧话题,启下引入新话题。

10.3.2 传信范畴在会话话题的引入阶段

一般来说,在言谈交际的过程中引入会话话题主要发生在如下两个会话接续环境中:(1)即将引入的话题作为接续和上一话题相关联的次话题,即话题的接续位置;(2)即将引入的话题作为和上一话题无关的新话题,即话题的转换位置。而在言谈的开篇通常是不会直接引入会话话题的,一般需要问候等开篇要素来为话题的开启做铺垫,否则会显得很突兀,这种情况上文已经讨论过,在此不再赘述。

10.3.2.1 话题的接续位置

话题的接续,上文已经谈到是两个相关联的次话题前后的接续。在后续话题引入阶段之前,可以不使用触发语来引导他人发起话题(other-initiate topic),而直接由当前发话人自我发起话题(self-initiate topic)[①]。言者在自我发起话题时,也会使用传信范畴。例如:

(12)(这段对话在讨论"联系方式"这一话题。)

  1A:哦,对了,我告诉你我的联系方式吧。然后我的电话号码是,那个区号是二幺五,您记一下吧。

(这里省略了第2—17个话轮,省略部分都是在反复记录确认A的电话号码。)

  →18A:对,对。然后反正就是,如果你那边要有那个,找到计算机网络的话,就能够通过计算机网络跟我联系,比较方便,那个特别快。

  19B:计算机网络怎么联系啊?

(这里省略了6个话轮,都是在谈论如何用计算机网络通信的。)

这一例中,A在和B谈论自己的"联系方式"。话轮1—17都是谈论和反复确认A的"电话号码"。一直到话轮18,A自己开启另一话题谈论他的另一种联系方式"计算机网络邮件",虽然还是围绕着"联系方式"这一话

---

① 关于言语交际中"他人发起类话题"和"自我发起类话题"的讨论,请参看 Tao(2001a) Some Interactive Functions of Topic Constructions in Mandarin Conversation 一文,中译文见乐耀(2007)。

题进行言谈,但是具体的次话题改变了。言者 A 在话轮 18 中引入另一个次话题时,使用了表达假设推断的复句传信方式"如果……的话,就……"。这里的假设传信表达,是很难在 B 一方实现的。因为这段谈话的背景是在 20 世纪 90 年代初,那时中国的计算机网络还不普及。就同国外的联系方式而言,电话是较常见的方式,而计算机网络联系相对来说还是陌生的事物。因此,A 的假设是暂时不能实现的,在此他只能将"计算机网络"的相关情况作为新信息告诉 B。在这个次话题的言谈中,A 是主导,因为他占有更多关于该话题的信息,而 B 对于不熟知的事物的信息只能被动接受或者进一步询问,这从 B 的回应中可以看出。所以,该假设类传信表达在此的主要作用是:若此时的话题是一个对方暂时不能实现的情况或陌生的事物时,言者可以借此假设来为对方提供更多的关于这方面的言谈信息,使得交际延续下去。

10.3.2.2 话题的转换位置

新的话题的引入可以发生在上文话题结束、下文话题即将开启的位置。我们发现在话题转换的位置上也有使用传信范畴的情况。例如(13):

(13)(下面第 2 个话轮之前,A 和 B 在谈论出国办签证的事情。)

    1B:懂啦,我现在懂了这个事情。
    2A:哎! 对,对,对,嗯。
→3B:<u>喂,我问你个事儿</u>,你觉得那个律师有没有把握啊?
    4A:他一般是比较有把握,他没有把握他不会接。因为这个案子呢,第一,他是如果办不成,他的费用是全退的。这是,他们就是,他,他不收费的。
    5B:哦,懂啦,懂啦,懂啦。

(此处省略了两个话轮,是 A 在谈论律师对这个案件有把握的第二个原因以及 B 的回应。)

上例的第 2 个话轮之前,A 和 B 在谈论出国办签证的事情,从话轮 1 和 2 可以看出,交际双方即将结束该话题的讨论,继而转向话轮 3 开启的另一话题。言者 B 在话轮 3 中用疑问的方式提出话题"那个律师"之前,先用了话题引入提示语①(pre-signalling cues, Geluykens 1999)"我问你个

---

① "话题引入提示语"和上文所谈论的"话题触发语"是有差别的,首先前者一般是和话题的引入同处一个话轮,而后者一般是单独作为一个话轮;其次,前者的作用是提示受话,"我"马上要提出新的话题了,而后者是触发引导对方在下一个话轮引入一个和触发语相关的话题;最后,前者不限于用疑问的方式,而后者一般都用疑问的方式进行包装。

事儿"来告诉受话即将有一个新话题提出。然后,B用了主观认识类传信范畴("觉得")来询问A关于"那个律师"的情况,至此话题正式建立。这里传信语的使用主要有两方面作用:一是反映了当前说话人B对"那个律师有没有把握赢这个案子"持疑惑态度,这是"献疑";二是想听取对方A关于这件事的态度和对律师的评价,由此来帮助自己"解疑"。下文主要是A在谈论他认为律师对这个案件有把握的两个原因,从而来延续话轮3中B以疑问方式提出的话题。

10.3.3 传信范畴在会话话题的延续阶段

上文我们分别讨论了汉语传信范畴在会话话题预备阶段和引入阶段的使用情况和会话功能。我们在前面说到,话题的引入并不能说明会话话题就已经顺利生成了,因为只有当它继续被交际双方当作后续言谈的对象时,才能说明它在会话中的生成。所以,这一节我们主要分析传信范畴在会话话题顺利延续和曲折延续①中的表现和功能。

10.3.3.1 话题顺利延续

最典型的会话话题顺利延续的模式应该是上文介绍的 Geluykens (1999)的三部曲,即经过预备阶段,话题引入后就立即得到受话的回应,然后双方展开后续言谈。例如:

(14)(这段对话之前是在谈论怎么照顾家里的病人。)

1A:对对对,所以你们自己都注意一下。还有呢,<u>我听 Maomao 说</u>您想买微波炉,是吧?

2B:对。

3A:<u>我觉得</u>那挺有用的。

4B:<u>我觉得</u>好像比较方便,因为<u>我看</u> Zhang Zhijuan 她们家[⋯⋯]

5A:　　　[<u>我觉得</u>],对,诶,<u>我觉得</u>您就去买一个不就完了吗?您还等什么呢?您就去买一个呗。

6B:对。

例(14)中,第1个话轮是新的话题"买微波炉"的引入阶段(之前是在

---

① 这里将会话话题的延续分为顺利延续和曲折延续两类。按理说还应有失败的延续,即说话人提出一个话题,受话人并未给予回应并继续以该话题为对象进行交际。在一般的言谈会话中,交际双方多是通力合作的,这种情况很少发生。在此我们不予讨论。

谈论怎么照顾家里的病人)。在这一话轮后半部分引入话题前,言者 A 使用了话题引入提示语"还有呢"来告诉受话 B 即将有新话题提出,然后 A 用传闻听说类传信方式引出话题,并用附加疑问句来向 B 确认含有新话题的信息是否准确。接下来的话轮 2—6 是话题延续阶段,首先 B 对 A 提出的话题做了正面回应,说明她接受并确认该话题。之后的第 3—5 个话轮主要是就某一事物发表看法的言谈,所以这里交际双方 A 和 B 多使用表达主观意见的传信类话语标记轮番发表自己对"买微波炉"这一事情的主观积极看法,这使得言谈交际能顺利维系下去。

10.3.3.2 话题曲折延续

在日常交际中,当说话人提出一个新的话题时,受话有时并不能马上对该话题进行确认,而需要话题发出者进一步解释说明该话题以便受话继续确认话题,之后交际才能维系下去。这中间有一个对话题反复确认的曲折过程。比如下例:

(15) (这节对话之前,B 在谈论给 A 邮寄礼物的事情。)
  1A:那个,那个报纸赠阅是怎么回事儿啊?
  2B:报纸?什么报纸?
  3A:诶,<u>你不是上次跟我说</u>了什么《新民晚报》什么。
  4B:哦,《新民晚报》是那个什么啊,<u>据说</u>它呢,是十一月、十二月呢,<u>好像</u>就开始在美国就,呃,它这,呃,总部放在洛杉矶啦。
  5A:嗯,嗯。

上面这例中,言者 A 首先在话轮 1 中以疑问的方式引入"报纸赠阅"这个话题。但是,受话 B 并未马上对话题进行正面回应,而表示出对话题的不确认性,连用两个疑问"报纸?什么报纸?"来反问 A,这其中隐含了 B 要求 A 进一步解释或提供相关信息,便于自己再次对话题确认。于是,话轮 3 中 A 从两方面帮助 B 确认话题:一方面,A 利用引语传信方式"你上次跟我说",来提示关于自己所言报纸的信息是来自受话 B 的,这可以帮助受话回忆她自己曾经所言的信息;另一方面,A 进一步对话题信息进行了限定,指出是《新民晚报》。A 通过利用传信表达和进一步限定话题信息的方式,最终帮助 B 确认了"报纸赠阅"这一话题。由话轮 4 可以看出,B 已经确认话题并展开了相关的言谈,在这一言谈中 B 使用了传闻类("据说")和不确定类传信语("好像")来向 A 解释"报纸赠阅"的事宜,经过话题二次确认这一曲折过程后才使会话得以延续。

10.4　汉语会话中传信范畴和话题生成互动研究的启示

上一部分我们用具体的会话材料,逐一分析了汉语传信范畴在会话话题生成的三个典型阶段中的各种表现和功能。在此,我们结合上述研究,分别从传信表达和话题生成的互动性与传信、话题、话主在言语交际中的关系这两方面来谈传信范畴和会话话题互动研究的启示。

10.4.1　传信的表达和话题的生成都是动态交际活动

上述从会话分析的角度对汉语传信范畴和会话话题生成的互动研究,不仅再次说明了在言谈交际中,话题的触发、引入和确立及延续是一个交际双方通力合作的过程,也揭示了在真实的会话中,汉语的传信表达是一个具有交互主观性的语用范畴。

不论是信息的来源、获取方式,还是对信息的态度,这其中都含有说话人"自我"的表现成分。虽然信息的来源和获取方式应该是客观的,但是说话人对信息来源和获取方式可靠性的判断是具有主观性的。另外,信息的表达中不仅反映了言者的态度,更为重要的是,在交际中要考虑到受话对信息的态度,因此传信的表达具有交互性。

从我们对会话材料的分析来看,传信范畴的使用在会话话题生成的每个阶段、每个言者话轮中都有分布,不论是用传疑的方式还是用传信的方式,都比完全不用传信范畴的时候多,因为在日常会话中,人们都在交互表达着自己的看法、意见等主观思想,传信范畴(尤其是"认识情态")就是表达主观性的最好方式。纯客观的日常交际是几乎不存在的,即使在会话中使用"客观地说""确定地说"之类的语言手段,也不能保证话语的客观性和确定性。这正如 Halliday(1985/1994)在谈到语言情态问题时说到的,即使是高值的情态词(certain;always)也不如极性形式(不加任何情态词)那么确定(determinate),因为只有当你不确定时你才会想着使用高值情态词来表达"我确定(I am certain)"的主观态度。

因此,会话话题的生成也好,传信范畴的表达也好,或者进一步推及其他语言范畴,它们都具有交际互动的潜质。将语言范畴意义的表达视为一种对话性的活动(dialogic activity),并且在真实的会话中去挖掘它们的生成和表达规律,这应该是一条研究的正途。

10.4.2　传信、话题和话主在言语交际中的互动关系

准确地说,本章的研究涉及传信、话题和话主三方面的互动。我们认

为,传信范畴乃至其他语言范畴意义的表达,不只在于当前说话人,不只在于对方听话人,也不只在于说出来的话语中,而在于整个交际过程中。一个完整的言语交际至少要有交际双方、一个共同的话题和一些交际互动因素。而交际互动因素主要体现在语言主观性在话语中的表达上,像语言的传信范畴、情态范畴、语气范畴等,都能体现交际的主观互动因素。

本章研究的汉语传信范畴、会话话题和话主之间形成了具有密切关联的互动三角关系,如下图10-2所示:

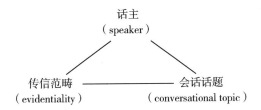

图 10-2　话主与传信范畴和会话话题的互动关系

上图显示了话主、传信范畴和会话话题的三对互动关系:一是传信和话题的关系,话题为传信表达提供信息内容,传信范畴所标明的信息在真实的言谈中都是关涉某一话题的;二是话主与传信的关系,不论是信息的来源、获取方式,还是对信息的态度,其中都含有话主"自我"的表现成分;三是话题与话主的关系,在言语交际中,话题的触发、引入和延续都是由说话人之间合作完成的,话题的触发是引导对方提出相关话题,话题的引入需要得到对方的确认,话题的延续需要双方的互动协商。这三对关系相互关联,相互制约,共同维系着整个交际。

上述这三对互动关系正好反映了交际互动语法的观点:人们在交际中塑造语法的同时又由语法建构交际。正如功能语言学家们所认为的,语法本身不仅是交际的资源,也不仅是交际的产物,从本质上说它自身就是一种交际互动。"语法的塑造就是交际互动的过程,语法充满了主观性和社会性;语法是动态的鲜活的行为,语法的形式和意义是在交际互动中彰显的。"(Schegloff,Ochs and Thompson 1996:38)

10.5　小结

本章首先回顾了语言学传信范畴和话题已有的重要研究,在此基础上总结出汉语会话话题的特征及其生成的三个阶段,并对汉语传信范畴进行了界定和分类。本研究以真实的汉语言谈材料的实证分析为导向,采用会话分析的方法,考察了汉语传信范畴在会话话题生成的不同阶段的表现和功能。

研究发现,传信范畴的使用在汉语会话话题生成的每个阶段、每个言者话轮中都有分布,它是会话话题生成的一种策略。传信范畴所体现的交际功能在不同的会话结构位置上各不相同,比如:引导新话题的提出;帮助受话确认话题;避免自己对不利的话题信息的责任;提供给受话关于话题的新信息;用于建议终止上一话题、开启下一话题等。传信范畴在会话话题生成过程中表现出来的这些功能都具有很强的交互性,而且都是在交际双方互动中体现出来的。因此,我们认为,汉语传信的表达和话题的生成一样,都是动态交际活动。另外,语言范畴在真实的话语表达中都具有交际互动潜质,因此,本章提倡将语言范畴的意义和表达形式的研究植根于真实的言谈会话之中。

虽然本章关于汉语传信范畴和会话话题的互动研究还只是初步的尝试,但是我们相信,以真实的会话言谈为平台,从话题生成的角度来洞察传信范畴在其中的作用,能为进一步认识汉语传信范畴的特点打开一扇新的视窗。

第 11 章 传信范畴研究的理论思考

11.1 引言

有关传信范畴的研究还有很多问题值得进一步思考和讨论。从已有研究来看,有些重要问题在学界并未达成一致,而且随着新研究的增多,一些新的认识、新的观点也在不断涌现。本章主要从传信范畴的分类维度、传信范畴和认识情态范畴及意外范畴的关联、传信范畴的指示特性以及互动交际视角下的传信研究等几个重要方面来探讨该范畴的研究方法问题,并对相关问题的研究进行反思。

另外,传信范畴在有的语言中是语法范畴,而在另一些语言中只是语义功能范畴。作为众多语言范畴的一类,我们希望通过对该范畴研究的理论思考来反观语言学中有关范畴研究的相关问题。

11.2 传信范畴的分类维度

从跨语言的角度来给传信范畴分类涉及分析和综合两个角度,这既可以从语言类型学家的视角来考察不同语言传信体系的类别,又可以分析不同类型传信语之间的演变关系。从传信范畴的语义功能出发,一般都认为它是表明信息的来源。但是,将这一意义界定作为划分传信范畴的标准,并不能准确涵盖所有类别。Chafe(1986)和 Willett(1988)就提出,要区分知晓方式(包括信念、归纳、听闻、演绎等)和信息来源(包括证据证实、报道、推断等)。Squartini(2008)也主张区分这两者,但前者指信息获取的渠道:视觉、听觉、嗅觉、感知、溯因推理或演绎推理;后者指信息的源头,比如相对于言者(作者)而言,分为涉及自己或他人的信息来源。

除了从整体上考量传信系统的分类方式和标准,随着考察的语言的增多,有的学者发现某些传信小类在一些语言中有明显差异。比如推断类传信,根据推断所依靠的不同凭借证据,可以分为依照情况的(circumstantial)、一般的(generic)和猜想的(conjectured)推断。这三类推断从信息知晓的角度看是一样的,都是推断,但是从信息来源看不一样,涉及言者的参

与度(involvement)强弱的不同,呈现如下趋势:

(1)依照情况的推断→一般的推断→猜想的推断

从(1)中可以看出,左端依照情况的推断,一般是指言者的推断一定要有外在的感官证据(external sensory evidence),言者强烈依赖外在证据,比如听到屋里有脚步声,推断有人在家;右端是猜想的推断,它不依赖于外在的证据,完全可以是言者自己内在的、无依据的猜测,所以基本是言者不借助外在证据而自己参与推测的过程;居于中间的一般的推断,是要涉及一般的世界知识(general world knowledge),相对而言,言者的参与和外在证据之间比较平衡,这类外在证据有可能是你我共知的常识,所以言者参与度相对适中。Cornillie(2009)研究发现,上述这种对推断类传信范畴的区分在意大利语和法语传信表达中具有语法差异。

对传信范畴语义值(evidential values)的分类是一个多维度的理论工作,分类的粗细、分类标准的设置是要以跨语言的实证研究为基础的,否则分类体系普适性会大打折扣。Plungian(2001)的分类既有理论考量又有实证研究的基础。作者是以听闻类传信语为突破口的。若按照传信体系直接证据和间接证据二分来归属的话,应该将听闻类归为间接证据,甚至有的语言听闻类是推断传信方式的次类。但是从下表可以看出,听闻类若归为间接证据,那么就显示不了它与各种推断次类的差异。因为听闻类的信息来自他人,不是源于自己,他人是信息传递的中介,而推断类都涉及自己根据证据来做推测。这从下表可以看出:

表 11-1 传信类型的分类[根据 Plungian(2001:353)的表 1 和表 2 修改]

个人证据(personal evidence)		非个人证据 (non-personal evidence)
直接证据(direct evidence)	思考类证据:推断和假设 (reflected evidence)	中介类证据:听闻 (mediated evidence)
	间接证据(indirect evidence)	

直接证据(direct evidence)		间接证据(indirect evidence)		
视觉 (visual)	非视觉(non-visual)	推断(inference)		论证 (reasoning)
	感官的 (sensoric)	内在的 (endophoric)	共时的 (synchronic)	回溯的 (retrospective)	

上表中的分类以阴影行为界,上部分是传信类型的分类,下部分是传信语义值的具体细分。表中下部分我们看不出听闻类传信语的归属。而从表格的上部分可见,作者在直接证据和间接证据的分类维度上加了一层有关证据是否来自个人这个维度,这样传闻类属于间接证据中的非个人证据类,也即基于中介证据的。

另外,表中下部分对传信语义值的细分是有语言事实依据的。比如,内在的是指视觉无法感知、涉及自己意识、意图、愿望或者大脑心理内在状态的(藏语有专门的标记来指明这类信息)。在推断中有共时和回溯之分,共时的推断是说在言谈现场有可观察或感知到的证据作为推断的基础,比如:听见肚子叫,推断他饿了。回溯的推断是由果溯因,比如:看见外面地上湿了,推断出可能下过雨(事后的证据:posterior evidence)。表中论证类①是由因及果,比如:因为下大雨了,由此推出他可能会迟到(预先的证据:priori evidence)。

这里可以将上述研究者的分类方案整合起来。根据 Squartini(2008)信息的来源分类,相对于言者(作者)而言,分为涉及自己或他人的,也即"±personal";参考 Plungian(2001)有关传信语义值的细分,即不同的知晓方式,同时考量 Chafe(1986)和 Squartini(2008)有关直接证据和间接证据的区分,即"±direct",可以得到如下分类表:

表 11-2　传信范畴的多维度分类

知晓方式	信息来源（±personal）	证据类型（±direct）
视觉	+	+
听觉	+	+
推断	+	±
传闻	−	−
……	……	……

需要说明的是,表中有关传信范畴分类的多个维度,在不同的语言中可以通过不同的形式表现出来,但往往可能只外显其中的某一个或某几个维度。例如:

(2) 听说你们单位换领导了。

---

① 这里有一个疑问:为何作者不把"论证"放在"推断"之下,而是放在与之并列的位置? 这需要进一步考虑。

(3) 他应该在家,屋里灯亮着呢。

例(2)中含有传信语"听说"的信息,其知晓方式是传闻类,但信息来源是他人(−personal),信源是未知的、间接的。所以"听说"外显的是非自身的信息来源和间接证据类型两个维度。而例(3)认识情态词"应该"的传信表达,其所在小句是言者主语,信息来源是"我自己"(+personal),而且其推断是有直接的、在场可视的证据(+direct)。

11.3　传信范畴和认识情态范畴

从本书第2章介绍的有关传信范畴研究的历史来看,它总是与认识情态范畴关联在一起。认为传信范畴属于情态范畴的代表是Palmer(1986/2001),他认为至少有如下四种方式能够表达作者所言可能不是事实:(i)猜测(speculation);(ii)推论(deduction);(iii)被告知(been told);(iv)依据表面上可能不可靠的感官证据[the evidence of (possibly fallible) senses]。这四种方式中除了第一种对应认识情态,其余的三种分别对应传信范畴中的推测、听闻和感官证据。但这四种方式都被归入他的情态范畴之中。

有些语言学家认为传信范畴和认识情态有直接的对应关系(direct correspondence)。比如,Frajzyngier(1985:250)认为:"很明显,获取信息的不同方式对应于命题真值确定性程度的不同。"①这样一来,直接和间接证据的理解与句子真值是密切相关的,可以有如下传信层级(evidential hierarchy):

视觉(visual)＜ 听觉(auditory)＜ 非视觉(nonvisual) ＜ 推测(inference)＜ 引用(quotative)
直接证据(direct evidence)　　　　＜　　　　间接证据(indirect evidence)
＋可信(more believable)＜——————————＞ −可信(less believable)

图 11-1　传信范畴等级序列

但是,上述传信和认识情态的对应层级并不是普遍的。有些语言的间接传信语相对于直接传信语而言,未必暗含弱可信的认识情态意义。它可能无关乎言者对命题真值的承诺,仅仅是说明信息的来源而已。

上文讨论传信范畴分类维度时说到,该范畴包括如下三方面:信息的来源、知晓方式、证据类型。可靠性来自言者对信息来源、类型和获取方式

---

① 这句的原文是:…[I]t appears rather obvious that the different manners of acquiring knowledge correspond to different degrees of certainty about the truth of the proposition … 。

的判断,而这一判断是基于言者对所述命题所具有的可能性的评价,即言者对命题可能性的承诺(commitment)。言者在交际中报道一个事情状态时,经常会表达自己对该事件的承诺,也即对事件可能性的判断。例如:

(4) Alfred may be unmarried. (引自 Nuyts 2001a:385)

上例中,如果言者对"阿尔弗雷德未婚"是纯主观的、不确定的猜测,那么这属于主观情态,其可靠性弱。但是根据 Lyons(1977),上例也可以解读为客观情态,比如:假设言者知道阿尔弗雷德属于一个 90 人的社团,而且言者还知道这个社团中有三分之一的成员未婚,这样一来,阿尔弗雷德就有三分之一的几率是未婚的。基于这样的情形,言者说出上面的话语,其可靠性是很强的,这是客观情态。汉语中,认识情态副词的选用可以说明言者对命题可靠性的判断,如:

(5) 他家的灯亮着呢,他<u>一定</u>在家/他<u>应该</u>在家/他<u>可能</u>在家。

例(5)中,面对同样的外在情形证据推断(circumstantial inference)"他家的灯亮着",不同的言者对命题可靠性的判断不一样,因为可以使用可靠程度不同的情态词。所以,对命题可靠性的判断,可能得从逻辑上的可能性[如例(4)"阿尔弗雷德"的例子]和言者的主观性来考虑。

由此可见,可靠性不能单一地归因于传信或认识评价,因为信息的获取方式、信息的来源以及言者对它们的认识判断并不能决定可靠性的强弱。而且,言者在交际中是可以有意识地做出选择来调节他对信息来源、获取方式、证据类型等或强或弱的确认,这是一种对认知的操控,如上例(5)。

所以,当我们说表推断的传信方式可以表达言者对信息可靠程度的认识情态时,一定要区分它是该传信成分编码了的、语义层面的意义,还是语境赋予的、推测出来的语用意义。认识情态范畴也涉及证据,但有关认识的依据是不能重建的,它没有说明信息的来源方式等,更多的是一种主观认识,所以情态意义是显现的、编码的、语义层面的意义;而传信功能是语用的,不是规约化的,是通过语境推测的一般会话含义。

有关传信范畴和认识情态范畴之间的关系,大多数学者认为它们属于不同的语言范畴。De Haan(1999)认为传信范畴是对信息来源的编码,而认识情态则表示言者对所言信息的承诺程度(degree of commitment)的编码,明确指出两者在语义上是有差异的:

1) 传信语是断言句子信息证据的性质(evidentials *assert* the nature of the evidence for the information in the sentence)。

2) 认识情态成分是评价言者对陈述的承诺(epistemic modals *evaluate the speaker's commitment for the statement*)。

该文明确指出传信语在有关言者对话语真值承诺上是先验无标记的(a priori unmarked)。传信语仅仅是显示有证据可以支撑言者的话语;证据和可信程度的关系本质上是次要的。这两个范畴在语义实质上是有差别的:虽然在有的语言中信息来源和对信息的态度这两个范畴有充分的关联,以至于两者在语义和表现形式上有重合,但是这种重合不是普遍的。

De Haan(1999)以英语的 must 和与其对应的荷兰语的 moeten 作为个案来说明。有人认为英语的 must 具有传信意义,表示有证据的推测。但是作者认为它的传信意义的解读并不是完全语法化的传信语的规约意义。比如,面对同样的证据(6a),说话人可以使用(6b)中不同的情态词或表极性的系词:

(6) a. The light is on.
b. John *must be/may be/is* at home.

由此可见,证据的存在并不一定能保证 must 的使用,这要看言者对证据的评价,认为证据很可靠或许会选择强可信度的情态词 must,甚至不使用情态词而直接用含有表极性关系的系词肯定句。所以,证据的有无与 must 的使用并无内在联系。但是,认识情态意义是 must 必不可少的,must 的使用是纯粹的认识情态的用法,是对所陈述信息的评价。在此,作者指出,之前将 must 与证据相关联的界定都无法保证传信意义在 must 解读中的作用。所以,这里会给人一种错觉,即传信范畴只和强认识情态相关,由此可见事实并非如此。

但不可否认的是,在解读 must 和 may 时,证据在前者的解读中起到更强的作用,所以在其他语言中,强证据解读的情态词极有可能在交际使用中通过会话含义的规约化演变为传信语。荷兰语的 moeten 就是如此,该词有道义情态、认识情态和传信语三种用法。在和否定的互动使用中,moeten 要在否定的辖域之外,不管它用作认识情态还是传信语;但是荷兰语中另一个情态词 hoeven(need)在和否定范畴互动使用时,要用在否定辖域之内,没有传信的用法。也就是说,从跨语言的角度看(不光是荷兰语),语法化了的传信语的使用不能在否定域之内。荷兰语的 meoten 已经语法化为传信语,而 hoeven 则没有传信意义。

所以,De Haan(1999)强调要从句法、语义包括历时发展的角度区分这两个范畴,他发现至少在荷兰语中,这两个范畴与否定范畴互动使用有明显的句法差异;语义上一个表示信息来源,一个表达言者对话语的承诺程度;从语言演变的角度看,传信语和认识情态语有不同的来源,作者考察发现由认识情态语演变(语法化)为传信语是可行的,如荷兰语的 moeten(must)有认识情态和传信两种用法。但这种演变路径从世界语言范围即从跨语言的角度来看,并不常见,更不能说是普遍的。

除了 Palmer(1986/2001)以外,Frajzyngier(1985)也认为传信从属于情态。他建立了一种语言类型差异,分为类型 I 和类型 II,前者是说有的语言可以由无标记的直陈语气的句子来表达言者相信命题信息的真值;后者是说有些语言是每句话都要强制使用情态成分(比如如何获取信息的)来表意(如 Tuyuca 语),即没有无情态的方式表达直陈命题。

但 De Haan(1999)并不赞同 Frajzyngier(1985)的上述观点。De Haan 考察发现,世界上属于类型 II 的语言不多,最无争议的就是 Tuyuca 语,句句都要使用传信范畴。另外,在很多有传信范畴的语言中,不使用传信成分[也即 Frajzyngier(1985)认为的情态成分]的句子实际也表达了一种传信意义,即表直接获取的信息,所以传信标记为 ø,说明信源是直接的。所以,不能说这样的句子属于类型 I 的无标直陈句。

另外,De Haan(1999)反复强调并论证了传信范畴和句子真值之间没有先验的关系,像类型 II 中的 Tuyuca 语,可以通过不同的情态成分表达言者对命题的可靠态度,即便已经使用了不同类型的传信语。可见,传信和情态在该语言中是不同的语法范畴,分别用不同的形态标记和语法手段来表达。

从历时演变的角度看,传信语和认识情态词并不一定享有共同的词汇来源。传信语可以来自情态词、时体成分、言说动词等,认识情态词的来源与其不尽相同。情态范畴和传信范畴确实有重合,类似于时、体范畴,但这种重合并不能取消两个范畴的独立性,它们在语义、句法和历史来源等方面有明显的差异。

De Haan(2001)观察发现,日耳曼语中的传信语很多是来自强认识情态。于是他思考这两个范畴的演变关系和顺序会是怎样的。作者讨论了Traugott(1989)的一些观点。Traugott(1989)认为英语中认识情态意义来自道义情态,还论证了认识情态来自传信意义是由于主观化的作用,认识情态所表达的意义越来越多地依赖于说话者对命题的主观信念、状态和态度。比如,I conclude that 和 I think that 这两个结构所表达的主观性要强于 It is obvious from evidence that。她认为从道义情态到传信范畴再到认识情态,主观性依次由弱变强,认为认识情态语法化背后的驱动力是主观性。Traugott(1989)所提出的演变顺序是:

(7) 道义情态→传信范畴→认识情态

根据(7),传信范畴是先于认识情态的,并且这个演变暗示了有的语言有传信范畴而没有认识情态,可这种暗示是不符合语言实际的,De Haan 没有发现这样的语言,反而是很多语言有认识情态而没有传信范畴,像英语。所以 De Haan(2001)要考察这样的演变顺序:认识情态→传信范畴,即传信范畴来自认识情态。作者以荷兰语 moeten 为例,该词具有多功能性:一是属于认识情态,表达行为的可能,可以基于某种证据;二是属于传信范畴,呈现行为的证据,与行为事件的真假无关。这个词由主要动词变为认识情态动词再到传信语,是去动词化(deverbalization)的过程。这在上文对 De Haan(1999)的介绍中已经讨论到,该情态动词作为传信语与其他情态词(如 hoeven)在否定域上也有明显不同。

更为重要的是,De Haan(2001)从信息的确认/未确认的角度讨论了传信和认识情态的关系。作者发现在表达非亲见行为的时候,德语可以使用情态词 sollen 和虚拟语气两种方式,荷兰语可以使用情态词 moeten 和动词过去时 zullen/zou 两种方式。这两种语言使用不同的方式表达相同的传信意义是有功能差异的,即信息的确认与否。用情态词说明该词所在句子所表达的信息是有证据的;用另外的表达方式则表明报道的行为事件是未确认的。这种差异有其语体特殊性,比如,在荷兰语的新闻报道中基本不用 moeten,而专门用 zou,后者用在未确认的信息中。

根据我们对 De Haan(2001)的理解,这里的未确认实际指的是信息源头不明。比如,是听说类传信方式,但是听谁说不明确,所以是不确认的。确认是说本来信息内容不确认,但后面明确说明了信息来源,比如使用了表达信息来源的"根据××(人),××权威机构"等介词短语,像荷兰语的 op gezag van(on the authority of)和 ovolgens(according to)。

Nuyts(2001a、b)讨论了主观性与传信范畴及认识情态范畴的关系。作者以 Lyons(1977)有关情态的研究为出发点。Lyons 认为,情态是对事件状态可能性的评价(evaluations of the likelihood of a state of affairs),将该范畴分为主观情态和客观情态。Nuyts(2001b)主要论证如何将主观性维度(the dimension of subjectivity)纳入传信范畴的考量标准,认为传信范畴可以但不必和认识情态联合使用表达传信意义。这里要强调的是,主观性维度不只是主观、客观二分,其中还包括交互主观性。

Nuyts(2001a、b)最重要的论点之一是区分了施为性(performative)认识情态和描述性(descriptive)认识情态。在当下言谈中,言者同意并接受潜在的、对所言信息认识评价的责任(responsibility for the epistemic evaluation），这是一种带有施为性的认识情态，具有主观性。例如：

(8) John probably made it to the bakery before closing time.

(9) It is probable that John made it to the bakery before closing time.

(10) I think John made it to the bakery before closing time.

（引自 Nuyts 2001a:384）

上面这些例句中都有隐含或外显的言者主语"I"，表达"我认为"这样的意思，带有施为性。而与之相反的是描述性认识情态，具有客观性。例如：

(11) John thinks they have run out of fuel.

（引自 Nuyts 2001b:39）

例(11)是说话人在客观陈述别人（John）对事件的评价，而不是说话人自己对事件状态可能性的评价。

  认识情态涉及对命题的判断，判断是基于某些证据的。这就涉及证据的质量和性质等问题。若顺着 Lyons(1977)主观情态和客观情态二分，那么好的、可靠的证据所表达的命题就偏向于客观情态；反之不可靠的证据偏向主观情态。但 Nuyts(2001a)不认为这是一个好的分析途径，所以提出主观性维度的概念。作者认为这里涉及两个不同的语义维度：一个是言者对事件状态可能性的评价，这是认识情态维度；再一个是言者对证据质量的判断，这归于表达信息来源的传信维度。这样看来，主观性维度上的差异不光限于认识情态域，还在于传信范畴域。所以，这里涉及的问题不是情态范畴中主观和客观的问题，而是认识情态和传信范畴的互动问题。

  另外，主观性不限于认识情态，道义情态也有，甚至不限于情态这个大范畴。比如，在一些非情态范畴的表达方式中，有一些词汇短语(in my view;if you ask me)的使用也体现主观性，包括一些交互主观性的表达，如 it is known that 等。这样的话，主观性不是情态范畴所特有的、专属的，它可以贯穿于情态、传信、意外等范畴。

  因此，作者这里的"主观性"不是言者的承诺(speaker's commitment)。若根据证据的状态，从互动角度来认识证据，这里会涉及言者独自知道的证据和言者－听者双方共享的证据，前者涉及主观性，后者涉及交互主观性。从认识情态角度看，前者涉及言者个人对信息可靠度的责任(personal responsibility)，后者是共同承担对信息获取方式和可靠度的责任(shared responsibility)，这也有主观性和交互主观性之别。

  总之，在主观性维度的构建上，反映的其实是言者在真实交际中如何呈现认识,而不是看所言信息到底有多真(how it really is)。

Cornillie(2009)也主张传信范畴和认识情态是两个独立的语言范畴。作者认为所谓传信表达所反映的言者的认识承诺(epistemic commitment)并非来自特定的传信价值(evidential value)或信息获取模式(mode of information),而应归结为言者和听者对信息来源的解读。虽然信息来源自身可以归为不同程度的可靠性(different degrees of reliability),但这些不应自动转化为言者个人的认识承诺程度。

传信是一个功能范畴,它是行使一个言语行为的感知或认识基础(the perceptual and/or epistemological basis)。传信有不同的维度,比如表达信息来源的传信和涉及(交互)主观性的传信,前者指获取认识(知识)的不同类型来源;后者是指证据的共享状态(shared status of the evidence),是说证据来自言者自身,还是交际双方共知的,这与Nuyts(2001a)的观点一致。

Cornillie(2009)赞同Nuyts(2001b)对认识情态的界定,即"对所考虑的假设事件状态在可能世界中将要发生、正在发生或已经发生的可能性的评价"①。

这种评价的结果是一个连续统,两端是极性,分别是对事件状态可能性为真(real)的肯定和对事件状态可能性为非真(not real)的肯定,两极之间是各种可能性和或然性。传统广义的认识情态,以Aijmer(1980)和Palmer(1986)为例,都将传信范畴归入认识情态范畴。虽然这两个范畴在概念上有差异,但是作者承认,当分析一个具体表达时,很难判断它究竟属于哪一种解读。

作者通过个案讨论了推断和传闻两类传信范畴与认识情态之间的联系。作者赞同根据不同的推断类型,将该传信范畴分为:依照当前情况的、一般的和猜想的三类。比如,依照当前情况的推断是指有直接的证据(如视觉证据)作为推断的依据,如:这里有只受伤的狗躺在路边,它一定(must be)很痛苦。一般认为,言者对有直接证据的推断所表达的命题,具有强认识承诺"一定(must)"。但是即便有直接证据,也可以使用弱情态词"可能(may)",如:这里有只受伤的狗躺在路边,它可能(may be)很痛苦。一般的推断是眼下没有直接证据,而是根据常识或逻辑推理而进行的推断。这样看来,依照当前情况的推断和一般的推断在言者对命题承诺强弱程度上

---

① 这句引文的原文是: … evaluation of the chances that a certain hypothetical state of affairs under consideration (or some aspect of it) will occur, is occurring or has occurred in a possible world。

是一样的,都可以使用强弱不同的情态词。而猜想类推断一般是言者承诺程度较低的,因为它不强调证据。但事实并非如此,比如:外面有车铃声,可以认为一定是邮差来了,因为邮差每天都是在这个时间送信,这是常识。或者即便你不具备这种常识,听到铃声时,你可以猜测可能是邮差,但在言语表达时即便猜测也可以使用强情态词。所以,不能说表推断的传信范畴与认识情态范畴的某种程度相关,认为这两个范畴有重合关系。Auwera and Plungian(1998)也持这一观点。

再来看传闻类的传信范畴。一般认为,传闻听说类的传信语表达的是比推断类还要弱的承诺程度,因为推断一般是有证据基础的,尽管证据有好坏之分。这种观点也有问题,在一些语言中(如 Quechua 语、Tuyuca 语等),使用传闻听说类标记仅仅是表达信息的来源,与言者对信息可靠程度这一解读无关,因此在语用上是无标记的(pragmatically unmarked)。

所以 Cornillie(2009)认为,传信范畴的意义价值,比如推断的、传闻听说的信息等,它们和信息可靠性的强弱并没有成系统的关联。比如,不能说有直接证据的推断在可靠性上一定强于一般的推断,也一定强于无根据的猜测,这从使用程度强弱不同的情态词可以看出。

在真实的语言交际中,言者陈述命题所参照的知识总是关涉到评价,如情态范畴、传信范畴在解读命题时都需要有参照的对象,都涉及评价。但是,对证据可靠性的评价和对事件可能性的认识评价不是等同的,否则将会混淆传信和认识情态这两个范畴。

在情态的研究中,有强弱认识情态之分,这是没问题的。但将认识情态的强弱对应到不同传信类型的解读上,这是不符合事实的。比如,上文谈到传信和认识情态在言者对可靠性承诺的对应层级(图 11-1),这种对应暗含了情态和传信两个范畴中的次类是被清晰范畴化的(clear-cut categorization),但事实并非如此。

对可能性评价的可靠性是根据说话人的承诺程度来衡量的。相反,传信价值(不同语义类型的传信语)的可靠性不能用对可能性的评价来表示。例如:

(12) 傍晚可能会下雨。(弱认识情态)
(13) 傍晚肯定会下雨。(强认识情态)

上面两例中,傍晚是否下雨,其可靠性是根据说话人的承诺程度来判断的,"可能会下雨"可靠性弱于"肯定会下雨"。再看所谓传信语的可靠性,如:

(14) 据说傍晚要下雨。(传闻听说)

(15) 一下午都是乌云密布,傍晚一定会下雨。(推断)

例(14)和(15),一个是传闻,一个是推断,无法断定哪一个更可靠,若前者是听闻天气预报的报道,那么它不一定比推断的可信度要弱。所以,传信价值的可靠性与可能性评价无关。

另外,Boye(2012)也把传信和认识情态视为不同的范畴,但将它们放在"认识(epistemicity)"这个大的概念范畴之下。传信意义是指认识的证据(epistemic justification);认识情态意义是指认识的支持(epistemic support)。结合 Cornillie(2009)对可能性评价的可靠性和不同语义类型的传信语可靠性的区分,我们将传信范畴、认识情态与可靠性的关系概括为下图:

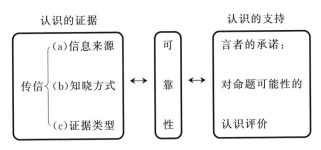

图 11-2　传信范畴、认识情态和可靠性的关系
[修改自 Cornillie et al. (2015:7)]

11.4　传信范畴和意外范畴

本节先从意外范畴(mirativity)①的核心意义谈起。DeLancey(1997)将意外范畴标记定义为表达无预期信息(unexpected information)的语法标记。他进一步解释说,无预期就是没想到、意外的,对说话人来说,信息是新的、令人惊讶的。这一范畴的确定和研究要比传信范畴晚。

从研究的历史看,现在所认为的意外范畴,有很多在之前都是放在表听闻、推测或者某些一手信息类传信范畴中的。跨语言的调查发现,意外范畴所标记的陈述命题多是基于推测和亲历的,而且言者对于推测的结果

---

① 这里将 mirativity 译作"意外范畴"其实不是最合适的。因为从这一节对其核心意义的讨论来看,"意外"只是它的意义价值之一,并且"意外"也并不能概括这一节中所谈到的该范畴的所有意义价值。汉语学界有关该范畴的介绍和研究将其译作"意外范畴",比如陈振宇、杜克华(2015),强星娜(2017)和胡承佼(2018)等,所以我们采用了已有研究的译法。

和亲历的事件是毫无心理准备的(psychological preparation),有的语言表传闻的信息也会呈现该意义。这也是为何传信和意外这两个范畴至今一直有瓜葛的原因所在,关于此下文会谈到。

较早涉及意外范畴语法形式的是有关土耳其语表传信意义的完成体(evidential perfect)的研究(Slobin and Aksu-Koç 1982;Aksu-Koç and Slobin 1986)。研究者认为,该语法标记表明言者对信息毫无思想准备。之后很多研究发现,该范畴所描述的信息有如下近似的对立:新/旧(new/old)、预期/无预期(expected/nonexpected)、即刻的/已被同化的(immediate/assimilated)。

根据 Aikhenvald(2012)的研究,意外范畴包括如下语义值:

(i) 突然发现、突然领悟或意识到(sudden discovery, sudden revelation or realization)

(ii) 惊讶(surprise)

(iii) 毫无思想准备(unprepared mind)

(iv) 反预期(counterexpectation)①

(v) 新信息(new information)

上述这五种语义值可以关涉(a)言者(speaker)、(b)听者(audience/addressee)或者(c)所述事件中的主要角色(main character)。比如"惊讶",可以是说话人惊讶,也可以是听话人惊讶,还可以是所述事件中的角色感到惊讶。

问题在于,这些关涉不同对象的"意外范畴"该如何区分。言者、听者和主要角色的意外是不同层面的,落实在语法层面也应该有不同表现[Aikhenvald(2012)讨论的是作为语法范畴的意外表达]。除此之外,上述五个语义值是很难区分的,比如反预期的信息常常是令人惊讶的,突然发现或意识到的信息通常也是毫无准备的。它们该如何区别,在语言表现形式上又有何差异和对立。会不会在上述五个语义值中有的是某语言该范畴的核心意义,其他的可能是派生出的语用意义。虽然 Aikhenvald(2012)明确说到,在她所考察的具有意外范畴的语言中,所表达的主要意义基本都含有上述(ii)"惊讶"和(iii)"毫无思想准备"两个语义值,但也并未具体说明这两个语义值之间的差异。总之,从目前有关意外范畴已有的研究来看,有关上述问题的详细讨论还很少。

---

① 这里有几个相似的术语需要厘清:counterexpectation 是指反预期;anti-expectancy 是指和已有的预期相反;unexpected 是没有预期到,所以多指惊讶意义;nonexpectation 应该是指与预期无关、无所谓预期。在此感谢唐正大老师帮助笔者理解这几个术语。

较早提出"意外范畴"的 DeLancey(1997:33)将该范畴界定为:"意外范畴反映的是言者命题相对于言者整体知识结构的状态。"①也就是说,这些由不同信息来源所获取的命题对言者来说是全新的,还未进入到言者的整体知识结构之中。这里强调的是"知识结构的状态",既然是"状态",则应该是不同状态所构成的一个语义范围(range),所以会有上述 Aikhenvald(2012)归纳的五个语义值。每种有意外范畴的语言都会选择不同的形式来编码不同的语义值,这样看来,"意外范畴""惊讶范畴"这些中文术语实际上并不能概括该范畴的整个意义范围。

这里需要说明一下 mirativity/mirative 这个英语术语。在该范畴的研究中,有另一个术语也表达相似的范畴意义,即 admirative。该词来自法语术语 admiratif,其本义是处于惊奇状态,令人叹为观止(to admire/to be astonished at/to wonder)。现在看来这个意义扩大了,不只是惊讶,还有反预期、非预期、无准备、后知后觉等意义。但这些都是人们(言者或主要角色)对知识的一种反映状态(the status of knowledge),这种状态有多种,且它们之间彼此相关。术语 admirative 多用在欧洲语言学对"意外范畴"的研究中,尤其是法语语言学研究。

下面再来看看意外范畴和其他语法范畴之间的关系,比如意外范畴和反预期范畴。随着调查的语言越来越多,很多语言学家都发现,在有的语言中,意外范畴和反预期范畴是不同的语法范畴。根据 Aikhenvald(2012)的研究,像!Xun 这种语言的意外标记 kohà 和反预期标记 kò 成互补分布,两者不能共现;Kham 这种语言中,意外标记和反预期标记也是独立的,但是可以共现。可是,这两个范畴意义的差别在哪里,如何区分?已有研究并未对这些问题进行深入讨论。

有些语言的意外范畴需要经常和其他范畴配合使用。比如 Chechen 语表意外的后缀-q 常和最近亲见的过去时(recent witnessed past)连用;Tsakhur 语的意外标记常和表示现实(realis)和潜力的(potential)情态形式合用(参看 Aikhenvald 2012)。另外,有的语言意外范畴和传信范畴是两个独立的语法范畴,但是意外范畴和体范畴、人称范畴有瓜葛。比如 Kurtöp 语表示新信息和非预期的标记一定要用在完整体中,这两个范畴意义都用-na 来标记;而表示非完整体的意外范畴用-ta。我们的问题在于:这两个标记到底是表意外范畴还是表示体范畴?现有研究把这两个标

---

① 这句引文的原文为:Mirative meanings reflect the status of the proposition with respect to the speaker's overall knowledge structure。

记叫意外标记(mirative marker)，为何不叫体标记？同样，还有的语言有意外人称代词(mirative pronoun)，比如 Shilluk 语，第三人称意外标记表达的是宾语成分 O 具有不寻常、非预期的特点，或者是施事不应该对目标成分实施某种行为，如：施事本应拿走它们，结果也确实拿走它们，这是合预期的，这里"它们"(目标成分)用中立标记 gε(第三人称复数，中立)；若是本不应该拿走它们，而结果却拿走它们，此时"它们"用第三人称意外标记 gì(第三人称复数，惊讶)。那么，这两个标记到底是意外标记还是人称标记？遗憾的是，这些问题在 Aikhenvald(2012)的研究中也并未得到说明。

上文说到，从研究的历史来看，传信和意外这两个范畴有着密切的关联。因此，学界对意外范畴是一个独立的语法范畴还是归属于传信范畴，一直存在着争论。自 DeLancey(1997)开始，随着不同类型语言调查数目的增多，意外范畴作为独立语法范畴的证据也更有说服力，其中以 DeLancey(1997;2001;2012)和 Aikhenvald(2012)的研究调查为代表。

质疑意外范畴为一个独立语法范畴的代表是 Lazard(1999)，质疑的对象是 DeLancey(1997)。Lazard 研究的主要是东南欧、西亚的一些语言，他发现这些语言的传信范畴具有"意外"的语义值，这些语言中有特定的标记用来表达传闻、推测和非预期可观察的信息来源的语义内容，这三个语义值即所谓的"意外"范畴。Lazard 依此提出：是将非预期可观察的信息归入意外范畴，将传闻和推测归入传信范畴，还是将三者都归入意外范畴？若从传信角度看，传闻、推测都是间接的传信范畴，而非预期可观察的则是直接传信范畴。Lazard(1999)的方案是将这三个语义值归为更抽象的调节范畴(mediative)。

作者在解释何为调节范畴时，先引述了 Slobin and Aksu-Koç(1982)对土耳其语表传信意义的完成体的解释。这两位作者认为，土耳其语中表传信义的完成体有一种拉开言者和所述事件的心理距离(psychological distance)的作用。这个距离来自对其面临的完成体所表达的事件结果毫无准备，当一个人对某事件信息毫无准备时，该事件也就不会被同化为其知识结构的一部分。但是，Lazard 认为对土耳其语传信完成体的解释并不具有普适性，不能用言者无思想准备来解释他观察到的波斯语的例子。Lazard 用同一段波斯语口语叙事为例说明，该例前面部分的动词用完成体，使用传闻类标记；后一段用不定过去时(aorist)，使用了亲历范畴。这个差异不能用无思想准备来解释，因为完成体的动词表达的事件是传闻类的，也是言者已经听说的、有思想准备的。

作者认为这些不同形式的使用(表达传闻、推测和非预期可观察的)，至少在巴尔干和中东地区的语言中,无关乎直接或间接的传信范畴,也无关乎新旧信息的意外范畴,而是更加抽象的概括。作者承认 Slobin and Aksu-Koç(1982)的距离说,但不同意这里的"距离"是言者与所言事件之间的距离,而应是言者和他言语之间的距离。言者选择有标记的形式,是起一种调节作用,即将言者分成两个人,一个是说话的人,一个是进行传闻、推测和非预期观察的人。这种调节作用拉开了言者和他话语的距离。

那么进一步追问:这三类标记(传闻、推测和非预期观察)的使用给予命题信息的是什么?更准确地说,使用它们就是客观地说明"如我所闻,如我所思,如我所见",并不是表明具体的信息来源,而是说作为说话人的"我"所说的话是作为话语调节人的"我"通过某种方式获得的,至于究竟是听到的、推测的、还是见到的,这并不重要。所以,Lazard 将这三个语义值归为更抽象的调节范畴。Lazard 进一步解释到,调节范畴既不聚焦于传信范畴的具体信息来源,也不标记言者对所言信息的心理状态或情态意义,"它们只是起到干预(interpose)的作用,在言者和他话语之间插入了一个未指明的有关信息来源的参照"①(Lazard 1999:96)。所以,作者认为调节范畴是一种话语指示(discourse reference),关于此下文 11.5 会详细说明。

我们的疑问和思考在于:调节范畴的语法地位是怎样的?在不同语言中是否视作不同的语法对待?作者主要考察的是巴尔干和中东地区的语言,那么,不同语言中该范畴的差异是怎样的?包括语法化的程度、表义的手段(词汇的、与动词相关的语法范畴、其他范畴衍生的相关语用义)等。另外,调节范畴是一个相对抽象的概念,那么它要是作为一个语法范畴,是否强制使用?其核心意义是什么?这些问题 Lazard(1999)没有清晰说明。

从历史演变的角度,也就是传信和意外语义关联的角度可以看到,传信范畴呈现的意外解读有如下几点(参看 Aikhenvald 2012):

第一,一手信息的缺少→言者未参与事件且缺乏对事件的掌控→无准备和新的事件知识→意外解读。传信范畴中非一手信息和意外范畴中新信息、无思想准备的语义特点相关联。言者对事件的进展缺乏掌控和意识(lack of control and lack of awareness),这是第一人称非一手信息类传信语的典型语义后果。所以,这是意外范畴的意义常出现在第一人称语境中的原因所在。

第二,言者未参与事件→产生与事件的距离效果→呈现的信息是新

---

① 这句译文的原文是:They only interpose an unspecified reference to the origin of the information between the speaker and his discourse。

的、无准备的、惊讶的。比如,表推测的传信语一般使用在言者未参与的事件中,因为未参与,所以产生与所述事件的距离,其距离效果使得所呈现的信息为新,且具有令人惊讶的语义色彩。

第三,延迟的实现(后知后觉,deferred realization)。言者看见或了解到事件的结果,但是事后(post factum)理解与对结果新的理解是无准备的、令人惊讶的语义特点密切相关。

前两条路径的共同点在于:言者是否有意制造距离,或者是否参与到所述事件中去。所以,两条变化路径的起点具有相似性:从传信角度来看,都是间接的获取信息的方式,即非一手的间接方式。

下面是有关意外范畴研究的一些理论思考,其实也适用于对传信范畴研究的思考或反思。

首先,通过对已有研究文献的整理和综述,我们发现类型学研究中所呈现的多是调查的单个句子,很多意义的解读尤其是依靠具体语言环境的解读,多是作者的描述,很少有呈现真实会话语境的自然交际语例。尤其是对意外策略(非语法范畴)意义的解读,对语境有很强的依赖性,而在同一语义空间(semantic space)中不同语义值的语境解读也是不一样的。因此我们需要研究其中的语境规律,尤其是语境对范畴意义解读的制约条件,需要调查和呈现真实的言谈语境。

其次,意外范畴若作为自立的语法范畴,它与其他范畴(如传信、情态、时体等)区分的依据是什么?关于此,应该至少涉及如下三方面:(1)核心编码的语义,而非语境赋予的语用义;(2)和其他范畴的搭配,比如是否可以共现;(3)形态句法位置。此外,作为语法范畴的意外意义表达和使用词汇等非语法手段的意外意义的表达,这两个层面之间关系的研究,有助于理解意外语法标记的形成和演变。

另外,这一领域中对意外范畴的话语功能的研究相对较少。根据已有研究的零星报道(Aikhenvald 2012),意外范畴可以标记故事的重点(the main point of the story)。在叙事语篇中,标记故事情节中人物角色表现的惊讶,也是叙事的焦点(focal points)所在。意外标记在真实话语中的使用方式值得做进一步的类型学调查研究。

最后,传信范畴的核心意义还需要进一步考察,比如新信息不一定是令人吃惊的;而意外总是与非预期信息相关,是否能说反预期标记就是意外标记?作为一个跨语言的范畴,它在语义和语用内容上的一致性有多强?"意外范畴"能否作为一个上位范畴,下面再分一些小类?这些问题值得我们去深思。

11.5 传信范畴是一种指示范畴

有关传信范畴的核心意义,学界已经达成共识,即表达信息的来源,这是没有争议的。但对于传信范畴的性质的讨论仍有不同意见,类型学家多是将其作为独立的语法范畴来对待,而话语功能学家认为传信是一个功能域,不应该只将其表现形式局限于形态句法上,词汇、句式甚至多模态手段都应该考虑。

还有的语言学家将传信范畴视为一种指示范畴。继上文介绍的Lazard(1999)之后,Lazard(2001)还是以巴尔干和中东地区的语言为研究对象,认为这些语言中使用传信标记与否的对立在于:没有使用该类形态句法标记的说明与信息的来源无关,而使用该类语法形态标记的和未说明具体信息来源的传信范畴相关,起一个指示作用,涉及信息来源,但不明确。它的作用在于分离出作为说话人的言者和作为表述不确定的信息来源的言者这种"言者二分模式"。

进一步来说,没有使用传信标记的话语就是单纯地表达事实,而使用传信标记的话语是指向言者对事实的知晓(becoming aware of)。所以三个标记(传闻、推测和非预期观察)的共同语义值在于表明信息"如其显现(as it appears)"之意,而不管它究竟是源自听闻、推测还是感官。这里作者要强调的是,可能会有这样一种误解:没有使用调节标记的命题显得更具有真实性,而使用了调节标记的则常与怀疑、假定等意义相关。作者认为,调节标记的使用与否与真实性、可疑等主观意义无关,在这些语言中,这些主观意义一般是通过另外的词汇来表达的。

总之,巴尔干和中东地区的语言的调节标记(传信标记)的使用特点如下:(1)言者可以选择使用无标(ø)或有标的调节标记;(2)有标记的调节形式的使用表明言者对事件信息的知晓有一个指示参照(不明确的信息来源);(3)这个参照是不明确的,其意义就是"如其显现";(4)这种标记的使用在于制造言者和言者话语之间的距离;(5)该标记本身及其使用与否都不表示任何信疑之意。

De Haan(2005)也认为传信是一种指示范畴(deictic category)而非情态范畴,该范畴的基本意义是标记言者和所述事件行为的关系。至于是什么关系,作者认为,这好比是指示代词用于标记言者和所指对象之间的关系。传信范畴常被人认为有情态意义,但是作者的观点是情态意义不是传信范畴的基本意义。就好比英语的过去时,也会被认为有情态解读,但情态意义不是过去时态的基本意义。比如,在复述过去发生的事件时,可以选择过去时,也可以用一般现在时,甚至是现在进行时。选择过去时会有一种讲述者与所述事件距离较远的感觉,会有避免对事件真实可靠性负责的情态意味。

作者认为传信范畴和情态范畴是不同的语言范畴。传信范畴是对证据的断言,而认识情态是对证据的评价。认识情态的意义在交际互动中来自两方面:(1)听者(读者)和语境的互动,受话一方如何理解言者话语中的认识价值(epistemic value);(2)虽然言者自身对所述信息进行评价,但作为受话是可以不同意言者这一认识评价的。而传信范畴是言者使用的,所以,从言者角度看,传信范畴没有固有、本质的认识意义,它所谓的认识意义来自听者。这里需要注意的是,上述分析是就共时层面而言,这绝不是要否认传信语有可能演变为认识情态范畴,语用互动的效力是可以被规约化的。

有人常把直接和间接的传信范畴与对信息可靠性承诺的程度(degree of commitment)相关联,认为前者的承诺程度要高。作者认为,这并不是要使用传信语的原因所在。传信语的使用表示的是言者和所述事件行为之间的距离:间接传信语的使用是说信息所表述的行为发生在言者的指示范围(deictic sphere)之外;相反,直接传信语的使用是说信息所述行为发生在言者的指示范围之内。

一般认为,指示的表达是说简单句的解释和理解必须参照它所在话语的言外环境(extralinguistic context)的特征(Anderson and Keenan 1985)。就传信范畴而言,从其分类来看,每个单独的传信小类都有相似的言外特征(extralinguistic properties),比如:传信范畴跟其他指示范畴一样,有一个指示中心,即言者,语法上通常表现为第一人称单数,所以这里涉及言者视角和传信的互动。传信范畴属于命题指示(propositional deixis),对言者而言,传信语是给行为事件提供一个凭借的基础,传信语和命题之关系好比指示词和名词组之关系。

按照传信范畴具有指示性的特点这一论点,认识情态不应该是传信范畴的基本意义,但可以是其语用特征(Peterson 2015)。比如,如果含有传闻类标记的命题比含有直接类传信语的命题要真实可靠的话,那么名词组之前用表示非可见或未知意义的指示词,是不是就可以说这里的名词所指存在的可能性就弱呢?但指示词不会把认识情态义作为其基础意义。由此,将认识情态意义视为传信范畴的基本意义是不合适的。

Hanks(2014)认为传信标记表达的是一种索引关系(indexicality),用于指明(index)言者、所言事或物以及产出传信话语(evidential utterance)的语言行为三者之间的关系。与 De Haan(2005)一样，Hanks(2014)也认为传信语是一种指示成分。作者认为，指称指示(referential deixis)和传信指示(evidential deixis)的相同之处在于：它们核心的语用维度都是言者具有一个指向他所言事或物的"通道、路径(access)"，这个通道路径可以是感官的(perceptual)、认知的(cognitive)或者社会的(social)[①]等，所以这个用作指示功能的通道有很多次类：空间的、时间的、感官的、认知的。

"指示通道"是多层面的，可以指向语言的形式层，也可以指向语言的意义层。作者将传信范畴的意义从信息的来源修改为知识的来源，原因在于，信息一般是语言编码后的，它是知识的一部分，而知识还包括对信息的认识，即认识情态维度。这也是作者为何将传信范畴的意义作为家族效应(family of effects)[②]来理解的原因。作者将传信范畴的指示通道路径概括为：起点(origo)即说话人和对象(object)即陈述的事或物之间的关系，如下所示(Hanks 2014:10)：

作为起点的说话人 ──────指示关系──────▶ 所陈述的事或物

图 11-3　指示和传信的关系

另外，从语言演变的角度看，指称指示可以演变为传信指示语，比如，远指可以演变为非亲见类传信语。这也显示了传信范畴和指示范畴之间的关系。

11.6　互动交际中的传信范畴研究

Hanks(2014)从研究的方法上明确提出，应该在互动环境(interactive circumstances)中看传信语的真实使用(actual deployment)情况，而且着重强调一定要区分传信意义作为该范畴的编码意义(即表达形式规约的意义)和通过会话推理(conversational inference)获得的语境意义之间的差别。如果是语境意义，则要弄清语境环境对传信意义表达的制约因素，尤其是在交际互动中，传信意义的浮现其句法条件和语用推理规律是怎样的。

另外，对那些没有语法化的传信范畴的语言来说，就尤为强调传信策

[①] 这里"社会的"的含义，Hanks(2014)并未给予详细解释。根据我们的理解，应该是指根据社会常识、社会规约等共享知识作为"指示"的依据。

[②] 这里所谓的"家族效应"在本章 11.6 中会详细说明。

略(而非离散的词汇或形态句法范畴)的研究。在语言的交际使用层面来研究传信策略可能会遇到如下问题或困难：

（1）传信策略是指能用以表达信息来源这一功能范畴的语言形式手段。这样一来，几乎每种语言都有其各自的方法或手段来表达该意义，那么研究的边界相对于语法范畴的传信语来说要更开放，如何去界定研究的边界会是一个问题。

（2）既然是从真实的交际层面来研究，那么社会交际还有非语言的一面，即它是一个多模态体系。在有些不同文化背景的语言中，交际中伴随的身姿(指示、目光、眉和头部的运动等)可以用于表达信息的来源和获取方式。应考虑这方面的研究如何和语言层面的研究结合起来。

（3）所谓"策略"，一般都是基于某种目的的，那么传信策略的使用是基于何种交际目的，这涉及传信策略是否与言者的交际意图相匹配(align with speakers' intentions)。

（4）根据上一点，言者在交际中的意图可能会是多重的，那么传信策略的使用会在特定的语境中衍生出其他交际目的，比如：标记会话立场、言者对所言信息的承诺程度；标记与受话的认同与否(dis-/alignment)，像引语的使用有拉远与受话距离的作用；调节所言信息与交际者的关系，如权威性、知晓程度等。

作者指出，从互动的角度来研究传信表达，在研究方法上要注意：(1)从单个个案或单类传信表达来论证，但要有型－例之间的比较意识；(2)对传信语或传信策略的研究要先分类再综合；(3)区分编码/规约意义(coded/conventional meaning)和语境意义；(4)先从语法化的传信语入手，再来研究传信策略的使用；(5)注意某一特定语言的传信范畴系统中传信语的标记性和对称性的差异；(6)考察特定语体中传信范畴使用的差异，如会话、叙事、论证；(7)注意涵盖社会文化层面和历史演变层面的描写。这些要点对我们开展传信范畴的互动研究十分有启发。

Hanks(2014)认为，传信范畴表达的意义是一个范围，该范畴语义范围好比一个"家族"，其中的语义值之间的关联就好似家族效应，其中包括表达核心意义的传信范畴在交际使用中产生的语用效应。这种家族效应来自三方面：

（1）知识的来源(source of knowledge)：意欲表达的信息概念和意义是如何认识或知晓的。感官获取的、认知获取的、听说的、来自共知常识，这是知晓的方式。还涉及认识情态范畴，以及信息对交际双方而言的权威性和领有性。

（2）言语陈述的来源（source of statement）：如何用言语陈述意欲表达的信息，是直接以言者主语的身份陈述出来，还是借他人之口引述表达，直接引用还是间接转述。

（3）互动效力（interactional force）：分为表情立场（expressive stance）和互动作用。前者如惊讶（surprise）、反预期（counterexpectation）、强调（emphasis）、疏离（distantiation）；后者如对所述事件内容的评价（assessment）、对所言事件或对象的语言表达是否认同（dis-/alignment）以及因互动序列位置（sequential position）产生互动功能。

Nuckolls and Michael（2014）指出，传信表达作为语法范畴和功能范畴，不同学者从不同视角来研究，比如类型学、社会文化、交际互动、句法语义等，但是有很多相关问题可以继续深入研究。比如，传信范畴在互动中的交际功能研究还不够。作者认为可以从社会互动和文化维度，讨论传信语和传信策略的社会功能特征（socio-functional properties）和语法特征之间的关系。

该文进一步指出，从作为语法范畴的传信语和属于非语法范畴的传信策略两者的关系看，文化和社会活动在语法化过程中有重要作用。语法化的驱动因素之一是使用频率，而使用离不开真实的社会文化环境，所以传信策略的社会互动功能是决定其使用频率的重要因素。因此，在社会互动背景下研究传信策略和正在经历语法化过程的传信语是很有价值的。

与此同时，作者反思到，还有两个相关问题依旧没有得到很好的解决：

（1）传信范畴和认识情态范畴的关系，分、合还是有重叠？首先要搞清楚的是，对这两个范畴关系的认识应该建立在普通语言学的视角，还是从某一特定语言来看？这对有语法化的传信范畴和认识情态的语言来说可能不是问题，一些语言的这两类范畴有两套不同的形态句法标记来表达。但是，对没有语法化的传信范畴的语言来说，确实会有问题。所以，对于只有传信策略的语言而言，未必要将两个范畴完全对立，这样才能更好地从交际互动中来看不同策略的使用规律。

（2）同样都是表达信息来源，特定的形态标记（即传信标记）与相应的词汇表达（尤其是可以带宾语小句的感官动词）之间的关系该怎么看待？是否只能将语法化作为一条重要的标准来区分二者？关于此，需要进一步研究传信语、传信策略尤其是词汇表达在表达传信功能特征上有何差异，包括它们各自在互动交际中的作用有何不同。

这样看来，未来相关领域的研究应该着力于如下几方面：

（1）考虑更广义的语境。如传信和语体的问题，跨语言的研究还会涉及交际场景和社会文化因素。

（2）主观性和交互主观性。知识共享（shared knowledge）是社会互动中语言使用的重要维度。若将传信标记视为一种索引或指示成分，那么它是对交际双方主观性和交互主观性设定的索引和指示。虽然这不是传信意义的核心，但它确实是传信意义形成（规约化、语义化）可考量的机制。

（3）从言语交际中的会话结构（conversation organization）看传信手段的互动功能。对于语言范畴的研究，除了语义、语用层面，还应有社会互动层面。所以，不同语言、不同传信范畴体系中的不同传信类别，它们的话语潜力也是不一样的。也就是说，不同语义类型的传信语在话语互动中的表现和对会话结构的构建所起的作用也不同。

11.7　小结：研究方法的讨论和反思

如何界定传信范畴的句法语义特点，涉及研究方法和视角的不同。Cornillie et al.（2015）讨论了传信范畴研究的方法问题，强调要区分语义和语用层面。这样的好处在于：（1）有助于区分该范畴的核心语法意义和语境赋予（contextual cues guiding）的相关意义；（2）有助于清晰对待传信范畴标记所带有的认识情态色彩和认识情态标记所带有的传信色彩，而且可从这两个层面的互动关联看传信范畴或认识情态范畴意义规约化（conventionalization）的问题；（3）传信范畴核心意义（core meaning）的描写有助于不同语言传信范畴的比较研究，既可以在不同传信范畴体系的语言中以核心意义为基点做比较研究，还可以研究核心意义和相关的语用意义（pragmatic meaning）之间的关系。

Anderson（1986：274—275）从句法语义角度对传信范畴进行了界定：(1)传信标记本身不能是小句的主要谓语；(2)传信标记的主要意义是呈现证据（indication of evidence）而不仅仅将该意义视为是通过语用推理获得的；(3)形态上，传信标记可以是屈折形式、依附词或者是其他自由的语法单位（free syntactic elements），但不能是合成和派生形式（包括功能词）。这里的问题是，传信范畴是否要严格限定在语法范畴之中，而不考虑传信意义的词汇表达或其他非语法手段的表达方式？

很多学者认为不应只局限在语法范畴中，传信范畴是一个功能域（functional domain）。从功能－概念（functional-onomasiological）的视角看，不能只把传信范畴的用例限制在强制使用的语法标记上，还应该包括表达传信意义的词汇和其他语法手段上。要强调功能标准的首要性（the primacy of functional criteria),应该把在语境中用于表达传信意义的所有语言表达方式都考虑在内(Wiemer 2010;Lampert and Lampert 2010)。

但要强调的是,感觉、感官动词不应考虑在内,因为它们可以作为小句的主要谓语,而传信范畴标记的实质是起限定作用,即对小句命题信息的来源和获取方式的限定。所以,从功能范畴的角度看,如下两类有关传信意义表达的语言形式是应该归为传信范畴研究范围的:一是作为小句主要谓语的词汇形式,但它们是表推断、有施为效果的认识、感知和言说类动词;二是游离于小句外的语言成分,如(1)没有规约化的,如一些插说语,(2)规约化的,已经成为该语言成分的编码意义(coded meaning)、内在意义(inherent meaning)的。

这里要说的是,我们将传信范畴视为一种功能域(或概念域),不管一种语言中表达该功能的词汇或语法手段的地位如何,只要这些手段所表达的传信意义是规约化的结果,而非根据当前话语推导出来的语境给予的,我们就应该给予重视和研究(Boye and Harder 2009;方梅、乐耀 2017)。

所以,Cornillie et al.(2015)认为:从研究方法上,不能将传信范畴的研究仅仅局限于作为纯语法范畴的传信语。传信意义本身是一个功能域,它在有些语言中是强制使用的语法范畴,而对有些语言而言,它是一个可选用的语言范畴。对于后者来说,传信的表达可以是词汇要素,如副词或语法化程度更高的助词等。

Plungian(2001)从理论上反思了普遍语法范畴中传信的地位,主要涉及两大问题:一是传信范畴语义值的分类和该范畴的核心语义内容;二是传信体系的类型。不同传信语义值构成的语义空间在不同语言中是不同的,会形成该范畴的主要语法模式,这也会因语言的不同而不同。

关于普遍的语义空间,Plungian认为,语法类型这一概念是基于这样的事实提出的:世界上语言的语法体系是可以做比较的。语法体系或不同语言的语法有可比的价值,那么一定有共通之处,共通之处在于语义。而普遍的语义值并非任意地聚集在一起。语法范畴及其语法价值一定有其独立的语义内容。语义内容是普遍的,独立于具体语言的,但是意义的表达方式(语法的和词汇的等)却因语言而异。

不同的语言在表达语法范畴意义时靠的是强制使用的语法形式。相同的语义范畴,在有的语言中使用语法表达手段,有的则使用词汇表达手段。那些语法化了的语义范畴形成了一定的语义范围,由此产生普遍语义空间。语义空间这一术语不仅暗示了跨语言的范畴价值清单的建立,还形成了语义地图,依此构建不同范畴价值之间的关系。

不同语言的语法范畴是不尽相同的,尽管它们之间可能有一些相似之处。这种不同在于:语法范畴是在各自语言中由它与其他范畴的对立所界定的,而这种对立具有语言的特殊性(language-specific)。从跨语言的视角看,不同语言中相同的范畴具有共同的语义基础,但要说明的是,语义本身若脱离了语言结构,它是无形的(amorphous)。因此,语义内容是需要结构化的,这种结构化是人的认知活动在语言系统中的反映。

Plungian(2001)进一步说明,当发现在一些语言中不同的意义可以用相同的形式表达,并且这些语言没有历史接触时,就可以考虑这两个不同的语义在普遍语义地图(universal semantic map)中占据相邻的位置。在做语言比较和语法类型研究的时候,我们会对普遍语义空间中相关部分语义的结构化进行假设。很多时候,这个假设是以人们或者说人脑对周遭世界认知处理的先见为基础的,但往往不重视各自语言是如何对待客观世界的,尤其是在语法体系编码中呈现的差异。由此常会造成理论构建和实际语言研究的脱节。

与 Plungian(2001)"普遍的语义空间/地图"相类似的观点还有"语义谱(semantic spectrum)"和"语义家族效应"。前者是 De Haan(1999)的研究,他认为传信、认识情态、意外范畴、语气等,这些范畴的意义构成一个语义谱。后者是 Hanks(2014)的研究,该文提出传信范畴的家族效应的概念,这里的"效应"是指表达信息来源这一核心意义的传信范畴在交际使用中产生的语用效应。

从普通语言学层面来讲,语义概念范畴不能独立于其语言表现形式,因此语法范畴有约定的能指和所指。一个语言的语法范畴不会完美地和另一语言的同一范畴完全重合。我们不能忽视概念的普遍性,它是语法系统描写的共同背景。语言学家研究的对象是语法结构,我们应将意义的普遍性视为一个多维的空间(multidimensional space),每种语言都是从其中挖掘自己语言范畴的表现方式。

根据 Plungian(2001)所言,语义空间是无形的,其中的语义项在获得语言形式表达之前是没有清晰界限的。边界的建立通过语言单位之间的对立而形成。基于上述对语言范畴的认识,传信范畴、认识情态范畴和意外范畴作为语义范畴,从理论上说它们其实也是模糊的概念。传信、调节、可靠性、意外等都只是概念多维空间中的一个小区域,这个小的语义区域在不同的语言中编码的方式不一样。相较而言,从跨语言的角度来看,只能说 A 范畴作为独立的语法范畴要比 B 范畴更成熟一些。

Lazard(2001)也谈到了语言范畴研究的方法问题。作者认为,相对于纯概念范畴,语法范畴会因具体的语言不同而呈现其特殊性。语法范畴和语言符号单位一样,要有约定的能指(signifiant)和所指(signifé),传信范畴的所指(语义)就是表达信息的来源。所有的语言都有表达信息来源意义的方式,但是并非所有语言都具有语法化的句法形态范畴的传信标记。传信意义也可由其他范畴表达,但这是其他范畴的衍生义而非核心意义。比如,很多语言有体范畴,其中完成体可以表达传信意义。有的语言是强制使用传信范畴,所有的话语在动词词根上都要使用表达不同信息来源的语法标记。

  Lazard强调,在语言范畴的研究中不能一味强调共性而忽视语言的特殊性。他发现,有的语言的传信范畴有其使用条件,比如东南欧、西亚的一些语言,有从完成体演变而来的传信范畴,但是分为有标记的和无标记中立的对立,无标记中立的不需要使用特定的语法标记,也不表达传信意义。这些语言中有表传闻、推测和意外之义的传信标记。上文已经介绍过已有研究对这三类标记的用法概括是有问题的:(1)认为都是非直接的信息来源,但是涵盖不了意外范畴,因为这些语言的意外范畴是言者感官获得的意外事件(perceptions of unexpected events),这涉及言者直接的感知;(2)把它们都概括为新的、意外的信息,但是传闻听说类所标记的信息不一定是新的,有可能是已知的。所以作者从这些语言的特性出发,提出了调节范畴的概念来从理论上概括这三种传信标记的用法。

  总之,语言学中有关语言范畴的研究至少应该考虑如下问题:(1)该语言范畴在某种语言中是否语法化了?(2)如果它是一种语言中语法化的范畴,是否有无标和有标之分?是否所有的话语都必须强制使用这一范畴的形态标记?(3)如果一种语言中该范畴的语法标记不止一个,那么不同语法标记之间的对立是如何建立的?这些问题是我们在研究各种语言范畴时都应该给予考虑的。

第 12 章 研究启示和结语

本书开篇谈到了本研究的主要目标是研究传信范畴在现代汉语中的表现形式,以及它在语言使用中和相关语言范畴的互动关联。本书在对汉语传信范畴概貌勾勒的基础上,通过对几组重要的传信范畴表现形式的考察,分析了它们在话语中的使用差异和各自由来的异同。同时,还论证了汉语认识情态范畴和引语也可以作为汉语的传信策略,这些传信策略往往需要和特定的人称、体貌等范畴搭配使用来表达传信功能。通过对一些传信范畴表达形式的考察和对该范畴与相关语言范畴的互动研究,我们有如下收获:

关于传信范畴的意义和判定标准。本书认为传信范畴最基本、最核心的意义是表达所言信息的来源和获取该信息的方式,而可靠度只是传信范畴暗含的引申义。判定专职传信语的标准除了意义外,还有两条句法标准:(1)传信语本身不是主要谓语成分;(2)传信语本身不能被否定或强调。

关于汉语传信范畴的表现形式。本书以"据说"和"听说"为个案来讨论它们在语言中的使用差异。这两个传信语都是表示其后引导的信息是通过传闻听说方式获得的。通过考察不同语体语料,分别从篇章语体、句法表现、语义韵律和传信功能四个方面来讨论和解释这两个传信语的使用差异及成因。"听说"偏爱使用在日常口语言谈中,它具有典型的动词语法特征,还未彻底成为专职的传信语。"据说"丧失了动词典型的语法特征,已经语法化为专职的传信标记,在语言使用中,它具有"意外、惊讶"的语义韵律特征。

关于汉语传信语的来源。我们选取了汉语口语中和引语相关的两个引述类传信语"人说"和"说什么"来讨论传信语不同的形成过程。本研究论证了北京口语中的"人说"是由作为复合句主句的引导句经过重新分析,丧失其主句地位后,词汇化为既有引语功能又有传信功能的标记词。然后从汉语引语中的引语标记角度出发,在讨论语法化了的言说动词"说"的多功能性的基础之上,论证了与其相关的结构"说什么"已经词汇化为一个传信标记。

关于传信范畴与人称范畴的互动。我们从信息知晓的角度出发,考察了人称对汉语传信范畴在话语中使用的限制。通过一定规模的语料,对不同人称主语句与传信语搭配使用的情况进行了定量分析,发现下列带有倾向性的规律:(1)第二人称主语句一般情况下应该使用传信语,用以表达说话人是通过何种方式知晓关涉受话人信息的;(2)第三人称主语句使用传信语的数量要比其他人称多;(3)第一人称主语句偏爱主观传信语而第二、三人称偏爱客观传信语。上述规律都和信息的知晓度相关。

关于传信范畴与情态范畴的关联。我们通过个案研究,发现认识情态词"应该"可以用来表达汉语传信范畴的意义。因为两者在句法语义上有高度相似性:(1)从语义的角度看,传信范畴和认识情态都涉及"证据"。前者强调说话人对所言信息的证据做交代;后者是在对某类证据评价的基础上强调说话人对所言信息的态度。(2)从句法的角度看,具有推测意义的认识情态词"应该"的否定域和强调域与传信范畴是一致的。另外,认识情态词"应该"需要配合体貌和人称等相关语言范畴来表达传信意义。(3)与表认识情态意义的"应该"共现的"了"是依附于动词或动词短语的,它为"应该"表达传信功能贡献了必要的命题意义。"应该"是对完成或实现的事件行为进行推测。(4)关涉第一人称说话人的信息能够使用非亲历类传信语,这与事件的非意愿性相关。

关于汉语引语用作传信策略。我们从引语的整体观出发,分别考察了其组成部分引导句和引用句在语言使用中是如何表达传信功能的。引导句方面,以"说"类引导句为例,着重从信源指称的角度对比分析了它在新闻和小说两类语体中的使用差异。我们发现两类语体都偏爱使用信源指称度高的形式来传信,并对此给予了解释。引用句方面,主要从直接引语和间接引语在语用功能上的差异入手,通过真实的言谈材料,讨论了两类引用句的传信功能。经研究发现,直接引语这种传信策略的使用能拉开与所言信息的距离,从而消除当前说话人对信息可靠性的责任;而间接引语这类传信策略的使用常伴随有当前说话人对信息的主观态度,它能降低信息的可靠性。

本书还从互动语言学的视角探讨了传信范畴和会话话题生成之间的关系。传信范畴的使用在汉语会话话题生成的每个阶段、每个言者话轮中都有分布,它是会话话题生成的一种策略。传信范畴所体现的交际功能在不同的会话序列结构位置上也各不相同。

结合上述对本书主要内容和结论的归纳,再对照下图12-1可以看出,我们对汉语传信范畴的研究还很有限。只是对少数几组比较重要的传信语和传信策略进行了研究,其中涉及了相同类型传信语的使用差异问题、传信语的由来问题;在对传信语策略的研究中,我们着力关注传信范畴与相关语言范畴的互动关联。从下图对本书研究框架的勾画中可以看到,传信范畴不是离散的,而是一个有典型与非典型之分的连续统,专职的传信语是该范畴连续统的典型一端,借用其他范畴或手段的传信策略是连续统的非典型一端。而有些传信策略虽然借助了其他语言范畴或手段,但是由于它与专职的传信语在句法语义上呈现出高度的相似性,它就有可能演变为专职的传信语。比如汉语的认识情态词"应该",若将它置于汉语传信范畴的连续统之中,恐怕得将它靠向典型传信范畴的一端。

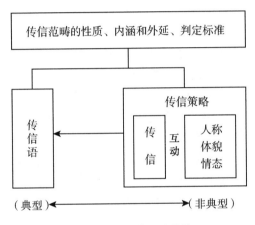

图 12-1　传信范畴连续统

  传信范畴与其他相关语言范畴的互动研究是个很有价值的课题。本研究通过汉语的事实,捕捉到了传信范畴与人称、认识情态、体貌(体标记"了")等语言范畴的关联互动。有些传信策略需要配合使用这些语言范畴才能使传信功能的表达得以实现。另外,我们还讨论了一些动词的语义特征与传信范畴的关联,比如意愿性,即自主动词和非自主动词,这些动词配合第一人称使用往往会使得说话人倾向使用非亲历类的传信语。

  在人类的语言系统中,与语言使用者的认识相关的语言范畴之间有着千丝万缕的联系。比如时间、体貌、语气、情态,它们与本研究的对象——传信范畴的关联还有很多未挖掘出来。过去的事实、现在的事实和将来的事实,事件的状态是完结、未完结还是正在进行,说话人对所言事实可能性的判断的强弱,这些都和说话人选择怎样的传信方式、表达怎样的传信意义密切相关(参看 Anderson 1986;张伯江 1997)。可见,传信范畴与其他相关语言范畴的互动研究依旧是今后值得我们继续深入讨论的重要课题。

  最后要说明的是,本书的题目强调了"功能语言学的视角",这与研中强调听说双方的互动,强调以大于句子的语篇话语作为研究语料是完全一致的。可是,全书的研究并非与"类型学的视角"完全无关,虽然本研究的方法与类型学的确不同,但研究视角还是跟类型学很有关系。本书的研究是从"传信范畴"的范畴义出发而非形式出发,而从范畴义出发的研究,一定有类型学的视角,并且一定会利用类型学的研究成果。正是有了类型学的视角,才有讨论传信范畴义的可能,才有讨论传信范畴义的核心义和引申义的区别的可能,才能够在传信范畴义没有语法化的语言中研究"传信范畴"。[①]

[①] 这里关于本研究所暗含的语言类型研究视角的讨论,是王洪君老师为本书作序之前通读书稿之后与我分享的,在此表示感谢。

参考文献

曹广顺 1995《近代汉语助词》,北京:语文出版社。
陈　颖 2009《现代汉语传信范畴研究》,北京:中国社会科学出版社。
陈玉东 2005 汉语韵律层级中小句的中枢地位和调节作用,《汉语学报》第 2 期。
陈振宇 杜克华 2015 意外范畴:关于感叹、疑问、否定之间的语用迁移的研究,《当代修辞学》第 5 期。
程　名 2008 "说什么"的历时语法化,北京大学语言学讨论班报告。
戴耀晶 2000 试论现代汉语的否定范畴,《语言教学与研究》第 3 期。
董秀芳 2003a "X 说"的词汇化,《语言科学》第 2 期。
董秀芳 2003b 北京话名词短语前阳平"一"的语法化倾向,吴福祥、洪波主编《语法化与语法研究(一)》,北京:商务印书馆,166－180 页。
董秀芳 2004 "是"的进一步语法化:由虚词到词内成分,《当代语言学》第 1 期。
董秀芳 2005 移情策略与言语交际中代词的非常规使用,齐沪扬主编《现代汉语虚词研究与对外汉语教学》,上海:复旦大学出版社,397－406 页。
董秀芳 2007 从词汇化的角度看粘合式动补结构的性质,《语言科学》第 1 期。
董秀芳 2008 实际语篇中直接引语与间接引语的混用现象,《语言科学》第 4 期。
方　梅 2005a 篇章语法与汉语篇章语法研究,《中国社会科学》第 6 期。
方　梅 2005b 认证义谓宾动词的虚化——从谓宾动词到语用标记,《中国语文》第 6 期。
方　梅 2006 北京话里"说"的语法化——从言说动词到从句标记,《中国方言学报》第 1 期,北京:商务印书馆,107－121 页。
方　梅 2009 北京话人称代词的虚化,吴福祥、崔希亮主编《语法化与语法研究》(四),北京:商务印书馆,36－55 页。
方　梅 2008 动态呈现语法理论与汉语"用法"研究,沈阳、冯胜利主编《当代语言学理论和汉语研究》,北京:商务印书馆,68－82 页。
方　梅　乐　耀 2017《规约化与立场表达》,北京:北京大学出版社。
房红梅 2005《言据性的系统功能研究》,复旦大学博士论文。
房红梅 2006 言据性研究述评,《现代外语》第 2 期。
房红梅　马玉蕾 2008 言据性·主观性·主观化,《外语学刊》第 4 期。
高名凯 1948/1957《汉语语法论》,北京:科学出版社。
高名凯 2010《高名凯文选》(叶文曦编选),北京:北京大学出版社。
谷　峰 2007 从言说义动词到语气词——说上古汉语"云"的语法化,《中国语文》第 3 期。
郭　锐 1997 过程与非过程——汉语谓词性成分的两种外在时间类型,《中国语文》第

3期。

胡承佼 2018 意外范畴与现代汉语意外范畴的实现形式,《华文教学与研究》第1期。

胡裕树(主编) 1995《现代汉语》,上海:上海教育出版社。

胡壮麟 1994a 语言的可证性,《外语教学与研究》第1期。

胡壮麟 1994b 可证性、新闻报道和论辩语体,《外语研究》第2期。

胡壮麟 1995 汉语的可证性和语篇分析,《湖北大学学报》第2期。

黄伯荣 廖序东(主编) 2002《现代汉语》,北京:高等教育出版社。

姜 炜 石毓智 2008 "什么"的否定功用,《语言科学》第3期。

李晋霞 刘 云 2003 从"如果"与"如果说"的差异看"说"的传信义,《语言科学》第3期。

李 讷 安珊笛 张伯江 1998 从话语角度论证语气词"的",《中国语文》第2期。

刘丹青 2004 汉语里的一个内容宾语标句词——从"说道"的"道"说起,《庆祝〈中国语文〉创刊50周年学术论文集》(中国社会科学院语言研究所、《中国语文》编辑部),北京:商务印书馆,110—119页。

刘鸿勇 顾 阳 2008 凉山彝语的引语标记和示证标记,《民族语文》第2期。

刘勋宁 1985 现代汉语句尾"了"的来源,《方言》第1期。

刘勋宁 1988 现代汉语词尾"了"的语法意义,《中国语文》第5期。

刘勋宁 1990 现代汉语句尾"了"的语法意义及其与词尾"了"的联系,《世界汉语教学》第2期。

刘一之 2006 北京话中的"(说):'……'说"句式,《语言学论丛》第三十三辑,北京:商务印书馆,337—339页。

刘永华 2006《马氏文通》传信范畴再探,《兰州学刊》第9期。

陆俭明 1986 周遍性主语句及其他,《中国语文》第3期。

吕叔湘 1942《中国文法要略》,北京:商务印书馆。

吕叔湘(主编) 1980《现代汉语八百词》(修订本),北京:商务印书馆。

吕叔湘著 江蓝生补 1985《近代汉语指代词》,上海:学林出版社。

马建忠 2000(1898)《马氏文通读本》,吕叔湘、王海棻编,上海:上海教育出版社。

马庆株 1988 自主动词和非自主动词,《中国语言学报》第3期。

聂仁发 2001 否定词"不"与"没有"的语义特征及其时间意义,《汉语学习》第1期。

牛保义 2005 国外实据性理论研究,《当代语言学》第1期。

彭利贞 2007《现代汉语情态研究》,北京:中国社会科学出版社。

强星娜 2017 意外范畴研究述评,《语言教学与研究》第6期。

沈家煊 1989 不加说明的话题,《中国语文》第5期。

沈家煊 1999《不对称和标记论》,南昌:江西教育出版社。

沈家煊 2001 语言的"主观性"和"主观化",《外语教学与研究》第4期。

沈 阳 冯胜利(主编) 2008《当代语言学理论和汉语研究》,北京:商务印书馆。

石毓智 1992《肯定和否定的对称与不对称》,台北:学生书局。2001年北京语言文化大学出版社出版增订本。

石毓智 2001 汉语的主语与话题之辨,《语言研究》第2期。

史金生 2010 从持续到申明:传信语气词"呢"的功能及其语法化机制,《语法研究和探索》(十五),北京:商务印书馆,120—135 页。

司马翎 2008 生成语法理论与汉语语气词研究,沈阳、冯胜利主编《当代语言学理论和汉语研究》,北京:商务印书馆,364—374 页。

宋永圭 2007《现代汉语情态动词否定研究》,北京:中国社会科学出版社。

孙宏开 胡增益 黄 行(主编)2007《中国的语言》,北京:商务印书馆。

孙景涛 2005 论"一音一义",《语言学论丛》第三十一辑,北京:商务印书馆,48—71 页。

汤廷池 1976 助动词"会"的两种用法,《语文周刊》第 1427 期。

汤廷池 1989 普遍语法与汉英对比分析,《汉语词法句法续集》,台北:学生书局。

陶红印 1994 言谈分析、功能主义及其在汉语研究中的应用,石锋编《海外中国语言学研究》,北京:语文出版社。

陶红印 1999 试论语体分类学的语法学意义,《当代语言学》第 3 期。

陶红印 2002 汉语口语叙事体关系从句结构的语义和篇章属性,《现代中国语研究》(日本)第 4 期。

陶红印 2003 从语音、语法和话语特征看"知道"格式在谈话中的演化,《中国语文》第 4 期。

陶红印 2007 从共时语法化与历时语法化相结合的视点看汉语词汇语法现象的动态特征,华中师范大学语言学讲座讲义(2007 年 6 月 14 日)。

汪维辉 2003 汉语"说类词"的历时演变与共时分布,《中国语文》第 4 期。

王洪君 李 榕 乐 耀 2009 "了$_2$"与话主显身的主观近距交互式语体,《语言学论丛》第四十辑,北京:商务印书馆,312—333 页。

王 伟 2006《现代汉语"了"的句法语义定位》,中国社会科学院研究生院博士论文。

吴中伟 1996 引语的四种类型,《修辞学习》第 2 期。

武 果 2007 语气词"了"的"主观性"用法,《语言学论丛》第三十六辑,北京:商务印书馆。

辛 斌 2009 引语研究:理论与问题,《外语与外语教学》第 1 期。

徐晶凝 2003 语气助词"吧"的情态解释,《北京大学学报(哲学社会科学版)》第 4 期。

徐晶凝 2008《现代汉语话语情态研究》,北京:昆仑出版社。

徐烈炯 刘丹青 1998《话题的结构与功能》,上海:上海教育出版社。

徐盛桓 2004 逻辑与实据——英语 IF 条件句研究的一种理论框架,《现代外语》第 4 期。

徐 婷 2008《视角空间理论框架中的言据性现象研究》,南京师范大学硕士论文。

徐通锵 2008《汉语字本位语法导论》,济南:山东教育出版社。

邢福义(主编)1991《现代汉语》,北京:高等教育出版社。

邢福义 1996 说"您们",《方言》第 2 期。

严辰松 2000 语言如何表达"言之有据"——传信范畴浅说,《解放军外国语学院学报》第 1 期。

杨永龙 2000 近代汉语反诘副词"不成"的来源及虚化过程,《语言研究》第 1 期。

叶南薰 1985《汉语知识讲话:复指和插说》(张中行修订),上海:上海教育出版社。

余光武 2010《言据范畴》介绍,《当代语言学》第 4 期。

乐　耀 2007《现代汉语语篇话题微探——一项基于不同语体语料的研究》,华中师范大学硕士论文。

翟颖华 2005 现代汉语旁称代词研究,武汉大学硕士论文。

张安生 2007 西宁回民话的引语标记"说着"、"说",《中国语文》第4期。

张伯江 1997 认识观的语法表现,《国外语言学》第2期。

张伯江 2009 "功能语法研究"课程讲义,2009年全国语言学暑期高级讲习班,北京:北京语言大学。

张伯江 方　梅 1996《汉语功能语法研究》,南昌:江西教育出版社。

张成福 余光武 2003 论汉语的传信表达——以插入语研究为例,《语言科学》第3期。

张新华 2006 论话题和主语,《山东师范大学学报(人文社会科学版)》第1期

张谊生 2000 评注性副词功能琐议,《语法研究和探索》(十),北京:商务印书馆,224－242页。

郑秋豫 2005 口语语流韵律的架构与组织,北京大学汉语语言学研究中心系列讲座之二。

郑秋豫 2007 口语篇章韵律——"由上而下管辖"的语音学研究与语言学意义,中国社会科学院语言研究所讲座。

中国社会科学院语言研究所词典编辑室 2005《现代汉语词典》(第5版),北京:商务印书馆。

《中国少数民族语言简志丛书》编委会 2009《中国少数民族语言简志丛书(修订本)》,北京:民族出版社。

朱德熙 1982《语法讲义》,北京:商务印书馆。

朱永生 2006 试论现代汉语的言据性,《现代外语》第4期。

宗守云 2002 浅论科技语体中的"似乎VP"句,《中国语文》第1期。

Aijmer, Karin. 1980. *Evidence and the Declarative Sentence*. Stockholm: Almqvist and Wiksell.

Aikhenvald, Alexandra Y. 2003. Evidentiality in typological perspective. In Alexandra Y. Aikhenvald and Robert. M. W. Dixon (eds.). *Studies in Evidentiality*, 1－31. Amsterdam/Philadelphia: John Benjamins Publishing Company.

Aikhenvald, Alexandra Y. 2004. *Evidentiality*. Oxford: Oxford University Press.

Aikhenvald, Alexandra Y. 2007. Information source and evidentiality: What can we conclude? *Rivista di Linguistica* 19: 207－227.

Aikhenvald, Alexandra Y. 2012. The essence of mirativity. *Linguistic Typology* 16: 435－485.

Aikhenvald, Alexandra Y. 2015. Evidentials: Their links with other grammatical categories. *Linguistic Typology* 19 (2): 239－277.

Aikhenvald, Alexandra Y. 2018. *The Oxford Handbook of Evidentiality*. Oxford Handbooks in Linguistics. Oxford: Oxford University Press.

Aikhenvald, Alexandra Y. and Robert. M. W. Dixon 2003. *Studies in Evidentiality*. Amsterdam/Philadelphia: John Benjamins Publishing Company.

Aksu-Koç, Ayhan A. 1988. *The Acquisition of Aspect and Modality: The Case of Past Reference in Turkish*. Cambridge: Cambridge University Press.

Aksu-Koç, Ayhan A. 2000. Some aspects of the acquisition of evidentials in Turkish. In Lars Johanson and Bo Utas (eds.). *Evidentials: Turkic, Iranian and Neighbouring Languages*, 15—28. Berlin: Mouton de Gruyter.

Aksu-Koç, Ayhan A. and Slobin, Dan I. 1986. A psychological account of the development and use of evidentials in Turkish. In Wallace Chafe and Johanna Nichols (eds.). *Evidentiality: The Linguistic Coding of Epistemology*, 159 — 167. Norwood, New Jersey: Ablex Publishing Corporation.

Alleton, Vivane. 1994. Some remarks about the epistemic values of auxiliary verbs YINGGAI and Yao in Mandarin Chinese. In Chen M. Y. and Tzeng J. L. (eds.). *In Honor of William S-Y. Wang: Interdisciplinary Studies on Language and Language Change*. Taipei: Pyramid Press.

Anderson, Lloyd B. 1986. Evidentials, paths of change, and mental maps: typologically regular asymmetries. In Wallace Chafe and Johanna Nichols (eds.). *Evidentiality: The Linguistic Coding of Epistemology*, 273—312. Norwood, New Jersey: Ablex Publishing Corporation.

Anderson, Stephen R. and Edward L. Keenan. 1985. Deixis. In Timothy Shopen (ed.). *Language Typology and Syntactic Description Vol. III: Grammatical Categories and the Lexicon*, 259—308. Cambridge: Cambridge University Press.

Anónimo. 1586. *Arte, y vocabulario en la lengva general del Perv llamada Quechua, y en la lengua Española*. En los Reyes (Lima): Antonio Ricardo.

Aoki, Haruo. 1986. Evidentials in Japanese. In Wallace Chafe and Johanna Nichols (eds.). *Evidentiality: The Linguistic Coding of Epistemology*, 223 — 238. Norwood, New Jersey: Ablex Publishing Corporation.

Ariel, Mira. 1991. The function of accessibility in a theory of grammar. *Journal of Pragmatics* 16: 443—463.

Asher R. E. and Simpson J. M. Y. (eds.). 1994. *The Encyclopedia of Language and Linguistics*. Oxford: Pergamon Press.

Auwera, Johan van der and Vladimir A. Plungian. 1998. Modality's semantic map. *Linguistic Typology* 2: 79—124.

Bakhtin, Mikhail M. 1981. *The Dialogic Imagination*. (Michael Holquist, Ed., Caryl Emerson and Michael Holquist, Trans.). Austin: University of Texas Press.

Banfield, Ann. 1973. Narrative style and the grammar of direct and indirect speech. *Foundations of Language* 10: 1—39.

Barnes, Janet. 1984. Evidentials in the Tuyuca verb. *International Journal of American Linguistics* 50: 255—271.

Bertonio Romano, L. 1603. *Arte de la Lengua Aymara*. Roma: Luis Zanetti.

Biber, Douglas, Stig Johansson, Geoffrey Leech, Susan Conrad, and Edward Finegan. 1999. *Longman Grammar of Spoken and Written English*. Harlow, Essex: Longman.

Blakemore, Diane. 1994. Evidence and modality. In Asher and Simpson (eds.). *The Encyclopedia of Language and Linguistics*, 1183—1186. Oxford: Pergamon Press.

Boas, Franz. 1911a. Introduction. In Franz Boas (ed.). *Handbook of American Indian Languages*, 5—83. Bureau of American Ethnology Bulletin 40.

Boas, Franz. 1911b. Kwakiutl. In Franz Boas (ed.). *Handbook of American Indian Languages*, 423—557. Bureau of American Ethnology Bulletin 40.

Boas, Franz. 1938. Language. In Franz Boas (ed.). *General Anthropology*, 124—145. Boston, New York: D. C. Health and Company.

Boas, Franz. 1942. Language and culture. In Percy W. Long (ed.). *Studies in the History of Culture: The Disciplines of the Humanities*, 178—184. Menasha: The George Banta Publishing Co.

Boas, Franz. 1947. Kwakiutl grammar, with a glossary of the suffixes. *Transactions of the American Philosophical Society* 37: 201—377.

Bolinger, Dwight. 1977. *Meaning and Form*. London: Longman.

Boye, Kasper. 2012. *Epistemic Meaning: A Crosslinguistic and Fuctional-Cognitive Study*. Berlin: Mouton de Gruyter.

Boye, Kasper and Peter Harder. 2009. Evidentiality: Linguistic categories and grammaticalization. *Functions of Language* 16 (1): 9—43.

Bussmann, Hanumod. 1996. *Routledge Dictionary of Language and Linguistics*. London: Routledge.

Button, Graham and Neil Casey. 1984. Generating topic: The use of topic initial elicitors. In J. Maxwell Atkinson and John Heritage (eds.). *Structures of Social Action: Studies in Conversation Analysis*. 167—190. Cambridge: Cambridge University Press.

Bybee, Joan. 1985. *Morphology: A Study of the Relation between Meaning and Form*. Amsterdam/Philadelphia: John Benjamins Publishing Company.

Bybee, Joan. 2001. Main clauses are innovative, subordinate clauses are conservative: Consequences for the nature of constructions. In Joan Bybee and Michael Noonan (eds.). *Complex Sentences in Grammar and Discourse: Essays in Honor of Sandra A. Thompson*, 1—17. Amsterdam/Philadelphia: John Benjamins Publishing Company.

Bybee, Joan and William Pagliuca. 1985. Cross-linguistic comparison and the development of grammatical meaning. In Jacek Fisiak (ed.). *Historical Semantics: Historical Word-Formation*, 59—83. Berlin/New York: Mouton de Gruyter.

Bybee, Joan, Revere D. Perkins and William Pagliuca. 1994. *The Evolution of Grammar: Tense, Aspect and Modality in the Languages of the World*. Chicago: The University of Chicago Press.

Campbell, Lyle. 1991. Some grammaticalization changes in Estonian and their implications.

In Elizabeth C. Traugott and Bernd Heine (eds.). *Approaches to Grammaticalization*, vol. 1, 285—299. Amsterdam/Philadelphia: John Benjamins Publishing Company.

Chafe, Wallace. 1976. Givenness, Contrastiveness, Definiteness, Subjects, Topics and Point of View. In Charles N. Li, (ed.). *Subject and Topic*, 27—55. New York: Academic Press.

Chafe, Wallace. 1986. Evidentiality in English conversation and academic writing. In Chafe and Nichols (eds.). *Evidentiality: The Linguistic Coding of Epistemology*, 261—272. Norwood, New Jersey: Ablex Publishing Corporation.

Chafe, Wallace and Johanna Nichols (eds.). 1986. *Evidentiality: The Linguistic Coding of Epistemology*. Norwood, New Jersey: Ablex Publishing Corporation.

Chao, Yuan Ren. 1968. *A Grammar of Spoken Chinese*. Berkeley and Los Angeles: University of California Press. (吕叔湘译,1979,《汉语口语语法》,北京:商务印书馆。)

Chappell, Hilary. 2001. A Typology of Evidential Markers in Sinitic Languages. In Chappell, Hilary. (ed.). *Sinitic Grammar: Synchronic and Diachronic Perspectives*, 56—84 Oxford: Oxford University Press.

Chappell, Hilary. 2008. Variation in the grammaticalization of say verbs into complementizers in Sinitic languages. *Linguistic Typology* 12(1): 45—98.

Chomsky, Noam. 1957. *Syntactic Structures*. Mouton, The Hague.

Comrie, Bernard. 1976. *Aspect*. Cambridge: Cambridge University Press. (北京大学出版社 2005 年影印本)

Conrad, Susan and Biber Douglas. 2000. Adverbial marking of stance in speech and writing. In Susan Hunston and Geoff Thompson (eds.), *Evaluation in Text: Authorial Stance and the Construction of Discourse*, 56—73. New York: Oxford University Press.

Cornillie, Bert. 2009. Evidentiality and epistemic modality: On the close relationship between two different categories. *Functions of Language* 16 (1): 44—62.

Cornillie, Bert, Juana Marín Arrese and Björn Wiemer. 2015. Evidentiality and the semantics-pragmatics interface: An introduction. *Belgian Journal of Linguistics* 29: 1—17.

Coulmas, Florian. 1986. Direct and indirect speech in Japanese. In Coulmas, Florian. (ed.). *Direct and Indirect Speech*. Berlin, New York, Amsterdam: Mouton de Gruyter.

Courtney, Ellen H. 1999. Child acquisition of Quechua affirmative suffix, Santa Barbara *Papers in Linguitics. Proceedings from the Second Workshop on American Indigenous Languages*. Department of Linguistics, University of California, Santa Barbara, 30—41.

Craig, Colette G. 1977. *The Structure of Jacaltec*. Austin and London: University of Texas Press.

Curnow, Timothy Jowan. 2002. Types of interaction between evidentials and first-person subjects. *Anthropological Linguistics* 44 (2): 178—196.

Curnow, Timothy Jowan. 2003. Nonvolitionality expressed through evidentials. *Studies in Language* 27 (1): 39—59.

Dahl, Östen. 1985. *Tense and Aspect System*. Bath, England: The Bath Press.

Dankoff, R. (ed. and trans. with J. Kelly). 1982. *Mahmud al-Kāŝgarī : Compendium of the Turkic Dialects. (Dīwān lugāt at-Turk)*. Part 1. Cambridge: Tekin.

De Haan, Ferdinand. 1997. *The Interaction of Modality and Negation: A Typological Study*. New York: Garland.

De Haan, Ferdinand. 1999. Evidentiality and epistemic modality: Setting boundaries. *Southwest Journal of Linguistics* 18: 83—102.

De Haan, Ferdinand. 2001. The relation between modality and evidentiality. *Linguistische Berichte* 9: 201—216.

De Haan, Ferdinand. 2005. Encoding speaker perspective: Evidentials. In Zygmunt Frajzyngier, Adam Hodges and David S. Rood (eds.). *Linguistic Diversity and Language Theories*, 377 — 397. Amsterdam/Philadelphia: John Benjamins Publishing Company.

De Roeck, M. 1994. A functional typology of speech reports. In Elisabeth Enberg-Pedersen, Lisbeth Falster Jakobsen and Lone Schack Rasmussen (eds.). *Functional and Expression in Functional Grammar*, 331—351. Berlin/New York: Mouton de Gruyter.

DeLancey, Scott. 1990. Ergativity and the cognitive model of event structure in Lhasa Tibetan. *Cognitive Linguistics* 1: 289—321.

DeLancey, Scott. 1997. Mirativity: The grammatical marking of unexpected information. *Linguistic Typology* 1: 33—52.

DeLancey, Scott. 2001. The mirative and evidentiality. *Journal of Pragmatics* 33: 369—382.

DeLancey, Scott. 2012. Still mirative after all these years. *Linguistic Typology* 16: 529—564.

Dendale, Patrick and Liliane Tasmowski. 2001. Introduction: Evidentiality and related notions. *Journal of Pragmatics* 33: 339—348.

Dimmendaal, Gerrit F. 1989. Complementizers in Hausa. In Zygmunt Frajzyngier (ed.). *Current Progress in Chadic Linguistics*, 87 — 110. Amsterdam/Philadelphia: John Benjamins Publishing Company.

Dixon, Robert. M. W. 2003. Evidentiality in Jarawara, In Alexandra Y. Aikhenvald and Robert. M. W. Dixon (eds.). *Studies in Evidentiality*, 165 — 188. Amsterdam/Philadelphia: John Benjamins Publishing Company.

Dixon, Robert. M. W. 2004. *The Jarawara Language of Southern Amazonia*. Oxford: Oxford University Press.

Dixon, Robert. M. W. and Alexandra Y. Aikhenvald. 1999. *The Amazonian Languages*. Cambridge: Cambridge University Press.

Du Bois, John W. 1986. Self-evidence and ritual speech. In Wallace Chafe and Johanna Nichols (eds.). *Evidentiality: The Linguistic Coding of Epistemology*, 313—336. Norwood, New Jersey: Ablex Publishing Corporation.

Ebbing, Enrique J. 1965. *Gramática y diccionario aymara*. La Paz: Don Bosco.

Eggins, Suzanne. 1994. *An Introduction to Systemic Functional Linguistics*. Londen: Pinter.

Fitneva, Stanka A. and Matsui Tomoko. 2009. *Evidentiality: A Window Into Language and Cognitive Development*, *New Directions for Child and Adolescent Development*. San Francisco: Jossey-Bass.

Fox, Barbara A. 2001. Evidentiality: Authority, responsibility, and entitlement in English conversation. *Journal of Linguistic Anthropology* 11(2): 167—192.

Frachtenberg, J. 1922. Coos. In Franz Boas (ed.). *Handbook of American Indian Languages* 2: 297—429. Bureau of American Ethnology Bulletin 40.

Frajzyngier, Zygmunt. 1985. Truth and the indicative sentence. *Studies in Language* 9: 243—254.

Frajzyngier, Zygmunt. 1995. A functional theory of complementizers. In Joan Bybee and Suzanne Fleischman (eds.). *Modality in Grammar and Discourse*, 473—502. Amsterdam/Philadelphia: John Benjamins Publishing Company.

Frajzyngier, Zygmunt. 1996. *Grammaticalization of the Complex Sentence: A Case Study in Chadic*. Amsterdam/Philadelphia: John Benjamins Publishing Company.

Friedman, Victor A. 2003. Evidenliality in the Balkans with special attention to Macedonian and Albanian. In Alexandra Y. Aikhenvald and Robert M. W. Dixon (eds.). *Studies in Evidentiality*, 189—218. Amsterdam/Philadelphia: John Benjamins Publishing Company.

Garrett, Edward John. 2000. *Evidentiality and Assertion in Tibetan*. Ph. D. dissertation. University of California, Los Angeles.

Geluykens, Ronald. 1988. The interactional nature of referent-introduction. *Chicago Linguistics Society* 24: 141—154.

Geluykens, Ronald. 1991. Topical management in conversational discourse: The collaborative dimension. *Chicago Linguistics Society* 27:182—195.

Geluykens, Ronald. 1992. *From Discourse Process to Grammatical Construction: On Left-dislocation in English*. Amsterdam/Philadelphia: John Benjamins Publishing Company.

Geluykens, Ronald. 1993. Topic introduction in English conversation. *Transaction of the Philological Society* 91(2):181—214.

Geluykens, Ronald. 1995. On establishing reference in conversation. In Richard A. Geiger (ed). *Reference in Multidisciplinary Perspective*, 230—240. Hildesheim: Olms.

Geluykens, Ronald. 1999. It takes two to cohere: The collaborative dimension of topical coherence in conversation. In Wolfram Bublitz, Uta Lenk and Eija Ventola (eds.). *Coherence in Spoken and Written Discourse*, 35—53. Amsterdam /Philadelphia: John Benjamins Publishing Company.

Genetti, Carol. 1986. The grammaticalization of the Newari verb tǫl. *Linguistics of the Tibeto-Burman Area* 9: 53—70.

Givón, Talmy. 1980. The binding hierarchy and the typology of complements. *Studies in Language* 4(3): 333—377.

Givón, Talmy. 1982. Evidentiality and epistemic space. *Studies in Language* 6(1): 23—49.

Givón, Talmy 1983. Topic continuity in discourse: An introduction. In Talmy Givón (ed.). *Topic Continuity in Discourse: A Quantitative Cross-language Study*, 1 — 42. Amsterdam /Philadelphia: John Benjamins Publishing Company.

González, Montserrat. 2006. *Epistemic Modality and Evidentiality in English and Catalan Storytelling*. Linguistic Agency, University of Duisburg-Essen (LAUD), Paper No. 656.

Goossens, Louis. 1985. Modality and the modals. In A. Machtelt Bolkestein, Casper de Groot and J. Lachlan Mackenzi (eds.). *Predicates and Terms in Functional Grammar*, 203—217. Amsterdam/Philadelphia: John Benjamins Publishing Company.

Green, Georgia M. 1976. Main clause phenomena in subordinate clauses. *Language* 52: 382—397.

Güldemann, Tom. 2008. *Quotative Indexes in African Languages: A Synchronic and Diachronic Survey*. Berlin, New York: Mouton de Gruyter.

Haiman, John. 1983. Iconic and economic motivation. *Language* 59(4): 781—819.

Halliday, Michael A. K. 1985/1994. *An Introduction to Functional Grammar*. London: Arnold.

Hanks, William F. 2014. Evidentilality in social interaction. In Janis Nuckolls and Lev Michael (eds.). *Evidentiality in Interaction*, 1 — 12. Amsterdam/Philadelphia: John Benjamins Publishing Company.

Hansson, I.-L. 2003. Akha. In Graham Thurgood and Randy J. LaPolla (eds.). *The Sino-Tibetan Languages*, 236—252. London: Routledge.

Hardman, Martha James. 1986. Data-source marking in the Jaqi languages. In Wallace Chafe and Johanna Nichols (eds.). *Evidentiality: The Linguistic Coding of Epistemology*, 113—136. Norwood, New Jersey: Ablex Publishing Corporation.

Harris, Alice C. and Campbell Lyle. 1995. *Historical Syntax in Cross-linguistic Perspective*. Cambridge: Cambridge University Press.

He, Agnes Weiyun. 2009. Conversational repair: Where modality and morality converge. In Yun Xiao (ed.). *Proceedings of the 21st North American Conference on Chinese Linguistics (NACCL-21) Volume* 1, 138 — 148. Smithfield, Rhode Island: Bryant University.

Heine, Bernd and Kuteva Tania. 2002. *World Lexicon of Grammaticalization*. Cambridge: Cambridge University Press.

Hoijer, Harry. 1954. Some problems of American Indian linguistics research. *Papers from the Symposium on American Indian Linguistics held at Berkeley* July 7, 1951, 3—12. Berkeley and Los Angeles: University of California Press.

Holt, Elizabeth. 1996. Reporting on talk: The use of direct reported speech in conversation. *Research on Language and Social Interaction* 29 (3): 219—245.

Hopper, Paul J. 1998. Emergent grammar. In Michael Tomasello (ed.). *The New Psychology of Language: Cognitive and Functional Approaches to Language Structure*, 155—175. Mahwah, NJ: Lawrence Erlbaum.

Hopper, Paul J. and Elizabeth C. Traugott. 1993. *Grammaticalization*. Cambridge: Cambridge University Press.

Hopper, Paul J. and Sandra A. Thompson. 1980. Transitivity in grammar and discourse. *Language* 56(2): 251—299.

Hsieh, Chia-Ling. 2008. Evidentiality in Chinese newspaper reports: subjectivity/objectivity as a factor. *Discourse Studies* 10(2): 205—229.

Huang, C.-T. James. 1984. On the distribution and reference of empty pronouns. *Linguistic Inquiry* 15: 531—574.

Huang, Lillian Meei-jin. 1988. *Aspect: A General System and Its Manifestation in Mandarin Chinese*(《态之探究:就一般性及汉语中四个助词之讨论》. 台北:学生书局。)

Huang, Shuanfan. 1998. Emergent lexical semantics. In Shuanfan, Huang (ed.). *Selected Papers from the Second International Symposium on Languages in Taiwan*, 129—150. Taipei: The Crane Publishing Co., Ltd.

Ifantidou, Elly. 2001. *Evidentials and Relevance*. Amsterdam/Philadelphia: John Benjamins Publishing Company.

Jakobson, Roman. 1957. Shifters, verbal categories and the Russian verb. *Selected Writings*, 2: *Words and Language*, 130—147. The Hague-Paris: Mouton.

Johanson, Lars. and Bo Utas. 2000. *Evidentials: Turkic, Iranian and Neighbouring Languages*. Berlin: Mouton de Gruyter.

Kamio, Akio. 1997a. Evidentiality and some discourse characteristics in Japanese. In Akio Kamio (ed.). *Directions in Functional Linguistics*, 145—171. Amsterdam/Philadelphia: John Benjamins Publishing Company.

Kamio, Akio. 1997b. *Territory of Information*. Amsterdam/Philadelphia: John Benjamins Publishing Company.

Kärkkäinen, Elise. 2003. *Epistemic Stance in English Conversation: A Description of Its Interactional Functions, with a Focus on I think*. Amsterdam/Philadelphia: John Benjamins Publishing Company.

Keenan, Elinor Ochs and Bambi Schieffelin. 1976. Topic as a discourse notion: A study of topic in the conversation of children and adult. In Charles N. Li (ed.). *Subject and Topic*, 335—384. New York: Academic Press.

Kendall, Martha B. 1976. *Selected Problems in Yavapai Syntax: The Verde Valley Dialect*. New York: Garland.

Labov, William. 1972. The transformation of experience in narrative syntax. In William Labov (ed.). *Language in the Inner City: Studies in the Black English Vernacular*, 354—396. Oxford: Blackwell.

Lampert, Günther and Martina Lampert. 2010. Where does evidentiality reside? Notes on (alleged) limiting cases: *seem* and *be like*. STUF-Language Typology and Universals 63 (4): 308—321.

LaPolla, Randy J. 2003. Evidentiality in Qiang. In Alexandra Y. Aikhenvald and Robert M. W. Dixon (eds.). *Studies in Evidentiality*, 63—78. Amsterdam/Philadelphia: John Benjamins Publishing Company.

Lawrence, Marshall. 1987. Viewpoint in Oksapmin. *Language and Linguistics in Melanesia* 16: 54—70.

Lazard, Gilbert. 1999. Mirativity, evidentiality, mediativity, or other? *Linguistic Typology* 3: 91—110.

Lazard, Gilbert. 2001. On the grammaticalization of evidentiality. *Journal of Pragmatics* 33: 359—367.

Lee, Dorothy Demetracopolou. 1938. Conceptual implications of an Indian language. *Philosophy of Science* 5: 89—102.

Lee, Dorothy Demetracopolou. 1944. Linguistics reflection of Wintu thought. *International Journal of American Linguistics* 10: 181—187.

Lee, Dorothy Demetracopolou. 1950. Notes on the conception of the self among the Wintu Indians. *Journal of Abnormal and Social Psychology* 45: 538—543.

Levinson, Stephen C. 1983. *Pragmatics*. Cambridge: Cambridge University Press.

Li, Charles N. 1986. Direct speech and indirect speech: A functional study. In Florian Coulmas (ed.). *Direct and Indirect Speech*, 29—45. Berlin, New York, Amsterdam: Mouton de Gruyter.

Li, Charles N. and Sandra A. Thompson. 1976. Subject and topic: A new typology of language. In Charles N. Li (ed.). *Subject and Topic*, 457—489. New York: Academic Press.

Li, Charles N., Sandra A. Thompson and McMillan R. Thompson. 1982. The discourse motivation for the perfect aspect: The Mandarin Chinese particle LE. In Paul J. Hopper (ed.). *Tense-aspect: Between Semantics and Pragmatics*, 19—44. Amsterdam/Philadelphia: John Benjamins Publishing Company. (徐赳赳译,《已然体的话语理据:汉语助词"了"》,戴浩一、薛凤生主编《功能主义与汉语语法》,北京语言学院出版社,1994。)

Longacre, Robert E. 1970. Sentence structure as a statement calculus. *Language* 46: 783—815.

Longacre, Robert E. 1985. Sentences as combinations of clauses. In Timothy Shopen (ed.). *Language Typology and Syntactic Description*, *Vol. II: Complex Constructions*, 2007:235—286. Cambridge: Cambridge University Press.

Lord, Carol. 1993. *Historical Change in Serial Verb Constructions*. Amsterdam /Philadelphia: John Benjamins Publishing Company.

Lowe, Ivan. 1999. Nambiquara. In Robert M. W. Dixon and Alexandra Y. Aikhenvald (eds.). *The Amazonian Languages*, 269 — 292. Cambridge: Cambridge University Press.

Lyons, John. 1977. *Semantics*. Cambridge: Cambridge University Press.

Maisak, Timur A. and Solmaz R. Merdanova. 2002. Kategoria evidencialjnosti v aguljskom jazyke (The category of evidentilaity in Agul), *Kavkazovedenije* 1:102—112.

Maslova, Elena. 2003. Evidentiality in Yukaghir. In Alexandra Y. Aikhenvald and Robert M. W. Dixon (eds.). *Studies in Evidentiality*, 219—236. Amsterdam/Philadelphia: John Benjamins Publishing Company.

Mayes, Patricia. 1990. Quotation in spoken English. *Studies in Language* 14: 325—363.

Middendorf, E. W. 1890. *Die einheimischen Sprachen Perus. Erster Band. Das Runa Simi oder die Keshua-Sprache wie sie gegenwärtig in der Provinz von Cuzco gesprochen wird*. Leipzig: F. A. Brockhaus.

Miller, William R. 1996. Sketch of Shoshone, a Uto-Aztecan language. In Ives Goddard (ed.). *Handbook of North American Indians*, *Vol. 17. Languages*, 693 — 720. Washington: Smithsonian Institution.

Mushin, Ilana. 2001. *Evidentiality and Epistemology Stance: Narrative Retelling*. Amsterdam/Philadelphia: John Benjamins Publishing Company.

Muysken, Pieter. 1995. Focus in Quechua. In Katalin É. Kiss (ed.). *Discourse Configurational Languages*, 375—393. Oxford: Oxford University Press.

Neukom, Lukas. 2001. *Santali*. Munich: Lincom Europa.

Nichols, Johanna. 1986. The bottom line: Chinese Pidgin Russian, In Wallace Chafe and Johanna Nichols (eds.). *Evidentiality: The Linguistic Coding of Epistemology*, 239—257. Norwood, New Jersey: Ablex Publishing Corporation.

Noonan, Michael. 1985. Complementation. In Timothy Shopen (ed.). *Language Typology and Syntactic Description*, *Vol. II: Complex Constructions*, 2007: 42 — 140. Cambridge: Cambridge University Press.

Nuckolls, Janis and Lev Michael (eds.). 2014. *Evidentiality in Interaction*. Amsterdam/Philadelphia: John Benjamins Publishing Company.

Nuckolls, Janis and Lev Michael. 2014. Evidentials and evidential strategies in interactional and socio-cultural context. In Janis Nuckolls and Lev Michael (eds.). *Evidentiality in Interaction*, 13—20. Amsterdam/Philadelphia: John Benjamins Publishing Company.

Nuyts, Jan. 2001a. Subjectivity as an evidential dimension in epistemic modal expressions. *Journal of Pragmatics* 33: 383—400.

Nuyts, Jan. 2001b. *Epistemic Modality, Language, and Conceptualization: A Cognitive-pragmatic Perspective*. Amsterdam/Philadelphia: John Benjamins Publishing Company.

Oswalt, Robert L. 1986. The evidential system of Kashaya. In Wallace Chafe and Johanna Nichols (eds.). *Evidentiality: The Linguistic Coding of Epistemology*, 29 – 45. Norwood, New Jersey: Ablex Publishing Corporation.

Palmer, Frank R. 1986/2001. *Mood and Modality*. Cambridge: Cambridge University Press.

Partee, Barbara. 1973. The syntax and semantics of quotation. In Stephen R. Anderson and Paul Kiparsky (eds.). *A Festschrift for Morris Halle*, 410 – 418. New York: Holt, Rinehart and Winston.

Payne, Thomas E. 1997. *Describing Morphosyntax: A Guide for Field Linguists*. Cambridge: Cambridge University Press.

Peterson, Tyler. 2015. Mirativity as surprise: evidentiality, information, and deixis. *Journal of Psycholinguistic Research* 45: 1327 – 1357.

Philips, Susan U. 1986. Reported speech as evidence in an American trial. In Deborah Tannen and James E. Alatis (eds.). *Language and Linguistics: The Interdependence of Theory, Data and Application*, 154 – 170. Washington, D C: Georgetown University Press.

Plungian, Vladimir A. 2001. The place of evidentiality within the universal grammatical space. *Journal of Pragmatics* 33: 349 – 357.

Ráez, J. F. M. 1917. *Gramáticas en el Quichua-Huanca y en el de Ayacucho*. Lima: Sanmarti y Ca.

Ross, Ellen M. 1963. *Rudimento de gramática Aymara*. La Paz: Canadian Baptist Mission.

Sapir, Edward. 1922. Takelma. In Franz Boas (ed.). *Handbook of American Indian Languages*, part2: 1 – 296. Washington: Government Printing Office.

Schegloff, Emanuel A., Ochs, Elinor and Thompson, Sandra A. 1996. Introduction. In Elinor Ochs, Emanuel A. Schegloff and Sandra A. Thompson (eds.). *Interaction and Grammar*, 1 – 51. Cambridge: Cambridge University Press.

Schegloff, Emanuel A. and Sacks, Harvey. 1973. Opening up closings. *Semiotica* 8(4): 289 – 327.

Scheibman, Joanne. 2000. *Point of View and Grammar: Structural Patterns of Subjectivity in American English Conversation*. Amsterdam/Philadelphia: John Benjamins Publishing Company.

Schieffelin, Bambi B. 1996. Creating evidence: making sense of written words in Bosavi. In Elinor Ochs, Emanuel A. Schegloff and Sandra A. Thompson (eds.). *Interaction and Grammar*, 434 – 460. Cambridge: Cambridge University Press.

Schlichter, Alice. 1986. The Origins and Deictic Nature of Wintu Evidentials. In Wallace Chafe and Johanna Nichols (eds.). *Evidentiality: The Linguistic Coding of*

Epistemology, 46—59. Norwood, New Jersey: Ablex Publishing Corporation.

Shepherd, Susan C. 1993. The acquisition of modality in Antiguan Creole. In Norbert Dittmar and Astrid Reich (eds.). *Modality in Language Acquisition*, 171—184. Berlin/New York: Mouton de Gruyter.

Sherzer, Joel F. 1968. *An areal-typological study of the American Indian languages north of Mexico*. Ph. D. dissertation. University of Pennsylvania.

Sherzer, Joel F. 1976. *An Areal-Typological Study of American Indian Languages North of Mexico* (North-Holland Linguistic Series, 20). North-Holland: Amsterdam.

Shi, Dingxu. 2000. Topic and topic-comment constructions in Mandarin Chinese. *Language* 76(2): 383—408.

Silverstein, Michael. 1978. Deixis and deducibility in a Wasco-Wishram passive of evidence. In Jeri J. Jaeger and Anthony C. Woodbury (eds.). *Proceedings of the Fourth Annual Meeting of the Berkeley Linguistics Society*, 238—253. Berkeley: University of California Press.

Sinclair, John. 1991. *Corpus, Concordance, Collocation*. Oxford: Oxford University Press.

Slobin, Dan I. and Aksu-Koç, Ayhan A. 1982. Tense, aspect and modality in the use of the Turkish evidential. In Paul J. Hopper (ed.). *Tense-Aspect: Between Semantics and Pragmatics*, 185—200. Amsterdam/Philadelphia: John Benjamins Publishing Company.

Squartini, Mario. 2008. Lexical vs. grammatical evidentiality in French and Italian. *Linguistics* 46 (5): 917—947.

Sun, Jackson. T. S. 1993. Evidentials in Amdo-Tibetan. *The Bulletin of the Institute of History and Philology*, Academia Sinica 63(4): 945—1001.

Swadesh, Morris. 1939. Nootka internal syntax. *International Journal of American Linguistics* 9: 77—102.

Sweetser, Eve. 1990. *From Etymology to Pragmatics: Metaphorical and Cultural Aspects of Semantic Structure*. Cambridge: Cambridge University Press.

Szuchewycz, Bohdan. 1994. Evidentiality in ritual discourse: the social construction of religious meaning. *Language in Society* 23(3): 389—410.

Tannen, Deborah and Alatis, James E (eds.). 1986. *Language and Linguistics: The Interdependence of Theory, Data, and Application*. Washington: Georgetown University Press.

Tao, Hongyin. 1996. *Units in Mandarin Conversation: Prosody, Discourse, and Grammar*. Amsterdam/Philadelphia: John Benjamins Publishing Company.

Tao, Hongyin. 2000. Adverbs of absolute time and assertiveness in vernacular Chinese: A corpus-based study. *Journal of the Chinese Language Teachers Association* 3: 53—73.

Tao, Hongyin. 2001a. Some Interactive Functions of Topic Constructions in Mandarin Conversation. *Proceedings of the Joint Meetings of the 10th International Association for Chinese Linguistics and the 13th North American Conference on Chinese Linguistics*, 317—331. Graduate Students in Linguistics Publications. L. A. : University of Southern California. (中译文《话题结构在汉语日常谈话中的类型及交际功能》由乐耀翻译，刊于《语言学论丛》2007 年第三十六辑。)

Tao, Hongyin. 2001b. Emergent grammar and verbs of appearing. *Contemporary Research in Modern Chinese* 2: 89—100.

Tao, Hongyin. 2003. Toward an emergent view of lexical semantics. *Language and Linguistics* 4(4): 837—856.

Thompson, Sandra A. 2002. "Object complements" and conversation: Towards a realistic account. *Studies in Language* 26(1): 125—164.

Thompson, Sandra A. and Mulac, Anthony. 1991. The discourse conditions for the use of complementizer *that* in conversational English. *Journal of Pragmatics* 15: 237—251.

Thurgood, Graham. 1986. The nature and origins of the Akha evidentials system. In Wallace Chafe and Johanna Nichols (eds.). *Evidentiality: The Linguistic Coding of Epistemology*, 214—222. Norwood, New Jersey: Ablex Publishing Corporation.

Timberlake, Alan. 1982. The impersonal passive in Lithuanian. *Proceedings of the Eighth Annual Meeting of the Berkeley Linguistics Society*, 508—523.

Torres Rubio, D. de. 1616. *Arte de la Lengua Aymara: Compuesta Por El Padre Diego de Torres Rubio de La Compa Ia de Iesus*. Lima: Francisco del Canto.

Tournadre, Nicolas. 1994. Personne et médiatifs en tibétain, *Faits de langues* 3: 149—158.

Traugott, Elizabeth C. 1982. From propositional to textual and expressive meanings: Some semantic-pragmatic aspects of grammaticalization. In Winifred P. Lehmann and Yakov Malkiel (eds.). *Perspectives on Historical Linguistics*, 245—271. Amsterdam/Philadelphia: John Benjamins Publishing Company.

Traugott, Elizabeth C. 1989. On the rise of epistemic meanings in English: An example of subjectification in semantic change. *Language* 65: 31—55.

Trent, Nobuko. 1997. *Linguistic Coding of Evidentiality in Japanese Spoken Discourse and Japanese Politeness*. Ph. D. dissertation. The University of Texas at Austin.

Tsao, Feng-fu. 1979. *A Functional Study of Topic in Chinese: The First Step towards Discourse Analysis*. Taipei: Student Book Company.

Weber, David J. 1986. Information perspective, profile, and patterns in Quechua. In Wallace Chafe and Johanna Nichols (eds.). *Evidentiality: The Linguistic Coding of Epistemology*, 137—155. Norwood, New Jersey: Ablex Publishing Corporation.

Weinreich, Uriel. 1963. On the semantic structure of language. In Joseph H.

Greenberg (ed.). *Universals of Language*, 114—171. Cambridge, Mass.: The MIT Press.

Wiemer, Björn. 2010. Hearsay in European languages: Toward an integrative account of grammatical and lexical marking. In Gabriele Diewald and Elena Smirnova (eds.). *Linguistic Realization of Evidentiality in European Languages*, 59—129. Berlin/New York: Mouton de Gruyter.

Wierzbicka, Anna. 1994. Semantics and epistemology: The meaning of "evidentials" in a cross-linguistic perspective. *Language Sciences* 16(1): 81—137.

Willett, Tomas. 1988. A cross-linguistic survey of the grammaticalization of evidentiality. *Studies in Language* 12(1): 51—97.

Wooffitt, Robin C. 1992. *Telling Takes of the Unexpected: Accounts of Paranormal Experiences*. Hemel Hempstead, England: Harvester Wheatsheaf.

后　记

我的博士论文在今年4月份已经完成。从2009年11月决定开始研究这个题目到2011年6月初即将答辩的最终定稿,一共经历了19个月。这19个月是我在北大4年学习生涯的一个缩影。其中充满了无尽的快乐——思考之乐,阅读之乐,讨论之乐,写作之乐。

我很幸运自己一直对语言学的学习和研究保持着兴趣。也正是此,促使我跨进北大中文系的大门从事语言学的学习和研究,幸运地成为王洪君老师的弟子。因此,我首先要把自己最真诚的谢意送给王老师。王老师培养学生有她自己的路子,之前的师兄师姐们的研究方向可谓"百花齐放",她对不同研究方向学生的指导心里都十分有数。就我而言,我是做功能语法的,记得在入学前,王老师来信对我说:"你还是按你喜欢的方向选择一个主攻方向,然后做一两篇研究性的论文。先不要理论太强的。主要是,你要对汉语的实际分析,不管是古代的、现代的、方言的,都有一定的知识基础,然后是对于某一方面要有所专攻。根据我的经验,理论完全可以以后再学,而实际的分析,却是一定先要有好的基础。"4年过去了,现在再来琢磨这番话,感受颇深:语言学研究的对象是什么？首先是语言,是语言事实;其次才是语言理论。语言理论的构建是离不开语言事实的,也离不开对语言事实的观察和分析。我想这种观察和分析能力是我一辈子都需要去修炼的。

王老师平时指导我学习的方式多种多样,比如面谈、邮件、电话、短信。记得我在《中国语文》上发表的第一篇文章,在写作构思时她给我发了几十封邮件、十多条短信讨论;最终成文后又用不同颜色的笔和各样的符号帮我修改,并与我面谈。我的这部博士论文大部分是在美国联合培养期间做的。当王老师得知我要做这个题目的时候,来信鼓励说:"要是你博士论文从范畴着眼,我想那是再好不过的了。我一直欣赏从范畴到形式的研究。"论文开题的时候我在美国,当时是王老师和师妹小艾负责帮我处理各项开题事宜的,诸如整理合并打印我的开题报告文件,督促导师组的其他老师尽快反馈意见,找各位老师签字这些琐事都是王老师亲力亲为的。这让我非常感动。而当时正值上届学生毕业论文评审答辩最为繁忙的时候,估计她又为我修改开题报告熬夜了。回国后,预答辩不太理想,后来又与王老师面谈和多次邮件讨论,最终完成。当王老师看完我论文的修改稿后,发来了几条短信提出进一步修改意见,末了说道:"我觉得,这说明你可以独立研究了,我很高兴,你是真正的博士了。"我想这是王老师对我最好的肯定和嘉奖。

王老师在学业上对我指导的同时也会时常教我学会生活、学会做人。我在美国留学期间经常会写些游记和随笔,传些照片给国内的老师们分享。王老师看后回邮件说:"读 UCSB 之行记十分享受。世上何所有？蓝天、白云、大海、飞鸟,多少怡悦在！每每看到我的学生能够欣赏这一切,总是不由地欣慰。"在我犯错误的时候,王老师也会语重心长地来信教导我:"我希望你一直阳光,一直快乐。公正、无私是快乐的源泉。……现在社会的竞争压力如此之大,如果没有通透的心态,路很难走得好。……人长大了,就要自立,要有自己的标准,别人的评价总是有好有坏,不可能让所有人都说好。世上还是好人多,人还是做好人才幸福。"这些良言是我受用一辈子的财富。

我博士期间的第二位导师是美国加州大学洛杉矶分校的陶红印老师,很幸运陶老师能作为我国外联合培养的合作导师。与陶老师相识的 6 年多时间里,他一直在学业上不断地给予我帮助。尤其在这国外的一年,其中两个学期都有他的课,因此每周都能在课堂上见到他,上课的间隙或者下课后会向他请教一些问题。除此之外,还专门另找时间面谈了 7 次,每次至少都是一个小时。我的博士论文是到美国以后才确定选题的,可以说是从零开始做。记得到美国的第二个月选好题目后就和陶老师面谈了,当天谈完就给国内的王老师写信汇报。幸运的是,两位老师都对我的选题比较满意。之后很长一段时间我都在查找、阅读和综述文献。后来在 2009 年年底将第一篇研究性的样章写完了,又和陶老师面谈,当时他还主动提供给我一些相关的文献。之后又把文章传给我国内导师看了,所收到的反馈意见还不错,于是更加有信心继续做下去。这一年我做的博士论文各个章节,都是先选题勾勒出大致想法,然后与陶老师、王老师商量,之后再写作,完成后再发给他们看,他们要么通过邮件,要么通过面谈将意见反馈给我。这样一个"联合培养"的过程,让我的博士论文写作进展得比较顺利。

和陶老师面谈是件很愉快的事情,他的办公室很温馨,每次面谈前我都要提前"做功课"。陶老师很随和,讲话很平稳,并且对语言学问题的思考很到位。有时就是那么一两句话,就能指出我的问题所在,并能提供好的建议供我去进一步思考研究。在美国的时候,陶老师和师母孙老师在生活上给予我很多帮助。帮我找好房子,帮我减免一些费用,这些为我提供了很多便利。到洛杉矶的第二天,陶老师给了我很多厨具,节省了我一大笔开销。师母很和善,非常关心我。刚去的时候,她担心我是否能买到菜,还特地发邮件询问,真是事无巨细。

除了我的国内外导师外,我们教研室的董秀芳老师可以说是我的第三位论文指导老师。从资格考试、开题到预答辩,再到最后的答辩,她是全程参加的。我博士论文的每一章她基本上都认真阅读并给予我修改意见。我在国外的时候,和董老师交流很多。我读博士阶段写的几篇自认为重要的论文,她都看过并提过意见,她往往都是我文章的第一批读者。董老师对我文章的点评总是很到位,也很有耐心。记得有一次她把她最近的一篇研究文章给我看,让我多提意见。我读后提出了自己的看法。其实,我当时误解了她文章中的一些意思,而且我的最初意见偏离了她文章的初衷,但她不厌其烦地写邮件对我的意见逐条批注解释,来来回回一共写了十多封邮件,终于让我读懂了她的文章。这次邮件讨论让我感触很多,也很有收获。后来,毕业找工作不是特别顺利,也碰过壁,每当这个时候我都会想到和董老师聊聊。她总是结合自己的经历鼓励我,让我更加自信。

我还要感谢方梅老师。2008年的秋季学期,我到社科院语言所旁听了一个学期她的"篇章语法"课程。当时方老师并未将我视为旁听生,而是对我像选课的学生一样,带领我一起参与讨论发言,也毫无保留地将相关资料文献给我阅读学习。博士4年,我常和方老师通信讨论,有时也会在学术会议上遇见。她也常提醒我:"做功能语法,要特别注意句法的验证,要避免公说公有理,婆说婆有理。"很感谢她对晚辈的关心,记得有一次我参加完一个学术会议后,她向王老师间接转达了对我在会上宣读的论文的意见;当她知道我要去美国留学时,托王老师嘱咐我"到国外学习要外向些,不要太腼腆"。我在国外学习期间,也常和方老师通信交流,她常常鼓励我,要我利用在国外学习的机会多搜集资料,多看文献。记得有一次也是写信请教她问题,后来才知道她是在去香港的路上回复我信件的。这让做学生的非常感动。

还有一些素未谋面的老师也给予了我很重要的帮助。比如,法国的Hilary(曹茜蕾)老师。我的论文需要参考她的一篇文献。我给她去信要文章,她很快就寄来并希望我能提意见。我细读了文献后回复了一些自己的看法,提出了自己的一些疑问。大概两周后她才回信,本以为她不会回复,后来在信中才知道,她那时正在湖南长沙下面的一个小村子做田野调查,她是在网吧给我回邮件的。信中向我保证8月底返回长沙的宾馆后,可以上网再来答复我的问题。果真,9月2号我就收到她的邮件回复了。后来她回到法国后,又通过航空信件给我寄来重要的纸本论文资料。一个外国老师能对一个她从未见过的学生如此上心,真让我感到很幸福。

还要感谢沈家煊老师。沈老师是我即将从事博士后研究工作的合作导师。我去语言所面试的时候介绍了我的博士论文,当时沈老师围绕我论文提的一些重要意见和看法都使我受益很多。当我还在苦于博后课题做什么时,沈老师来信说他对我博后的研究方向已经有一个设想了,并且及时找我面谈,详细告诉我接下来两年他对我学习研究的安排,还将我引荐给语言所的相关老师。

感谢我们教研室的陈保亚老师,陈老师为人谦逊,幽默风趣。感谢叶文曦老师,在他的语义学和语用学两门课上,给我很多机会让我和大家交流学习,共同进步,博士期间4年,叶老师一直关注着我学习上每一次的小进步,和他相处很开心。感谢李娟老师,每次给李娟老师写邮件请教问题,她的回复总是很及时,让我受益良多。感谢导师组的袁毓林老师和郭锐老师,他们参加了我的资格考试、开题或预答辩,他们严谨的治学态度深深地影响着我。感谢陆俭明老师给我的"难忘的80分";感谢每次和姜望琪老师的邮件讨论;感谢张伯江老师阅读了我新近发表文章后的来信鼓励;感谢李小凡和项梦冰老师给我带来的难忘的方言调查经历;感谢硕导吴振国老师对我分析问题思辨性的培养;感谢已故的潘攀老师,是他带领我跨入语言学研究的大门;感谢本科的王立和熊一民老师,她们一直在学业、生活上关心帮助我。还要感谢孙晓萍老师,在我出国的前后给了我无私的照顾和关心。感谢我在美国留学期间的室友海平、武桐、端端和他刚出生的小弟弟一家,谢谢他们为我营造了良好的学习和生活环境。感谢我的师兄裴雨来、李计伟和李佳,感谢我的师妹小艾、陈晓、李榕。还要感谢课题组的徐晶凝和王静老师。感谢大家彼此的关心和帮助。同样最真诚的谢意要送给我的父母,我的室友李湘,我博士班的同学们。

最后要说明的是,我的博士论文得到了2009年"国家建设高水平大学公派研究生项目"的资助,在此要谢谢何峰老师在我出国事宜上给予的帮助;同时我的博士论文还得到教育部人文社科重点研究基地重大项目"现代汉语语篇的结构和范畴研究"的资助。

2011年6月
于北京大学畅春新园

补 记

2011年6月10日上午9点，我的博士论文答辩会在北大静园五院中文系一楼的会议室进行。答辩主席是陈保亚老师，答辩委员从校外到校内有六位：陶红印老师、方梅老师、张伯江老师、王洪君老师、袁毓林老师和董秀芳老师。师妹陈晓是答辩秘书。答辩一直到11点半快12点结束。

现在是2020年8月10日的下午，这前后相隔已经9年了。9年来，我从学生到研究人员再到大学老师，我从北方飞到南方，我从高校到研究所再回到高校，我从十多年的只身求学到与父母生活在厦园，其中的变化很多也很大，但不变的是我依旧从事着自己热爱的语言学教学和研究工作。

这本小书是在我博士论文的基础上修改而成的。博士论文呈现了我语言学研究起步阶段的真实情况，我想尽量保持原本的样子（连当时的"后记"也都原样保留）。所以这次出版我并没有对论文的主要内容、主要观点做大的修改。博士论文写作期间和答辩完成之后，有很多章节已经在不同学术刊物上发表出来，同行专家的一些重要意见和建议都已在书稿中采纳。另外，这9年来国内外传信范畴（或叫"示证范畴""言据范畴"）的研究又有了新的发展，涌现了一批重要的学术成果。我尽力搜集、阅读和追踪了一些富有启发的研究，并做了综述和反思，这主要集中在小书的最后两章。

在此，我要对所有帮助过我、鼓励过我、陪伴着我的人表达谢意。特别感谢王洪君和陶红印两位老师给这本小书作序，鼓励我在专业领域默默前行。感谢张谊生老师，张老师一直在专业上无私地扶植、提携我这个后辈。我还要感谢本书的责任编辑崔蕊博士，她是北大高我一届的学姐，崔蕊学姐有着扎实的语言学素养，她专业而耐心的编辑工作让我的书稿避免了很多疏漏，这本小书能由她担任责编，我是再放心不过了。我想，有了这次愉快的合作经历，一定还会有下次的再合作。最后要感谢我的学生陆筠怡、郑上鑫、张小蕃和乔雪玮，感谢四位和我一起校对书稿。

最后要说明的是，本书得到了2016年国家社会科学基金后期项目的资助。当时该项目是通过北京大学出版社申报的，在此表示诚挚的谢意！

2020年8月10日

于厦门大学海滨